Judith Königer

—

Authentizität in der Filmbiografie

→ für GW relevant wg.
Popularität von Auth. und
Biografie

aut Lesart (144)
aut Bildmaterial (157)

EPISTEMATA

WÜRZBURGER WISSENSCHAFTLICHE SCHRIFTEN

Reihe Literaturwissenschaft

Band 825 — 2015

Judith Königer

Authentizität in der Filmbiografie

Zur Entwicklung eines
rezipientenorientierten
Authentizitätsbegriffs

Königshausen & Neumann

Bibliografische Information der Deutschen Nationalbibliothek

Die Deutsche Nationalbibliothek verzeichnet diese Publikation in der Deutschen
Nationalbibliografie; detaillierte bibliografische Daten sind im Internet
über http://dnb.d-nb.de abrufbar.

D 19 (zugl.: Dissertation an der Ludwig-Maximilians-Universität, München)

© Verlag Königshausen & Neumann GmbH, Würzburg 2015
Gedruckt auf säurefreiem, alterungsbeständigem Papier
Umschlag: skh-softics / coverart
Umschlagabbildung: Senkblei in Bewegung © Joachim Wendler #31699888
und Film Strip © corund #55804750 (beide fotolia.com)
Bindung: docupoint GmbH, Magdeburg
Printed in Germany
ISBN 978-3-8260-5608-6
www.koenigshausen-neumann.de
www.libri.de
www.buchhandel.de
www.buchkatalog.de

Inhalt

Danksagung

Zunächst und vor allem geht mein Dank an Herrn Prof. Dr. Bernd Scheffer für die aufmerksame und stets sehr konstruktive Betreuung dieser Arbeit. Bei ihm fand ich nicht nur ein immer offenes und kritisches Ohr, sondern auch jederzeit den Freiraum, eigene Überlegungen zu verfolgen und zu diskutieren.

Herrn Prof. Dr. Sven Hanuschek danke ich für seine wertvollen Anregungen und für die Übernahme des Korreferats.

Meinen KollegInnen vom Oberseminar verdanke ich viele wichtige Denkanstöße, die aus unseren Diskussionen entsprungen sind. Vor allem Sabrina Eisele und Dr. Nora Hannah Kessler danke ich für ihren gewissenhaften Blick aufs Detail in der Schlussphase.

Bei Alexandra Hagemann bedanke ich mich für die Unterstützung von der ersten bis zur letzten Entstehungsminute und für ihre oft spontanen Hilfestellungen. Gleichermaßen von Anfang an motiviert hat mich der Gedanken- und Erfahrungsaustausch mit Barbara Oberhäuser.

Meinen Eltern danke ich für das Vertrauen, das sie stets in mich und meine eigenen Wege gesetzt haben.

Mein größter Dank gilt meinem Mann, Christoph Zeppenfeld. Ohne seine unermüdliche Unterstützung und Begeisterung wäre diese Arbeit nicht entstanden.

„No man's life can be encompassed in one telling.
There is no way to give each year its allotted weight
to include each event, each person who helped to
shape a lifetime. What can be done is to be
faithful in spirit to the record and try to find one's
way to the heart of the man ...."

(*Gandhi*, Vorspann)

„We don't see things as they are, we see them as we are."

(Anaïs Nin)

1 Einleitung

1.1 Ziel und Leitthese

In dieser Arbeit beschäftige ich mich mit der Frage, wie die Authentifizierung einer historischen Persönlichkeit in einer Filmbiografie zustande kommt. Der besondere Reiz eines Biopics (*biographical picture*) besteht im Wissen des Rezipienten, dass die dargestellte Persönlichkeit tatsächlich gelebt hat, und im Versprechen, Einblicke in dieses Leben gewährt zu bekommen. Die Erzählung oszilliert dabei zwischen Darstellung und Wahrnehmung, zwischen Referentialität und Erdichtetem, zwischen Medienzitat und dem damit verbundenen Spiel mit Fakt und Fiktion. Eine Filmbiografie ist ein fiktionales Genre, dem mit dem Begriff der „Authentizität" nur schwer beizukommen ist. Doch dem Genre ist ein Wirklichkeitsversprechen inhärent. Ob und wie dieses Versprechen eingelöst wird, ist eine andere, eine höchst spannende Frage und wird Teil der Beobachtungen sein. Interessant ist für meine Zwecke vor allem, wie aus dem Wirklichkeitsversprechen der Eindruck von Authentizität entsteht. Die Auseinandersetzung mit dem Begriff „Authentizität" wird den vielschichtigen und interdisziplinären Charakter des Begriffs zeigen (Kapitel 2.1). Im medialen Kontext erweist sich Authentizität dabei als Effekt einer Inszenierung, als das Ergebnis eines Medienpaktes, kurz: als *Konstruktion*. Ein Biopic hat einen Adressaten, den Rezipienten, dem es mit seinem Wirklichkeitsversprechen ein Angebot macht und eine Umgangsweise nahelegt. Doch damit umgehen muss der Rezipient, seine Wahrnehmung ist entscheidend. Insofern lautet die Leitthese meiner Arbeit, dass Authentizität in der Filmbiografie eine *Beobachterkonstruktion* ist. Ziel ist die Entwicklung eines rezipientenorientierten Authentizitätsbegriffs, der es erlaubt, von „Authentizität" in der Filmbiografie zu sprechen, und so die dichotomisierende Kluft zwischen Fiktionalität und Authentizität überbrücken hilft.

1.2   Methode

Im Zentrum meines Interesses steht der Medienpakt, also auf der einen Seite die Signalwirkung des Produkts (des Films) und auf der anderen Seite der wahrnehmende Rezipient. Eine Filmbiografie ist ein hybrides Genre (Kapitel 4.2), das permanent Anleihen trifft bei anderen Medien und Filmgenres, etwa bei der Fotografie (Kapitel 3.3) und beim Dokumentarfilm (Kapitel 4.1). So erstarren lange Kameraeinstellungen im Biopic häufig regelrecht zu Standbildern oder das Genre nutzt dokumentarisierende Effekte und vermittelt so den Eindruck von Objektivität. Aus dieser Bezugnahme zu anderen Medien und Genres resultiert die breit angelegte Herangehensweise meiner Arbeit.

Ich gehe davon aus, dass der Effekt von Authentizität in der Filmbiografie aus dem Zusammenspiel von vier verschiedenen Faktoren entsteht. Zunächst erweist die Auseinandersetzung mit dem Authentizitätsbegriff in Kapitel 2 (*Glaubwürdigkeit* als Dreh- und Angelpunkt einer jeden authentischen Darstellung. Denn wenn der Rezipient dem Dargestellten nicht glaubt, ist jede Authentifizierungsstrategie hinfällig. Problematisiert werden in diesem Kapitel auch zwei andere, mit „Authentizität" vermeintlich in Konflikt geratende Begriffe, „Unmittelbarkeit" und „Inszenierung" (Kapitel 2.2).

Davon auszugehen, eine Filmbiografie hätte eine Prozess auslösende Funktion, macht eine Betrachtung des Mediums notwendig. Ich gehe dabei sogar noch einen Schritt weiter zurück und hinterfrage in Kapitel 3, wie ein Bild „funktioniert" und in dessen Folge, inwiefern eine journalistische Fotografie authentisch sein kann – ausgehend von der immer mitlaufenden Instanz des wahrnehmenden Rezipienten:

> Wenn auch der Apparat keine Auswahl trifft, so ist es doch der Betrachter, der auswählt, was ihm aus dem Überangebot an Zeichenmöglichkeiten als bedeutsam erscheint [...]. Wo der Betrachter nun aber selbst die Rolle des Prüfers oder Zensors einnimmt, wird er schließlich zum eigentlichen Hervorbringer (Enunziator) des betrachteten Bildes, wird das authentische Bild zu seinem eigenen

Bild durch eine eigenartige Verschränkung von *poiesis* und *aisthesis*.[1]

Die Auseinandersetzung mit der Forschung wird zeigen, dass eine Darstellung immer einer Auswahl bedarf, so wie auch Wahrnehmung immer selektiv ist. Entscheidend ist hierbei die Relevanz des Dargestellten für eine bestimmte Aussageabsicht des Mediums beziehungsweise des Produkts. Somit ermittle ich *Relevanz* neben Glaubwürdigkeit als zweiten Faktor, der den Effekt von Authentizität ermöglicht.

Die in diesem dritten Kapitel problematisierte (weil irrige) Annahme, eine Fotografie könne Wirklichkeit abbilden, setze ich im folgenden Kapitel 4 unter Bezug auf den Dokumentarfilm fort. Wie die Fotografie muss der Dokumentarfilm eine Perspektive einnehmen, also einen Ausschnitt auswählen und mittels Montage eine Aussage formulieren. Der Begriff der „einen Wirklichkeit" verliert demnach an Kontur und ist in diesem Zusammenhang zu problematisieren. Denn will man der Wirklichkeit eine Bedeutung abgewinnen beziehungsweise sie erfahrbar machen, muss man sie in Form setzen und Teilaspekte arrangieren. Wirklichkeit an sich sagt nichts aus, sie hat keinen Adressaten. Und dieses Arrangement, diese Aussage könnte immer auch anders ausfallen. Gleiches gilt für die Filmbiografie. Ein vollständiges Leben lässt sich nicht darstellen, zwangsläufig muss ausgewählt werden. Insofern ist Wirklichkeit (dokumentarische wie biografische) ein kontingentes Phänomen und ich verstehe *Kontingenz* als dritten Faktor, der die Wahrnehmung von Authentizität mitbestimmt.

Der Dokumentarfilm bringt einen charakteristischen Aspekt des Mediums Film in meine Argumentation: die Narrativität. Eng damit verflochten beziehungsweise viel diskutiert ist die Nähe des Begriffs „Narration" zur Fiktionalität, wie ich im Kapitel 5 auseinandersetze. Dabei zeigt sich mit Christian Berthold, dass erst der fiktionale Lektüreakt einen Erzähltext zur Fiktion macht, sich dementsprechend auch in Sachen Fiktionalität eine rezipientenorientierte Herangehensweise empfiehlt. Weder der Dokumentarfilm noch die Geschichtsschreibung und schon gar nicht die Filmbiografie können auf Momente der Fiktionalisierung verzichten. Zu hinterfragen ist die Wahrscheinlichkeit des Dargestellten (Kapitel 5.4). Mit der *Wahrscheinlichkeit* ist der vierte und letzte Faktor benannt, mit dem man meiner Ansicht nach die Entstehung von Authentizitätseffekten erklären kann.

Somit lässt sich nun genauer formulieren: Das Ziel dieser Arbeit ist die Entwicklung eines rezipientenorientierten Authentizitätsbegriffs, der

[1] Volker Wortmann: *Was wissen Bilder schon über die Welt, die sie bedeuten sollen? Sieben Anmerkungen zur Ikonographie des Authentischen.* In: Susanne Knaller, Harro Müller (Hg.): *Authentizität. Diskussion eines ästhetischen Begriffs.* München 2006, S. 163–184, S. 182.

auf den vier Faktoren *Glaubwürdigkeit, Relevanz, Kontingenz* und *Wahrscheinlichkeit* fußt. (Abb. 1)

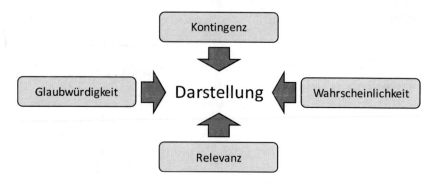

Abb. 1: Die vier Faktoren des rezipientenorientierten Authentizitätsbegriffs

Die vier Bausteine entwickle ich, neben der engen Verflechtung mit dem Rezipienten, immer auch im Hinblick auf ihre Signifikanz für die Filmbiografie. Dabei werden zentrale Aspekte der Biopic-Forschung aufgerufen und die erörterten Sachverhalte unmittelbar anhand verschiedener Filmbeispiele verdeutlicht.

Im nächsten Schritt (Kapitel 6) rückt der Wahrnehmungsprozess selbst und gezielt in den Fokus. Der aktive Part des Zuschauers im Moment der Produktwahrnehmung ist in der heutigen Medienwirkungsforschung nicht mehr infrage zu stellen. Doch auch wenn diese Ansätze korrekterweise emotionale, affektive, kognitive oder kommunikative Aspekte behandeln, bleibt der *kreative* Anteil nahezu vollkommen unbeachtet.[2] Losgelöst von veralteten Reiz-Reaktions-Schemata betrachte ich in Anlehnung an entsprechende Forschung die Eigenaktivität des Rezipienten insofern als kreativ, als dass ich Medienrezeption grundsätzlich als etwas neu Erschaffendes verstehe, dass im Zuge dessen mit Martin Andree sogar von einer Figur der *Selbstüberschreitung von Medialität* auszugehen ist (Kapitel 6.4).

> [D]ie ästhetische Erfahrung [verbleibt] nicht in der rein repräsentationalen Vermittlung von Wirklichkeit, diese wird vielmehr überschritten in Richtung auf eine *originäre Erfahrung*. Dies ist aber nur aus der besonderen Eigenart der ästhetischen Rezeption heraus

---

2 Vgl. Udo Göttlich: *Zur Kreativität der Medienrezeption. Eine theoretische Skizze zu Aspekten und Problemen einer handlungstheoretischen Modellierung der Medienkommunikation.* In: Patrick Rössler, Uwe Hasebrink, Michael Jäckel (Hg.): *Theoretische Perspektiven der Rezeptionsforschung.* München 2001 (Angewandte Medienforschung, 17), S. 121–135, S. 132.

zu verstehen. Sich Wirklichkeit im ästhetischen Sinn anzueignen, ist kein passives Aufnehmen, auch nicht nur ein erinnerndes Wiederherstellen einer ursprünglichen Wirklichkeit im Sinne der platonischen Anamnesis. Vielmehr ist es eine Aktualisierung, ja, mehr noch: ein eigentätiges Nachschaffen von Wirklichkeit.[3]

Nach einem kurzen Überblick über die gängigen Positionen zur Medienwirkungsforschung der vergangenen fünfzehn bis zwanzig Jahre (Kapitel 6.1) konzentriere ich mich auf die konstruktivistische Herangehensweise an die Filmwahrnehmung in einem entsprechenden Prozessverarbeitungsmodell (Kapitel 6.2). Um dem Rezipienten nicht nur in seiner individuell kognitiven, sondern auch kulturellen Verflochtenheit gerecht zu werden und die Rezeption darüber hinaus (wenn auch nicht immer und zwangsläufig) als aktiven und strategischen Prozess zu kennzeichnen, schließe ich mich der in der Forschung aufgestellten und teilweise auch erfüllten Forderung nach einer Verknüpfung kognitionswissenschaftlicher und handlungstheoretischer Ansätze (Kapitel 6.3) an. Im dabei von mir (in Anlehnung) entwickelten Prozessmodell lässt sich der Weg des vom Produkt vermittelten Authentizitätssignals bis hin zum Authentizitäts-*effekt* nachvollziehen und zudem die vier Bausteine des angestrebten Authentizitätsbegriffs positionieren (Kapitel 6.5).

In der Arbeit rufe ich verschiedene Filmbeispiele (manche auch wiederholt) auf, um die je erörterten Sachverhalte zu verdeutlichen. Das *eine* idealtypische Biopic gibt es nicht, weswegen zu den unterschiedlichen Themen unterschiedliche Filme herangezogen werden. Die im Kapitel 7 anschließende Analyse stellt dazu ergänzend eine ganzheitliche Betrachtung dreier Filmbiografien dar: *Pollock* (Ed Harris, USA 2000) über den US-amerikanischen Maler Jackson Pollock, *La Vie en Rose* (Olivier Dahan, F 2007) über die französische Sängerin Edith Piaf und *Céleste* (Percy Adlon, BRD 1981), über den Romancier Marcel Proust, perspektiviert durch seine Kammerzofe Céleste Albaret. Auch an diesen drei sehr unterschiedlichen Filmen kann nicht alles gezeigt werden, was im Laufe der Arbeit an Signifikanz gewonnen hat, weshalb sie als Ergänzung zu den vorangegangenen Teilen der Arbeit zu betrachten sind. Untersucht wird, wie diese Filmbiografien je Glaubwürdigkeit und Wahrscheinlichkeit vermitteln und ihre Aussageabsicht formulieren (Relevanz, Kontingenz), der entwickelte rezipientenorientierte Authentizitätsbegriff wird also erprobt. Behaupten möchte ich dabei keinesfalls, das eine oder andere Biopic sei auf die eine oder andere Weise „authentisch" beziehungsweise „authentischer". Denn Authentizität in der Filmbiografie ist, entsprechend meiner Leitthese, eine Beobachterkonstruktion, man könnte sagen,

---

[3] Harald Feldmann: *Mimesis und Wirklichkeit*. München 1988, S. 34 (Hervorhebung im Original).

ein Pendel, das, vom Produkt in Bewegung versetzt, subjektiv in die eine oder andere Richtung („authentisch oder weniger authentisch") ausschlägt.

Ergänzend füge ich an dieser Stelle den Hinweis an, dass ich in meiner Arbeit von einem Konstruktionsbegriff ausgehe, wie ihn Siegfried J. Schmidt für den Konstruktivismus formuliert,

> um Prozesse zu bezeichnen, in deren Verlauf Wirklichkeitsentwürfe sich herausbilden, und zwar keineswegs willkürlich, sondern gemäß den biologischen, kognitiven und soziokulturellen Bedingungen, denen sozialisierte Individuen in ihrer sozialen und natürlichen Umwelt unterworfen sind.[4]

Meine breit angelegte Herangehensweise erfordert an einigen Stellen, an denen sich ein tiefer gehender Blick sicher lohnt, eine pointierte Auseinandersetzung. Wo es in der Forschung einen genaueren Blick bereits gibt, verweise ich durch entsprechende Anmerkungen. Wo es diesen noch nicht gibt, bietet diese Arbeit Anreize für weiterführende Untersuchungen.

Die relevanten Besonderheiten und Charakteristika des Genres Filmbiografie werden im Laufe der Argumentation dargestellt und mitentwickelt. Vorab füge ich diesen einleitenden Gedanken allgemeine Fakten, eine Genredefinition und einen geschichtlichen Überblick an, um einerseits den Gegenstand näherzubringen und um andererseits die Aktualität des Themas zu verdeutlichen.

1.3   Der Gegenstand: Das Biopic zur Einführung

Die Biografie ist laut Jan Romein nicht nur die älteste Gattung der Historiografie, sondern der Literatur überhaupt.[5] Wohingegen der Begriff selbst, bestehend aus griechisch ‚bios' (‚Leben') und ‚graphein' (‚schreiben'), bedeutend jünger ist, die deutsche Sprache kennt das Wort gar erst seit 1709.[6] So althergebracht die Biografie auch ist, sie hat es in der Wissenschaft schwer, definiert und zugeordnet zu werden. Christian Klein bezeichnet sie deshalb als „Bastard der Geisteswissenschaften":

---

[4]   Siegfried J. Schmidt: *Die Wirklichkeit des Beobachters.* In: Klaus Merten, Siegfried J. Schmidt, Siegfried Weischenberg (Hg.): *Die Wirklichkeit der Medien. Eine Einführung in die Kommunikationswissenschaft.* Opladen 1994a, S. 3–19, S. 5.

[5]   Vgl. Jan Romein: *Die Biographie. Einführung in ihre Geschichte und ihre Problematik.* Bern 1948, S. 14.

[6]   Vgl. Henry M. Taylor: *Rolle des Lebens. Die Filmbiographie als narratives System.* Marburg 2002, S. 46.

16

Die Lebensbeschreibung sitzt heute in Deutschland zwischen den (Lehr-)Stühlen verschiedener Disziplinen (Geschichts-, Literatur-, aber auch Sozialwissenschaften) und lässt sich im Gegensatz zu anderen wissenschaftlichen Textsorten nicht unbedingt der Sekundärebene zuschlagen – sie steht vielmehr mit einem Bein auch auf der Primärebene, die gemeinhin den originären Kunstwerken vorbehalten bleibt.[7]

Bernhard Fetz nennt die Biografie geradezu theorieresistent.[8] In den vergangenen zehn bis fünfzehn Jahren erfuhr die Gattung (mit einiger Verzögerung[9]) auch in Deutschland eine systematische und theoretische Auseinandersetzung,[10] die unter anderem die historische Entwicklung der Biografie aufarbeitet und die anhaltende Faszination, die sie auf ihre Leserschaft ausübt, thematisiert.[11]

Einzelne für die Zwecke dieser Arbeit in Bezug auf die Filmbiografie interessante Aspekte der Biografie-Forschung werden im Folgenden noch näher erörtert, wie etwa der konstitutive Konstruktionscharakter einer (Film-)Biografie und die Frage nach Formen der Fiktionalisierung. Ein Gemeinplatz, der ebenfalls immer wieder anzutreffen ist, ist die Feststellung, dass Biografien „im Dienste von Gegenwartsanliegen" verfasst werden, also gleichsam als Spiegel ihrer Entstehungszeit betrachtet werden können.[12] Der zehnfach nominierte und zweifach mit dem Oscar ausgezeichnete Film *Lincoln* (USA 2012) von Steven Spielberg etwa fokussiert die Zeit in Abraham Lincolns Leben, in der er die Abschaffung der Sklaverei durchsetzte. Thematisiert werden dabei auch die fraglichen Mittel, die der Präsident (vorgeblich) anwendete, um den 13. Zusatzartikel zur US-Verfassung auf den Weg zu bringen und so die Politik seines Landes

---

[7] Christian Klein: *Einleitung: Biographik zwischen Theorie und Praxis. Versuch einer Bestandsaufnahme.* In: Christian Klein (Hg.): *Grundlagen der Biographik. Theorie und Praxis des biographischen Schreibens.* Stuttgart u. a. 2002, S. 1–22, S. 1.

[8] Vgl. Bernhard Fetz: *Die vielen Leben der Biographie. Interdisziplinäre Aspekte einer Theorie der Biographie.* In: Bernhard Fetz (Hg.): *Die Biographie – zur Grundlegung ihrer Theorie.* Berlin u. a. 2009, S. 3–66, S. 3ff.

[9] So schreibt Klein im Jahr 2002: „Die Ausblendung der Biographie aus dem Blickfeld der wissenschaftlichen Relevanz hat dazu geführt, dass es hierzulande kaum ein überzeugendes, ausdifferenziertes Theorie-Gerüst gibt." S. 2.

[10] Angefangen bei Helmut Scheuers Standardwerk: *Biographie. Studien zur Funktion und zum Wandel einer literarischen Gattung vom 18. Jahrhundert bis zur Gegenwart.* Stuttgart 1979; vgl. weiter auszugsweise: Klein (2002); Christian von Zimmermann: *Biographische Anthropologie. Menschenbilder in lebensgeschichtlicher Darstellung (1830-1940).* Berlin u. a. 2006 (Quellen und Forschungen zur Literatur- und Kulturgeschichte, 41); Christian Klein (Hg.): *Handbuch Biographie. Methoden, Traditionen, Theorien.* Stuttgart u. a. 2009; Bernhard Fetz (Hg.): *Die Biographie – zur Grundlegung ihrer Theorie.* Berlin u. a. 2009.

[11] Vgl. hierzu Klein (2002), 3f.; von Zimmermann (2006), S. 31–39.

[12] Vgl. von Zimmermann (2006), S. 40; Klein (2002), S. 5.

radikal zu verändern – im Dienste einer höheren Sache. *Lincoln* verhandelt so auch Fragen der Gegenwart (zu Zeiten Guantanamos und der Erschießung Osama bin Ladens), zudem in einer Zeit, in der ein Schwarzer erstmalig US-Präsident ist.

Wie der in Kapitel 1.3.2 erfolgende Blick in die Geschichte der Filmbiografie und wie die zahlreichen Produktionen der Gegenwart zeigen, ist das Interesse am Leben historischer Persönlichkeiten ungebrochen groß, auch wenn die Wissenschaft nur zögerlich dazu findet, dem Rechnung zu tragen. Zuvor soll eine Genredefinition meine weitere Handhabung des Begriffs „Biopic" beziehungsweise „Filmbiografie" verdeutlichen.[13]

1.3.1 Definition Biopic

Filmbiografien treten in den verschiedensten Formen auf, weshalb eine eindeutige Definition des Genres sich nicht ohne Weiteres festhalten lässt. Auf diese Schwierigkeiten möchte ich in diesem Kapitel eingehen, um im Anschluss meine eigene definitorische Grundlage zu verdeutlichen.

Henry M. Taylor betont,

> [...] dass Biographien nicht durch eine bestimmte Ikonographie geprägt sind, wie dies etwa für Western, den Gangsterfilm oder Film Noir gilt; auch stilistisch zeichnet sich die Gattung nicht durch einen bestimmten *look* aus (wie zum Beispiel die Tendenz zur High-Key-Beleuchtung in den Komödien der 30er und 40er Jahre). Vielmehr sind es die beigezogenen ‚Hilfsgenres' oder Stilrichtungen, welche das konkrete Erscheinungsbild eines Biopics prägen. Insofern lassen sich die Filme als *Chamäleon-Texte* verstehen.[14]

Oft ist die Abgrenzung zum Historien- oder Kostümfilm schwierig, liegen Verknüpfungen mit den Genres Musical, Liebeskomödie, Melodram, Heimatfilm, *film noir* etc. vor,[15] wie sich beispielhaft mit *Marie Antoinette* (Sofia Coppola, USA 2006) [Kostümfilm], *Kafka* (Steven Soderbergh, USA/F 1991) [*film noir*] und *Walk the Line* (James Mangold, USA 2005) über den Countrysänger Johnny Cash [Musical] zeigen lässt. Sigrid Nieberle nennt Filmbiografien deshalb in Anlehnung an Claudia

---

[13] Der hier synonym verwendete amerikanische Begriff „Biopic" war ursprünglich Hollywood-Produktionen vorbehalten, wird heute aber allgemein gebraucht, um das Genre zu beschreiben, vgl. Taylor (2002), S. 20.

[14] Taylor (2002), S. 20f (Hervorhebungen im Original).

[15] Vgl. Sigrid Nieberle: *Literarhistorische Filmbiographien. Autorschaft und Literaturgeschichte im Kino. Mit einer Filmographie 1909 – 2007.* Berlin u. a. 2008 (Medien und kulturelle Erinnerung, 7), S. 24. Taylor spricht in diesem Zusammenhang von „Mischehen", die Biopics mit anderen Genres eingehen, vgl. Taylor (2002), S. 88.

Liebrand ein hybrides Genre,[16] wie bereits einleitend erwähnt und in Kapitel 4.2 noch näher ausgeführt.

Für George Custen definiert sich ein Biopic vor allen Dingen über die historisch belegbare Person, deren wahrer Name zudem auch genannt wird.[17] Henry M. Taylor befindet diese Definition als zu eng,[18] die lexikalische Auseinandersetzung Eileen Karstens[19] wiederum als zu weit gefasst:

> Zu Karstens Lexikon ist anzumerken, dass dessen Kriterien zu unscharf scheinen – fast jeder Film, in dem historische Figuren auftauchen, wird mitberücksichtigt, die Autorin zieht die Gattungsgrenzen also zu weit (ein Politthriller wie *All the President's Men*[20] von Alan J. Pakula, USA 1976, ist durch die Darstellung der beiden historischen Watergate-Journalisten Carl Bernstein und Bob Woodward noch kein Biopic, geht es dort doch nicht um die Viten der beiden Protagonisten, sondern um die Aufdeckung des politischen Skandals). Andrerseits wird sich zeigen, dass eine referenzielle Definition des Genres, die auf der Verwendung belegbarer Namen insistiert, zu kurz greift: Biographien geben sich ganz wesentlich durch ihre narrative Struktur und Stilmittel als solche zu erkennen.[21]

Trotz ihrer Verwandtschaft müssen Biopics, wie Taylor betont, von Genres wie dem Dokudrama, Autobiografie und Historienfilm unterschieden und zudem von nichtfiktionalen, dokumentarischen Biografien abgegrenzt werden, da diese nicht mehr zur Klasse der Spielfilme gehören (wobei Mischformen nicht selten sind und die definitorische Abgrenzung erschweren).[22] Taylors Definition des Biopics lautet demnach:

> Biopics behandeln in fiktionalisierter Form die historische Bedeutung und zumindest in Ansätzen das Leben einer geschichtlich belegbaren Figur. Zumeist wird deren realer Name in der Diegese verwendet. Dabei muss nicht eine ganze, geschlossene Lebensgeschichte (von der Geburt bis zum Tod) erzählt werden; vielmehr genügt es, wenn der 'rote Faden' der Handlung durch einen oder mehrere Lebensabschnitte einer historischen Person gebildet wird, deren *Porträtierung* im Mittelpunkt steht. Geht es im Historien-

---

[16] Vgl. Claudia Liebrand: *Hybridbildungen – Film als Hybride*. In: Claudia Liebrand, Irmela Schneider (Hg.): *Medien in Medien*. Köln 2002 (Mediologie, 6), S. 179–183.

[17] Vgl. George F. Custen: *Bio/Pics. How Hollywood Constructed Public History*. New Brunswick, NJ 1992, S. 5 und S. 8.

[18] Vgl. Taylor (2002), S. 20.

[19] Vgl. Eileen Karsten: *From Real Life to Real Life. A Filmography of Biographical Films*. Metuchen, NJ u. a. 1993.

[20] Der deutsche Titel lautet: *Die Unbestechlichen*.

[21] Taylor (2002), S. 13.

[22] Ebd., S. 22.

film um einen Sachverhalt, so konzentriert sich die Biographie auf eine zentrale Persönlichkeit.[23]

Ich möchte auf die zwei wesentlichen Punkte dieser Definition näher eingehen, und zwar auf die *Porträtierung* der historischen Person und auf den *zumeist* verwendeten realen Namen. Die Einschränkung bezüglich des Namens bezieht sich auf eine bestimmte Spielart des Genres, auf die *fiktionale Biografie* oder auch *Pseudobiografie*.[24] Als paradigmatisches Beispiel muss hier der Titel *Citizin Kane* von Orson Welles (USA 1941) fallen (so auch bei Taylor), eine der in der Forschung wohl am gründlichsten diskutierte Filmbiografien. *Citizen Kane* stützt sich auf das Leben des Zeitungsmagnaten William Randolph Hearst, doch der Protagonist in Orson Welles' Werk heißt Charles Foster Kane. Der Film ist entsprechend Taylors Definition, die sich an Daniel Lopez orientiert,[25] eine fiktionale beziehungsweise Pseudobiografie, oder wie Lopez selbst noch weiter präzisiert, ein *film à clef*, in Anlehnung an den *roman à clef*, also „Schlüsselroman".[26] Wie Taylor einräumt, lässt *Citizen Kane* sich nicht ohne Weiteres als Biopic klassifizieren, doch der Film gibt sich durch seine narrative Struktur als Biografie zu erkennen und stützt sich erkennbar auf eine tatsächliche historische Person.[27]

Zwei Einzelfallbetrachtungen sollen helfen, Taylors Definition zu erproben, in denen historisch belegte Persönlichkeiten mit veränderten Namen dargestellt werden, und zwar *Fear and Loathing in Las Vegas* (Terry Gilliam, USA 1998) sowie *Der Teufel trägt Prada* (David Frankel, USA 2006). *Fear and Loathing in Las Vegas* ist die Verfilmung des gleichnamigen Romans des Journalisten Hunter S. Thompson, der in seinem Buch die eigenen Erfahrungen einer Reise nach und durch Las Vegas schildert. Im Film heißt Hunter S. Thompson allerdings Raoul Duke. Anna Wintour, die einflussreiche Chefredakteurin des Modemagazins *Vogue*, heißt in *Der Teufel trägt Prada* Miranda Priestly, ihr marktführendes Magazin trägt den Titel *Runway*. Der Film beruht ebenfalls auf einer Romanvorlage, der der ehemaligen Assistentin Anna Wintours, Lauren Weisbergers, die im Film Andrea Sachs heißt. Ganz abgesehen davon, dass solche Zusammenhänge ohne Zweifel sehr publicitywirksam sind, stellt sich die Frage, ob diese Filme unter die Kategorien Pseudobiopic beziehungsweise *film à clef* fallen. In beiden Filmen steht eine, mit entsprechendem Hintergrundwissen, erkennbare historische Persönlich-

---

[23] Taylor (2002), S. 22.

[24] Vgl. ebd.

[25] Daniel Lopez: *Films by Genre. 775 Categories, Styles, Trends and Movements Defined, with a Filmography for Each.* North Carolina 1993, S. 25.

[26] Vgl. ebd., S. 112.

[27] Vgl. Taylor (2002), S. 23, Anm. 7.

keit im Mittelpunkt, wenn in *Prada* auch perspektiviert aus der Sicht der Assistentin. Aber sind die beiden Filme durch ihre narrative Struktur als Biografien erkennbar? Geht es jeweils um die Beschreibung eines Lebens? In *Prada* steht vor allem Miranda Priestlys Arbeit und ihr Umgang mit Mitarbeitern im Fokus. Zwar bekommt der Rezipient einen Eindruck vom Privatleben der *Runway*-Chefin (und somit vermeintlich von dem der *Vogue*-Chefin), allerdings nicht sehr faktentreu, denn Anna Wintour hat beispielsweise einen Sohn und eine Tochter und keine Zwillingsmädchen. *Las Vegas* sagt ebenfalls nichts (oder sogar noch weniger) über das Leben von Hunter S. Thompson aus. Wenn überhaupt, dann sagt der Film etwas über die Wirkung von Drogen aus.[28] Insofern lässt sich schlussfolgern, dass beide Filme sich auf historisch belegte Persönlichkeiten stützen, aber keine Biografien, auch keine Pseudobiografien beziehungsweise *films à clef*, sind. Weder wird der tatsächliche Name genannt, noch entspricht die narrative Struktur einer Biografie. „Wie Genres im Allgemeinen, kann auch das Biopic nicht essenzialistisch oder ‚wasserdicht‘, sondern muss schwerpunktmäßig, d.h. differenziell im Sinne eines *cluster* definiert werden."[29] Knapp zusammengefasst ist für Taylor die narrative Struktur entscheidend, die den Film als Biografie erkennbar macht, wobei der tatsächliche Name zumeist genannt wird. Diesen allein zu nennen reicht nicht aus, der Film muss das Leben zumindest teilweise porträtieren.

Im Gegensatz zu Henry M. Taylor ist die Nennung des historischen Namens für Sigrid Nieberle unerlässlich.[30] Nieberle stützt sich dabei auf Pierre Bourdieu, der den Eigennamen in Anlehnung an Soul A. Kripke einen ‚festen Designator‘ nennt, welcher soziale Identität schafft, die mit der Unterschrift als *signum authenticum* bestätigt wird.[31] Der Eigenname ist die einzige sichtbare Bescheinigung der Identität des Trägers.[32] Insofern schlussfolgert Sigrid Nieberle:

> Der Autorname als ‚fester Designator‘ ist vor allem deshalb ein maßgebliches und unverzichtbares Kriterium für die Definition der literarhistorischen Filmbiographie, weil das Thema des Schreibens und fiktionale Dichterfiguren mit fiktionalen Autornamen das Kino des 20. Jahrhunderts seit jeher zahlreich bevölkern und weil lite-

---

[28] Daran ändert auch der Scherz nichts, als in einer Szene ein Kasinomitarbeiter ein dringendes Telegramm an einen „Mr. Thompson" durch Raoul Dukes Fahrerfenster reicht (00:57:54).

[29] Taylor (2002), S. 22.

[30] Vgl. Nieberle (2008), S. 24.

[31] Vgl. Pierre Bourdieu: *Die Illusion der Biographie. Über die Herstellung von Lebensgeschichten*, übers. v. Friedrich Balke. In: *Neue Rundschau*, 103/3, 1991, S. 109–115, S. 112.

[32] Vgl. ebd.

rarische Zitate und andere adaptierte Elemente ohnehin jeglichem Film zu eigen sind.[33]

Für die Zwecke meiner Arbeit, auch wenn es hier nicht nur um literarhistorische Filmbiografien geht, schließe ich mich der Notwendigkeit an, den tatsächlichen historischen Namen zu nennen. Als Authentizitätssignal halte ich den Namen für unerlässlich. Vor allem was Künstlerbiografien angeht, auf die ich mich im Folgenden zunehmend konzentrieren werde, ist die enge Verknüpfung von Name und Werk entscheidend.

Die Identifizierung über den Eigennamen spielt in zahlreichen Filmen eine große Rolle, wenn beispielsweise am Anfang von *Shakespeare in Love* (John Madden, USA/GB 1998) der Autor die eigene Unterschrift übt und verschiedene Versionen ausprobiert. In *J. Edgar* (Clint Eastwood, USA 2011) wird der FBI-Gründer von Freunden „John" und von seiner Mutter „Edgar" genannt, doch als in einem Herrenbekleidungsgeschäft Zahlungsunregelmäßigkeiten auffallen, die unter dem Namen „John Hoover" vermerkt sind, rät man ihm zu einem neuen Namen und Hoover unterschreibt mit „J. Edgar Hoover". Der Name authentifiziert den Menschen, schafft eine, manchmal neue, Identität. Im Falle von *J. Edgar* signalisiert er eine Entwicklung der Person. So auch in *Die Eiserne Lady* (Phyllida Lloyd, GB 2011), wo Identität anhand der Alzheimererkrankung der ehemaligen britischen Premierministerin problematisiert wird. Margaret Thatcher signiert zu Beginn des Films mehrere Exemplare ihrer Biografie und unterschreibt von einem Buch zum anderen plötzlich mit ihrem Mädchennamen „Margaret Roberts". Das Vergessen des in der Ehe angenommenen und mit der politischen Karriere berühmt gewordenen Nachnamens als Symptom für die Demenzerkrankung signalisiert den Verfall ihrer Persönlichkeit. In dieser Szene, durch die Unterschrift, verdichten sich die Kernaussagen des Films, denn in der Rahmenhandlung möchte Margaret Thatcher die Habseligkeiten ihres verstorbenen Mannes aussortieren und erinnert sich an verschiedene Etappen ihres privaten und beruflichen Lebens. Durch die Alzheimerkrankheit verliert sie den Namen, der ihre Identität als Ehefrau und als ehemalige Premierministerin verbürgt.

Für meine weitere Handhabung des Begriffs „Filmbiografie" beziehungsweise „Biopic" halte ich fest, dass ich darunter, in Anlehnung an Henry M. Taylor, Filme verstehe, die in fiktionalisierter Form historisch belegbare Persönlichkeiten porträtieren. Das Leben dieser Persönlichkeit, oder ein Teil davon, steht dabei im narrativen Mittelpunkt, und nicht etwa ein mit dem Namen in Verbindung stehendes historisches Ereignis. In Anlehnung an Sigrid Nieberle ist für die Zwecke meiner Arbeit die Nennung des tatsächlichen historischen Namens unerlässlich, weil er als Teil der Authentifizierungsstrategie des Films zu betrachten ist.

---

[33] Nieberle (2008), S. 24.

1.3.2   Ein geschichtlicher Überblick

Es ist weithin bekannt und zur Anekdote geworden, dass am 28. Dezember 1895 ein Zug in den Bahnhof von Ciotat einfuhr und damit Filmgeschichte schrieb. Die Gebrüder Lumière projizierten einen alltäglichen Vorgang auf eine Leinwand und begründeten so eine neue Sichtweise auf die Wirklichkeit. Bereits einige Monate zuvor, im August desselben Jahres, drehte Alfred Clark den kurzen Film *The Execution of Mary, Queen of Scots*.[34] Dieses frühe Beispiel, das allerdings noch nicht als Filmbiografie zu bezeichnen ist, zeigt, dass die filmische Auseinandersetzung mit historischen Stoffen, die sich zumeist um historische Persönlichkeiten drehen, so alt ist wie das Medium Film selbst.[35] Noch stand das Ereignis im Mittelpunkt und weniger eine Lebensgeschichte, doch das sollte sich im Laufe der (zunehmend narrativen) Filmgeschichte ändern.

Jüngere Filmbeispiele wie *Rush – Alles für den Sieg* (Ron Howard, USA/D/GB 2013) und *Grace of Monaco* (Olivier Dahan, F/USA/BE/I 2013) belegen, dass Filmbiografien bis heute ein kontinuierlich nachgefragtes Filmgenre sind. Dieser Beliebtheit und Produktionsdichte steht die geringe Beachtung in der Forschung gegenüber. George F. Custen gilt als der erste Theoretiker, der sich systematisch mit dem Biopic auseinandergesetzt hat,[36] allerdings ausgehend von einem stark US-zentrierten Ansatz. Zudem beschränkt sich der Autor auf das Hollywood der klassischen Studio-Ära (1927–1960) und kommt so zu der fundamentalen Fehleinschätzung, das Biopic wäre bis auf wenige Ausnahmen aus dem Kino verschwunden und ins Fernsehen abgewandert.[37] Internationaler ist Henry M. Taylors Herangehensweise, in deren Fokus eine Genre- und

---

[34]   Vgl. Charles Musser: *The emergence of cinema. The American Screen to 1907.* Berkeley u. a. 1994 (History of the American cinema, 1), S. 86f. Der nur 33 Sekunden dauernde Film ist bei youtube abrufbar: http://www.youtube.com/watch?v=XgDG_wc19aU (08.03.2014).

[35]   Vgl. Taylor (2002), S. 26.

[36]   Vgl. Custen (1992). Vor Custen hat es vereinzelte, kurze Studien gegeben, die sich um Systematisierung bemühten, vgl. etwa Carolyn Anderson: *Biographical Film.* In: Wes D. Gehring (Hg.): *Handbook of American Film Genres.* New York u. a. 1988, S. 331–351.

[37]   Vgl. ebd., S. 29. Vgl. auch Taylors Einspruch (2002), S. 14 und S. 378. In Custens Nachfolge haben sich (neben Custen selbst) verschiedene Autoren um Kompensation des schwachen Forschungsstands bemüht, allerdings auch überwiegend US-zentriert, vgl. etwa Steve Neale: *Genre and Hollywood.* London u. a. 2000 (Sightlines), S.60–65; Carolyn Anderson, Jon Lupo: *Hollywood Lives: The State of the Biopic at the Turn of the Century.* In: Steve Neale (Hg.): *Genre and contemporary Hollywood.* London 2006, S. 91–104.; Robert Rosenstone: *In Praise of the Biopic.* In: Richard V. Francaviglia, Jerome L. Rodnitzky, Robert A. Rosenstone (Hg.): *Lights, Camera, History. Portraying the Past in Film.* Texas 2007 (The Walter Prescott Webb memorial lectures, 40), S. 11–29; Dennis Bingham: *Whose lives are they anyway? The Biopic as Contemporary Film Genre.* New Brunswick, NJ u. a. 2010.

Figurenanalyse primär aus erzähltheoretischer Perspektive steht. In Anlehnung an Custen ermittelt Taylor zwei Tendenzen in der Entwicklung der Gattung, eine erste, klassische Phase, in der Heldenerzählungen im Mittelpunkt stehen, die den Adel, militärische Führer und Wissenschaftler zum Gegenstand haben.[38] Bis in die 1940er Jahre dominierte diese Elite das Genre, doch zunehmend rückten auch Entertainer, Künstler und Sportler in den Blick.[39] In dieser zweiten, modernen Phase, die mit dem Ende des Zweiten Weltkriegs und vor allem seit den 60er Jahren zu beobachten ist, treten zunehmend Persönlichkeiten auf, die dem Zuschauer aus den Medien vertraut sind, die weniger elitär, vielmehr populär sind.[40] Zudem ändert sich der Interessenschwerpunkt: Erzählt wird nicht mehr das aufpolierte Leben von Helden, sondern das von Menschen, die zwar immer noch herausragende Persönlichkeiten sind, aber auch Fehler und Schattenseiten haben, wie zum Beispiel Vincent van Gogh in Vincente Minnellis *Lust for Life* (USA 1956).[41]

> Es ist unverkennbar, dass diese Filme kaum positive gesamtgesellschaftliche Visionen entwickeln, wie dies bei den Werken der ersten Phase der Fall war; der Berühmtheit haftet in der Regel etwas Tragisches an – ein Indiz vielleicht für den vielkommentierten Zusammenhang von zunehmender Individualisierung bei gleichzeitiger Ohnmacht der Menschen in der modernen Gesellschaft sowie für den Zerfall des umfassenden sozialen Konsenses und den in wachsendem Maße durch Inflation unterminierten Charakter des Ruhms.[42]

Zudem ebnet die Erosion der klassischen Biografie den Weg für (diskriminierte) Minderheiten oder anderweitig vernachlässigter Figuren in die Öffentlichkeit.[43] Dem Genre sind von jeher didaktisch-aufklärerische Momente inhärent,[44] im gegebenen Fall aber auch propagandistische, wie deutsche Filmbeispiele aus den 40er Jahren zeigen.[45] Hinzu kommen sozial-, politik- und kulturkritische Ansätze. Häufig dienen Biopics der Auseinandersetzung mit der eigenen Geschichte, wie sich anhand der

---

[38] Vgl. Taylor (2002), S. 27f.

[39] Vgl. Custen (1992), S. 169, S. 248–255.

[40] Vgl. Taylor (2002), S. 32ff.

[41] Vgl. ebd., S. 35f.

[42] Ebd., S. 37f.

[43] Vgl. ebd., S. 38.

[44] Vgl. ebd., S. 26.

[45] Um nur einige Beispiele zu nennen: *Friedrich Schiller – Der Triumph eines Genies* (Herbert Maisch, D 1940), *Bismarck* (Wolfgang Liebeneiner, D 1940) und der Mozart-film *Wen die Götter lieben* (Eduard von Borsody/Karl Hartl, D 1942). Zur Filmbiografie im Nationalsozialismus vgl. Nieberle (2008), Kap. 4.4 *Das 'Genie' des Nationalsozialismus (Lessing, Schiller, 1940/41)*, S. 116–129.

Beispiele *Der Untergang* (Oliver Hirschbiegel, D 2004), *Sophie Scholl – Die letzten Tage* (Marc Ruthemund, D 2005) und *Der Baader Meinhof Komplex* (Uli Edel, D 2008) zeigt.

Sigrid Nieberle stellt in ihrer Arbeit die Frage nach der Konstruktion von Autorschaft und untersucht die mediale Transformation einer filmischen Literaturgeschichte. Die Autorin geht unter Bezug auf Christian von Zimmermann von zwei hauptsächlichen Tendenzen der Biografik im 20. Jahrhundert aus, von der Heroisierung und der Psychologisierung.[46] Vor allem im Dichterfilm der 70er Jahren zeichnete sich eine zunehmende Demontage des heroischen Narrativs ab, und zwar auf drei verschiedenen Feldern der Devianz: in psychischer, juristischer und ideologisch-sexueller Hinsicht.[47] Während in den frühen Biopics, wie bereits erwähnt, der Protagonist heroisiert wurde, Filme wie die *Sissi*-Trilogie (Ernst Marischka, A 1955–1957) sogar einer Nationalmythenbildung dienten, gilt in modernen Biopics das Interesse dem ambivalenten Charakter, dem gebrochenen und mit allen Abgründen schonungslos zur Schau gestellten Helden. Den Gedanken, dass dies der Mythisierung nicht nur nicht zuwiderläuft (und von „debunking", dem Heldensturz, somit nicht die Rede sein kann),[48] sondern sogar dienlich ist, möchte ich weiterdenken bis zu dem Punkt, dass gerade diese Momente der Devianz Glaubwürdigkeit stiften und so der Authentifizierung dienen.[49] Es sind die Abgründe, denen der Rezipient Glauben schenkt, in denen das kreative Moment der Rezeption zum Tragen kommt, wie ich im Laufe der Arbeit belegen werde.[50]

---

[46] Vgl. Nieberle (2008), S. 150. Vgl. bei von Zimmermann (2006), S. 208 sowie v. a. Kap. 4 *Vermenschlichung und Heroisierung – zwei widerläufige biographische Strategien der Moderne*, S. 274–451.

[47] Vgl. Nieberle (2008), S. 149f.

[48] Sigrid Nieberle erkennt in diesem Zusammenhang: „Konstruiert das Biopic auch den Menschen wie Du und Ich, beharrt es dennoch auf der mythischen bzw. hagiographischen Tradition unerklärlicher Begabung und Fähigkeiten des Individuums." Nieberle (2008), S. 25. Zum Begriff „debunking" vgl. Ulrich Raulff: *Wäre ich Schriftsteller und tot ... Vorläufige Gedanken über Biographik und Existenz*. In: Hartmut Böhme, Klaus R. Scherpe (Hg.): *Literatur und Kulturwissenschaften. Positionen, Theorien, Modelle*. Reinbek bei Hamburg 1996, S. 187–204, S. 192f.

[49] Hans Ulrich Reck stellt in seiner Arbeit die Vermutung an, „das Authentische am Künstler sei nicht das Geniale, sondern das Deviante." Hans Ulrich Reck: *Authentizität als Hypothese und Material – Transformation eines Kunstmodells*. In: Susanne Knaller, Harro Müller (Hg.): *Authentizität. Diskussion eines ästhetischen Begriffs*. München 2006, S. 249–281, S. 273. Warum das so ist, möchte ich hinterfragen, den funktionalen Zusammenhang zwischen Devianz und Authentizität über den Glaubwürdigkeitsbegriff herstellen.

[50] So zeigt sich auch jenseits des Biopics, dass in Film- und Fernsehproduktionen der ambivalente Charakter der reizvollere ist. Mustergültige Figuren, die ohne Fehler und durch und durch gut sind, wirken für den heutigen Medienrezipienten nicht mehr glaubwürdig und deswegen nicht authentisch. Nicht zuletzt stellt der (inzwischen nicht mehr ganz so) neue James Bond (Daniel Craig) unter Beweis, dass auch einem Geheim-

Konstitutives Element des Biopics ist das interne Publikum, das den Erfolg und den Ruhm der biografierten Persönlichkeit[51] beglaubigt (vgl. Kapitel 4.4.1). Darüber hinaus gehend stelle ich die These auf, dass als Teil dieses internen Publikums der interne Beobachter, in dem sich der Rezipient spiegelt, als konstitutiv für das Authentische zu verstehen ist. Die meisten Biopics arbeiten mit einem *Sidekick*, einem Kameraden des Protagonisten, Ehegatten oder Geliebten, Kollegen oder auch Konkurrenten – eine dem Helden mehr oder minder nahestehende Figur. Der Rezipient befindet sich auf beiden Seiten, ihm wird nicht nur die Rolle des applaudierenden Publikums zuteil, er teilt mit dem Vertrauten des Helden auch die Rolle des internen Beobachters und damit die Momente der peinlichen Devianz, die nur deshalb peinlich sind, weil sie jemand beobachtet. Der Rezipient empfindet solche Szenen als beschämend, weil er auf das zurückgeworfen wird, was er ist: ein Beobachter (dessen Autorisierung er selbst womöglich als zweifelhaft empfindet).[52]

Ausgehend von diesem Gedanken spielt der Beobachter in meiner Arbeit eine zentrale Rolle, man könnte sagen, er ist auch für den Argumentationsaufbau meiner Arbeit konstitutiv.

---

agenten seines Formats Traumatisierung und der nachhaltige Verlust von Überlegenheit zugestanden werden muss und kann.

[51] Der Begriff „biografiert" ist eine im Duden nicht vorzufindende Wortschöpfung und wird von Taylor und Nieberle vereinzelt verwendet, um auf die im Biopic porträtierte, historische Persönlichkeit zu verweisen. Um die narrativen Strukturen des Biopics zu analysieren, spricht Taylor auf Filmebene von der „biographischen Figur", da der Terminus „Figur" deren ästhetische Konstruktion impliziert, vgl. Taylor (2002), S. 13. Da es mein Ziel ist, stets den Bezug zu der hinter der Figur stehenden historischen Person herzustellen, verwende ich fast ausschließlich den Begriff „biografierte Person" bzw. „biografierte Persönlichkeit" (deren Darstellung ich immer als Konstruktion verstehe). Im gleichen Sinne spreche ich auch von der „biografierten Realität" (vgl. Kapitel 4.4). Von der „biografischen Figur" in Anlehnung an Taylor ist nur vereinzelt die Rede, so etwa in Kapitel 4.4.1, wo es um die narrative Positionierung der Hauptfigur im Verhältnis zu Nebenfiguren geht.

[52] Im Kapitel 2.3.2 wird das Narrativ von der Devianz des Helden weiter auseinandergesetzt und die Funktion der Nebenfigur(en) im Kapitel 4.4.2.

2 Authentizität: Die Ausgangsbasis ermitteln

Ein Authentizitätsbegriff, wie ich ihn für die Filmbiografie entwickeln möchte, erfordert eine begriffliche Ausgangsbasis, um den Ausdruck „Authentizität" in seiner Vielschichtigkeit einzugrenzen und zuzuspitzen. Neben diesem wesentlichen Punkt hat dieses Kapitel zum Ziel, den Begriff mit den Aspekten Unmittelbarkeit und Inszenierung zu konfrontieren, um im Anschluss die grundsätzliche Bedeutung der Glaubwürdigkeit herauszuarbeiten.

2.1 Begriffsbestimmung

Der Umgang mit dem Authentizitätsbegriff ist heute so selbstverständlich wie gängig. Susanne Knaller nennt den Begriff ein „semantisches Ereignis", das mit „seiner Aura von Echtheit, Wahrhaftigkeit, Ursprünglichkeit und Unmittelbarkeit [...] zu einem erfolgreich eingesetzten Markenartikel und Emblem geworden [ist]."[53] Zahlreiche TV- und Filmformate machen sich dies zunutze, nicht zuletzt und ganz besonders eben auch die Filmbiografie.[54] Authentische Medieninhalte besitzen eine hohe Anziehungskraft, der Hinweis auf eine „wahre Begebenheit" wirkt als Teaser (nicht selten auch als Trick) für eine gebanntere Rezeption. *Reality sells*, könnte man sagen. Eine eingehendere Beschäftigung mit dem vielschichtigen Begriff zeigt jedoch schnell die definitorischen Schwierigkeiten, die sich ergeben.

> Das Vertrackte des Authentizitätsbegriffs scheint u.a. darin zu liegen, dass er ermöglicht, empirische, interpretative, evaluative und normative Momente auf eine kaum aufschlüsselbare Weise miteinander zu kontaminieren.[55]

Susanne Knaller und Harro Müller setzen sich systematisch und ausführlich mit dem Authentizitätsbegriff auseinander, wie hier in groben Schritten nachvollzogen wird, um die Komplexität und somit die schwierige

---

[53] Susanne Knaller: *Ein Wort aus der Fremde. Geschichte und Theorie des Begriffs Authentizität*. Heidelberg 2007, S. 7.

[54] Authentizität in Film und Fernsehen bleibt auch für die Forschung ein spannendes Thema, wie verschiedene Studien zeigen, vgl. z. B. Ludwig Bauer: *Authentizität, Mimesis, Fiktion. Fernsehunterhaltung und Integration von Realität am Beispiel des Kriminalsujets*. München 1992 (Diskurs Film / Bibliothek, 3); Manfred Hattendorf: *Dokumentarfilm und Authentizität. Ästhetik und Pragmatik einer Gattung*. Konstanz 1994 (Close up. Schriften aus dem Haus des Dokumentarfilms, 4); Stefanía Voigt: *„Blut ist süßer als Honig." Angstlust im Horrorfilm im Kontext von Medientheorie und Medienpädagogik* [unveröffentlichtes Skript]. München 2014.

[55] Knaller (2007), S. 9.

Handhabung desselben deutlich zu machen.[56] Allein ein Blick in die Begriffsgeschichte zeigt die breit gefächerte Dimension von *Authentizität*, angefangen bei den griechischen Bedeutungsursprüngen von „Urheber", „Ausführer" und „Selbstherr" oder, adjektivisch gebraucht und vor allem im Zusammenhang mit Schriften rückbezogen auf einen Urheber, „original", „zuverlässig" und „richtig". Später kommt die Implikation „anerkannt", „zuverlässig" und „verbindlich" hinzu, in deren Verwendungsweise der Begriff „authentisch" seit dem 16. Jahrhundert auch in Deutschland existiert. Das Substantiv wird hier erst seit Mitte des 18. Jahrhunderts benutzt. In der lateinischen Form „authenticus" verbindet sich die „Autorität" mit dem „Urheber". Der Begriff bleibt hauptsächlich auf Personen bezogen. Erst im Laufe des 20. Jahrhunderts wird authentisch im Sinne von „aufrichtig", „gerecht", „wahrhaftig", „nicht künstlich" verwendet, eine Bedeutungsdimension, in der authentisch/Authentizität schließlich auf Kunst und Literatur übertragen wird. Hier kann entweder die Originalität und Echtheit eines Kunstwerks gemeint sein oder, und das ist vor allem für die Kunsttheorie der Moderne von Bedeutung, die Wahrhaftigkeit, das Unverfälschte, Originelle.

> Damit umfaßt authentisch/Authentizität als ästhetischer Grundbegriff nicht nur weiterhin den Beglaubigungs- und Zuschreibungs-, sondern auch einen moralphilosophischen Diskurs und relationiert diese programmatisch.[57]

Aus dem Blickwinkel der Theaterwissenschaft zeichnet Eleonore Kalisch die Begriffsgeschichte von „Authentizität" nach:

> *Authentes* ist abgeleitet von *auto – entes*, der Selbstvollendende. Zugleich bürgerte sich die adjektivische Bedeutung ‚eigenhändig vollführt' ein. Der Selbstvollendende ist primär wohl als der Selbsthandelnde verstanden worden. Dies könnte auch das Bedeutungsspektrum erklären, das von Urheber und Täter bis zu Mörder und schließlich zu Selbstmörder reicht, der Hand an sich selber legt.[58]

Eine Weiterentwicklung vollzieht sich von *Authentikos*, also die unmittelbare Bindung an den Täter oder Urheber (s. o.), zu *Authenteo*, der auf die Macht oder Autorität verweist, die keiner eigenen Hand mehr bedarf: „Handschriften, Schuldscheine, Testamente, Verträge, Briefe dürften Grundformen authentischer Äußerungen sein, verbunden mit Fragen der

---

[56] Vgl. Susanne Knaller/Harro Müller: *Authentisch/Authentizität*. In: Karlheinz Bark u. a.: *Ästhetische Grundbegriffe*. Stuttgart u. a. 2005 (Historisches Wörterbuch in sieben Bänden, 7, Supplement – Register), S. 40–65.

[57] Ebd., S. 42.

[58] Eleonore Kalisch: *Aspekte einer Begriffs- und Problemgeschichte von Authentizität und Darstellung*. In: Erika Fischer-Lichte, Isabel Pflug (Hg.): *Inszenierung von Authentizität*. Tübingen u. a. 2000 (Theatralität, 1), S. 31–44, S. 32.

Geltung und Rechtskraft."[59] Kalisch verweist ferner auf das Authentizitätsproblem als bibelhermeneutisches Problem, beleuchtet den Begriff auch im medizinischen und pietistischen Zusammenhang.[60] In weiteren und recht unterschiedlichen Disziplinen wie Recht, Theologie, Philosophie und Ethnologie zu Hause, findet der Authentizitätsbegriff je unterschiedlich schattierte Verwendungsweisen, auf die hier nicht näher eingegangen wird,[61] die in ihrer Vielfalt aber verständlich machen, warum der Begriff so schwer zu fassen ist.

> Eine endgültige Definition des Authentizitätsbegriffs kann es aus den Gründen nicht geben, die für jeden anderen Begriff mit Geschichte gelten: Einerseits kann sich unter einem gleichen Wort sehr Verschiedenes verbergen, andererseits können sehr ähnliche (oder gar gleiche) Inhalte mit ganz verschiedenen Worten benannt werden. Das ist eine Trivialität der Begriffsgeschichte.[62]

Strub bemerkt weiter, dass sich die Begriffsgeschichte aus so vielen disparaten Quellen speist, dass sich weder eine Wortgeschichte noch die Festlegung auf einen inhaltlichen Bedeutungskern konturieren lässt.[63] Knaller meint jedoch: „Konstant sind in der gegenwärtigen Bedeutung von authentisch/Authentizität die semantischen Komponenten ‚wahrhaftig, eigentlich, unvermittelt, unverstellt, unverfälscht'."[64] Von diesen semantischen Komponenten ausgehend wird im Folgenden der angestrebte rezipientenorientierte Authentizitätsbegriff erarbeitet.

Für eine weitere Abgrenzung ist die Verwendungsweise im künstlerischen Bereich grundsätzlich von der im lebensweltlichen zu trennen: „Ästhetische Authentizität ist ein erst im 20. Jh. im Sinne von normativer Kunst- bzw. Autorauthentizität eingeführter Begriff [...]."[65] Um sich der komplexen Struktur von „Authentizität" im Kunstsystem weiter zu nähern, unterscheidet Susanne Knaller zunächst zwischen Subjekt- und Objektauthentizität:

---

[59] Ebd.

[60] Vgl. ebd., S. 37 und S. 40.

[61] Für eine eingehendere Betrachtungsweise vgl. Müller/Knaller (2005); Knaller (2007); Kalisch (2000); Helmut Lethen: *Versionen des Authentischen: sechs Gemeinplätze.* In: Hartmut Böhme, Klaus R. Scherpe (Hg.): *Literatur und Kulturwissenschaften.* Reinbek bei Hamburg 1996, S. 205–231.

[62] Christian Strub: *Trockene Rede über mögliche Ordnungen der Authentizität. Erster Versuch.* In: Jan Berg, Hans-Otto Hügel, Hajo Kurzenberger (Hg.): *Authentizität als Darstellung.* Hildesheim 1997 (Medien und Theater, 9), S. 7–17, S. 7.

[63] Vgl. ebd.

[64] Müller/Knaller (2005), S. 43.

[65] Susanne Knaller: *Genealogie des ästhetischen Authentizitätsbegriffs.* In: Susanne Knaller, Harro Müller (Hg.): *Authentizität. Diskussion eines ästhetischen Begriffs.* München 2006. S. 17–35, S. 31.

29

Subjektauthentizität umschreibt z.B. das Übersteigen des Individuellen und die Rückkehr oder Ankunft an einem Ort des Ursprungs
in der ästhetischen Moderne, wenn der Künstler/die Künstlerin
über kreatives Potential und Originalität das unkontaminierte
Selbst findet. [...] Objektauthentizität resultiert zumeist aus der
Rückführbarkeit auf einen Urheber/eine Urheberin oder auf Zuge-
hörigkeit. [...] Kunstauthentizität als eine besondere Form der
Objektauthentizität geht über diesen empirischen Authentizitätsbegriff hinaus und wird erst mit der institutionalisierten Autono-
miesetzung des Kunstwerks konzipierbar. Als Authentizitätsgaran-
ten dienen dabei im Kunstsystem der Autor/die Autorin bzw. die
Kunstkritik.[66]

Der Authentizitätsbegriff, um den es in meiner Arbeit gehen soll, findet
im Begriff der Kunstauthentizität eine entscheidende Konkretisierung.
Doch damit ist es noch nicht genug, denn Susanne Knaller beschreibt
weiter, dass sich Kunstauthentizität aus Referenz- wie aus Subjektauthentizität bilden kann, und da dieser Punkt als entscheidend anzusehen ist,
gebe ich Knallers Erkenntnisse hierzu in ihrer Ausführlichkeit wieder:

Allerdings ist dieses Verhältnis [von Referenz- und Subjektauthentizität im Begriff der Kunstauthentizität; JK] graduell unterschiedlich: Während sich Referenzauthentizität dem Autonomiepostulat
programmatisch verweigert und Heteronomie akzentuiert [...],
kann sich Subjektauthentizität von der Produktions zur Rezeptionsseite verlagern. Das geschieht immer dann, wenn die Auffassung vertreten wird, dass Authentizitätszuschreibungen im Hinblick auf den Autor/die Autorin und im Hinblick auf das Werk
noch herkömmliche Kunstmetaphysik, Kunstontologie transpor-
tieren. Authentizität ist in diesem Fall dann eine provisorische
Selbst- und Fremdzuschreibung, die im Laufe der Geschichte stets
auch anders ausfallen könnte. Poetologisch umgesetzt zeigt sich
diese rezipientenaktivierende Authentizitätskonzeption als nicht-
normative Variante von Authentizität in der avantgardistischen
und postmodernen Kunst seit der Pop Art, die mit den modernisti-
schen Kategorien Originalität, Einzigartigkeit, Autonomie und
schöpferisches Subjekt spielen, indem sie explizit auf Reproduktion
referentialisieren und mit Materialien, Medien und Rahmenbedin-
gungen selbstreflexiv umgehen. Die paradoxale Grundlage von
Authentizität zwischen Selbst- und Fremdreferenz bleibt in diesen
Arbeiten offen und wird ästhetisch produktiv gewendet.[67]

---

[66]   Knaller (2007), S. 8f. Das wechselseitige (und nicht systematisch differenzierende)
       Verhältnis von Subjekt- und Objektauthentizität macht Markus Wiefarn zum Thema
       seiner Arbeit, vgl. Markus Wiefarn: *Authentifizierungen. Studien zu Formen der Text-
       und Selbstidentifikation.* Würzburg 2010 (Literatur – Kultur – Theorie, 3).
[67]   Knaller (2007), S. 23 (Unterstreichung durch mich).

Eine ebensolche Umgangsweise ist das Anliegen der vorliegenden Arbeit: Rezipienten aktivierend, selbstreflexiv und kontingent, eine Subjektauthentizität also, die auf Fremdzuschreibung beruht, sich demzufolge von der Produktions- auf die Rezeptionsseite verlagert. Diese Betrachtungsweise lässt sich weiter mit Susanne Knaller und Harro Müller vertiefen, die bei der Konzentration auf das Kunstwerk eine weitere mögliche Differenzierung des Authentizitätsbegriffs in dreierlei Hinsicht vorschlagen:[68] *Ästhetische Authentizität* meint die Autorität und Souveränität des Kunstwerks, lokalisiert Authentizität in der formalen Faktur. Von *Referenzauthentizität* ist auszugehen, wenn die „Fremdreferenz, Indexikalität im Sinne von Abbildung, Mimesis, Kopie" akzentuiert ist und realistische, naturalistische Positionen qualifiziert werden. Relevant für diese Arbeit ist jedoch die dritte Variante, die *rezeptive Authentizität.* Hier geht es um einen Authentizitätsbegriff, der in Nachfolge von Umberto Eco und Roland Barthes den Rezipienten in den Blick nimmt und davon ausgeht, dass, wie oben beschrieben, die Zuschreibung von Authentizität im Laufe der Geschichte immer auch anders ausfallen könnte, „in der stets zu führenden Auseinandersetzung mit dem Autor, mit dem Werk und jeweiligen Ko-, Kon- und Distexten [...]."[69]

An dem Punkt möchte ich mit meiner Arbeit anschließen und genauer werden. Ein rezipientenorientierter Authentizitätsbegriff, wie ich ihn vorhabe, lässt sich zugegebenermaßen nur schwer formulieren. Als Beschreibende/r begibt man sich in eine vergleichsweise offene Position. Um nicht vom Formulieren ins Fabulieren zu geraten, empfiehlt sich die Orientierung an einem bestimmten (Kunst-)Gegenstand, wie etwa im Falle dieser Arbeit an der Filmbiografie.

Für die Ermittlung des ersten Bausteins, auf dem der angestrebte Authentizitätsbegriff fußt, die Glaubwürdigkeit, müssen drei andere Begrifflichkeiten erörtert werden, die mit *Authentizität* direkt in Verbindung stehen und die tragende Rolle des Beobachters belegen: *Unmittelbarkeit* und in deren Folge *Inszenierung* sowie *Konstruktion.* Denn wie Susanne Knaller aufzeigt, wird Kunstauthentizität auch als Synonym von Unmittelbarkeit bestimmt, „das setzt eine Synthese von Produktion, Beobachtung und Form voraus und impliziert eine Verdeckung des Medialen [...]."[70] Der Aspekt der Unmittelbarkeit stellt eine wichtige Voraussetzung für Authentizität dar – und zugleich einen großen Fallstrick. Denn „unvermittelt" ist eine der semantischen Komponenten, von denen ich ausgehe. Wenn etwas vermittelt ist, also schon nicht mehr „aus erster

---

[68] Vgl. Susanne Knaller, Harro Müller: *Einleitung. Authentizität und kein Ende.* In: Susanne Knaller, Harro Müller (Hg.): *Authentizität. Diskussion eines ästhetischen Begriffs.* München 2006, S. 7–16, S. 12f.

[69] Ebd., S. 13.

[70] Knaller (2007), S. 32.

Hand" beziehungsweise „original" und im Vermittlungsprozess vielleicht (oder sogar zwangsläufig) „verfälscht" wird, wie lässt sich dann noch von Authentizität sprechen? Da davon auszugehen ist, dass ein Medium nie über sich selbst hinwegtäuschen kann, dass gerade ein Film ein einziges Werk der Inszenierung und Darstellung ist, wird im Folgenden beschrieben, wie mit dem Postulat der Unmittelbarkeit und im Weiteren in Bezug auf die Filmbiografie umzugehen ist.

2.2 Von der Unmittelbarkeit zur Glaubwürdigkeit: Darstellung als Dilemma

„Man schreibt dem Authentischen besonderen Wahrheitsstatus zu, weil es das durch sich selbst Wahre ist, das Nichtvermittelte, Nichtdargestellte bzw. das, was sich von selbst gemacht hat."[71] Jan Berg beschreibt hier das auch für den Film grundlegend geltende Paradox:

> Damit aber deutlich werden kann, daß das so ist: ist Darstellung nötig. Selbst die dürreste Herausgeberfiktion, die verspricht, etwas nur heraus- bzw. weiterzugeben, ist Darstellung – die Darstellung von Nichtdarstellung.[72]

In dieselbe Richtung geht Christian Strub, der bemerkt:

> Aus dieser semiotischen Binsenweisheit, daß Darstellung immer nur Darstellung von etwas von dieser Unabhängigem sein kann (in Peircescher Terminologie gesprochen: daß jedes Zeichen indexikalischen Charakter hat), ergibt sich aber noch *nicht* das Authentizitätsproblem; es ergibt sich erst dann, wenn die Unabhängigkeit des Darstellungsthemas mittels des Begriffs der *Unmittelbarkeit* zu beschreiben versucht wird; denn der Begriff der Unmittelbarkeit präsupponiert zumindest die Denkbarkeit einer Thematisierung dieses Unabhängigen, die keiner Darstellung bedarf. Umgekehrt ist dann jede Darstellung eine Vermittlung, nämlich zwischen dem Darstellungsunabhängigen und dem Darstellenden – ein Hilfsmittel, Werkzeug, Medium, das zwischen Darstellungsunabhängiges und Darstellende tritt [...].[73]

Dem Moment der Darstellung und somit dem der Vermittlung ist also nicht zu entkommen. Strub definiert eine *authentische Darstellung* als gegeben,

---

[71] Jan Berg: *Formen szenischer Authentizität.* In: Jan Berg, Hans-Otto Hügel, Hajo Kurzenberger (Hg.): *Authentizität als Darstellung.* Hildesheim 1997 (Medien und Theater, 9), S. 155–174, S. 161.

[72] Ebd.

[73] Strub (1997), S. 8 (Hervorhebungen im Original).

wenn man mit sprachlichen, bildlichen, lautlichen, körperlichen Darstellungsmitteln die Unmittelbarkeit – d.h. das nicht von der Vermittlung über die Darstellung Aspektiertsein – eines Themas (eines Gegenstandes, eines Ereignisses, einer fremden oder der eigenen Person) ‚erwischt' (produziert, rezipiert, ist).[74]

Wie im vorangegangenen Kapitel beschrieben, wird hier von einer den Rezipienten aktivierenden Authentizitätskonzeption ausgegangen. So wie es immer verschiedene Darstellungen desselben Themas geben kann,[75] kann es auch immer unterschiedliche Wahrnehmungen geben. So betont Jan Berg:

> Authentizität [...] ist ein Effekt, den der Rezipient mitgenerieren muß. Das gilt zwar ganz allgemein für das Verhältnis von literarischem Text und Leser, theatraler Darstellung und Rezeption, doch die Möglichkeit des Gelingens authentifizierender Darstellung ist besonders eng daran geknüpft, daß der Leser die Sicherheit haben oder sie sich einreden können muß, einer autorfreien Darstellung, einer naiven Selbstschilderung zu folgen – den ‚Dingen selbst' ihre Bedeutung abzulesen.[76]

Eine Inszenierung wirkt, gerade weil sie nicht als solche wahrgenommen wird, der Begriff der Inszenierung hängt demnach eng mit dem der Wahrnehmung zusammen.[77]

> Als ästhetische und zugleich anthropologische Kategorie zielt der Begriff der Inszenierung auf schöpferische Prozesse, in denen etwas entworfen und zur Erscheinung gebracht wird – auf Prozesse, welche in spezifischer Weise Imaginäres, Fiktives und Reales (Empirisches) zueinander in Beziehung setzen.[78]

Inszenierung bedeutet demnach zwar auch Schein, Simulation, Simulakrum: „Es handelt sich dabei jedoch um einen Schein, eine Simulation, ein Simulakrum, die allein fähig sind, Sein, Wahrheit, Authentizität zur Erscheinung zu bringen."[79] Petra Maria Meyer schlussfolgert bei ihrer Gegenüberstellung von Inszenierung und Authentizität, dass Authentizität der Effekt eines Medienpaktes ist, und dass die Realitätskonzeption grundsätzlich als medial verfasst kenntlich gemacht ist: „Dabei erweist sich die Inszenierung ihrerseits als authentischer, mittels Medientrans-

---

[74] Strub (1997), S. 9.

[75] Vgl. ebd.

[76] Berg (1997), S. 161.

[77] Vgl. Erika Fischer-Lichte: *Theatralität und Inszenierung*. In: Erika Fischer-Lichte, Isabel Pflug (Hg.): *Inszenierung von Authentizität*. Tübingen u. a. 2000 (Theatralität, 1), S. 11–27, S. 20.

[78] Ebd., S. 22.

[79] Ebd., S. 23.

formation vollzogener Konstruktionsprozeß."[80] Auch Christian Strub begreift Authentizität „in medialer, ästhetischer wie nichtästhetischer Kommunikation grundsätzlich als Form, Resultat bzw. Effekt medialer Darstellung [...]."[81] Inszenierung (also Darstellung beziehungsweise Vermittlung) und Authentizität widersprechen sich demzufolge nicht, im Gegenteil bedingt Inszenierung das „Entstehen" von Authentizität – ausgehend von einem Authentizitätsbegriff, der sich als Folge eines Medienpaktes begreift und dem Rezipienten dabei eine Schlüsselrolle zuteilt. Aufseiten des darstellenden Mediums muss die Frage nach der *Authentizitätsstrategie* gestellt werden, also wie ein authentischer Eindruck beziehungsweise Ausdruck hergestellt wird. Darüber hinaus gilt jedoch:

> Spricht man von einem authentischen Bild, dann spricht man also zwangsläufig von einem Bildgebrauch, dessen bedeutungskonstituierende Faktoren weit über das Bild hinausragen. Die Attribuierung ‚authentisch' in den Bildmedien meint eine ästhetische Praxis, die sich nicht allein auf das Bild, seine ikonische Gestalt und seine Entstehung beziehen kann, sondern immer auch das authentisierende Milieu miteinbezieht. Sie meint schließlich eine Praxis, die zugleich *poiesis* und *aisthesis* ist.[82]

Wichtig für die Entwicklung des hier angestrebten Authentizitätsbegriffs sind demnach beide den Effekt von Authentizität generierende Seiten: das auslösende Produkt und der wahrnehmende Rezipient. Authentizität ist dabei stets als *Konstruktion* zu verstehen, die auf einen *Beobachter* angewiesen ist.[83]

Christian Klein und Lukas Werner systematisieren die verschiedenen Authentizitätssignale im Biopic in Anlehnung an Gérard Genettes Konzept des Paratextes, indem sie unterscheiden zwischen Authentizitätssignalen, die 1. nicht zur filmischen Diegese gehören und 2. zur filmischen Diegese gehören. Erstere lassen sich erneut unterteilen in *epifilmische Signale*, wie etwa Trailer, Plakate und Interviews mit Verantwortlichen, und in *perifilmische Signale*, wie Titel, Texttafeln und einleitende Erzähler-Kommentare.[84] Die konkret filmischen Authentizitätssignale (2.)

---

[80] Petra Maria Meyer: *Mediale Inszenierung von Authentizität und ihre Dekonstruktion im theatralen Spiel mit Spiegeln. Am Beispiel des komponierten Films* Solo *von Mauricio Kagel.* In: Erika Fischer-Lichte, Isabel Pflug (Hg.): *Inszenierung von Authentizität.* Tübingen u. a. 2000 (Theatralität, 1), S. 71–91, S. 74.

[81] Strub (1997) im Vorwort zu diesem Band.

[82] Wortmann (2006), S. 163f.

[83] Der enge Zusammenhang zwischen Wahrnehmung und Vermittlung und ob sich Wahrnehmung unvermittelt überhaupt vollziehen kann, wird im weiteren Verlauf der Arbeit zunehmend thematisiert. Um dem nicht vorzugreifen, soll es an diesem Punkt vorerst bei dieser pointierten Auseinandersetzung bleiben.

[84] Vgl. Christian Klein, Lukas Werner: *Biographische Erzählungen in audiovisuellen Medien. Kapitel 7.1: Spielfilm.* In: Christian Klein (Hg.): *Handbuch Biographie. Methoden,*

betreffen vor allem die historisch korrekte Gestaltung, zu der die Ähnlichkeit zwischen Darsteller und Dargestelltem sowie überprüfbare Fakten und Szenerie gehören.[85] Zudem bemerken Klein und Werner, dass die Art der Darstellung zur Authentizität des Films beitragen kann und belegen dies mit dem Film *Schindlers Liste* (Steven Spielberg, USA 1993), der in schwarz-weiß gedreht wurde und so eine Anschließbarkeit an historische Aufnahmen von Konzentrationslagern ermöglicht, wie sie ins kulturelle Gedächtnis eingegangen sind.[86] Die beobachtbare Authentizitätsstrategie eines Films mit entsprechenden Signalen wird im Laufe der Arbeit immer wieder thematisiert. Sie nimmt entscheidenden Anteil an der Entstehung des Medienpaktes auf der Produktseite.

Ergebnis dieser Authentizitätsstrategie, Dreh- und Angelpunkt einer gelungenen authentischen Darstellung ist das Moment der *Glaubwürdigkeit*. Der Rezipient muss dem Dargestellten glauben, wenn nicht, scheitert der Pakt.

> ,Authentisch' wird [...] zu einer relativen Kategorie, einem Gradmesser für die Glaubwürdigkeit eines äußeren Ereignisses oder eines inneren Erlebnisses. Diese Glaubwürdigkeit entfaltet ihre Überzeugungskraft in der künstlerischen Vermittlung, die sich an der eigenen Wahrnehmung der Rezipienten messen lassen muß. Authentizität wird damit zu einer Frage der Rhetorik und der Wahrnehmungspsychologie.[87]

Somit ist auch Glaubwürdigkeit kontingent, vollzieht sich im Rahmen von Diskursen je verschieden. Innerhalb des Fantasy-Genres ist es glaubwürdig, dass Zauberer und Feen existieren, einer Liebeskomödie „glauben" wir eher das rosarote Happy End als einem Antikriegsfilm. Ein rezipientenorientierter Authentizitätsbegriff, wie er in dieser Arbeit entwickelt wird, orientiert sich am Genre der Filmbiografie. Glaubwürdigkeit, als einer der Bausteine dieses Begriffs, wird dabei auf verschiedene Weise hergestellt, wie ich im folgenden Kapitel zeige.

2.3   *Glaubwürdigkeit* im Biopic

Für eine glaubwürdige Wirkung sind im Biopic verschiedene Faktoren entscheidend, etwa Paratext, Erzählperspektive, Rahmung und Erzählweise. Im Laufe dieser Arbeit wird in zahlreichen Beispielen immer wieder

---

Traditionen, Theorien. Stuttgart u. a. 2009, S. 154–164, S. 159. Zu den Elementen der Faktualisierung eines biografischen Textes vgl. auch von Zimmermann (2006), S. 39.

[85]   Vgl. Klein/Werner (2009), S. 160.

[86]   Vgl. ebd.

[87]   Hattendorf (1994), S. 67.

darauf zurückzukommen sein. Ausführlicher soll in diesem Abschnitt Glaubwürdigkeit anhand einer signifikanten Gegenüberstellung verdeutlicht werden: das biografistische Erzählprinzip und das Narrativ der devianten Figur. Ausgangsthese ist, dass die Darstellung devianter Momente, also das Zurschaustellen von Abgründen und Schattenseiten, gesellschaftlicher und geistiger Normabweichungen, ein hohes Maß an Glaubwürdigkeit erzeugt. Zur Kontrastsetzung wird zunächst der Biografismus erörtert, eine typische und beliebte Methode, Werk und Biografie übereinanderzublenden.

2.3.1 Biografismus → als Anti- Authentifizierung

Nur in seltenen Fällen umspannt die erzählte Zeit eines Biopics das gesamte Leben der biografierten Person. Meist geht es um die Zeit der größten Erfolge oder anderer herausragender Lebensleistungen, aufgrund derer die Persönlichkeit in die Geschichte einging. Eine beliebte Spielart hierbei ist der Biografismus als Erzählmodus und findet besonders in Autoren-Biopics Anwendung. Dabei wird die Entstehung des bekanntesten Kunstwerks im Leben des Autors beziehungsweise der Autorin verankert.[88] So etwa werden in *Shakespeare in Love* die Entstehung von *Romeo und Julia*, in *Finding Neverland* (Marc Forster, GB/USA 2004)[89] die Entstehung von James M. Barries *Peter Pan* und in *Goethe!* (Philipp Stölzl, D 2010) die Entstehung von *Die Leiden des jungen Werther* mit Ereignissen aus dem Leben der Autoren verknüpft. Oft wird schon allein im Titel die enge Verknüpfung zwischen Leben und Werk widergespiegelt, wie zum Beispiel in *Finding Neverland* und *Becoming Jane*[90] (Julian Jarrold, USA/GB 2007). *Becoming Jane* parallelisiert nicht nur Jane Austens Leben mit dem ihrer Protagonistin Elizabeth Bennet in *Stolz und Vorurteil,* sondern impliziert mit dem Titel, dass die Autorin erst durch ihr bekanntestes Werk zu derjenigen wurde, als die sie uns heute bekannt ist.

In ihrer Untersuchung zeichnen Tom Kindt und Hans-Harald Müller nach, warum der Biografismus eine überholte Methode der Textinterpretation ist, wie andere Strömungen wie der Strukturalismus, New Criticism und die Dekonstruktion (um nur einige zu nennen) der Frage nach dem Autor entgegenwirkten und den Blick auf das autonome Werk lenk-

---

[88] Vgl. Nieberle (2008), S. 27f.

[89] Der deutsche Titel lautet: *Wenn Träume fliegen lernen.*

[90] Der deutsche Titel lautet: *Geliebte Jane.*

ten.[91] Von den Literaturwissenschaften also verabschiedet, erfreut sich der Biografismus in der Biopic-Filmkunst großer Beliebtheit. Biografistisch erzählte Biopics nehmen eine Sonderstellung im Genre ein. Sigrid Nieberle spricht von doppelter Fiktionalisierung, da mit dem biografistischen Prinzip die ohnehin schon schwer zu bestimmende Grenze zwischen Biografie und Fiktion weiter verwischt.[92] Das Thema Fakt und Fiktion in der (Film-)Biografie wird in Kapitel 5.1 meiner Arbeit ausführlicher auseinandergesetzt. Interessant ist an diesem Punkt vielmehr das Spiel mit der Glaubwürdigkeit. Mit der biografistischen Methode wird die Frage nach der Authentizität ausgeblendet, spannender und mitunter amüsanter sind Wiedererkennungsmerkmale, wenn der Film das Werk zitiert. Es ist dementsprechend nicht weiter von Belang, ob in *Goethe!* oder in *Shakespeare in Love* an historischen Fakten (teilweise recht grob) vorbeierzählt wird. In einem derart fiktionalisierten Biopic spielt Glaubwürdigkeit höchstens auf der Ebene der Diegese eine Rolle. Der Rezipient stellt den Modus seiner Wahrnehmung, seine Erwartungshaltung darauf ein und glaubt unter Umständen gerne an eine romantisch-unglückliche Liebesbeziehung, in deren Anlehnung ein Autor sich zu einem Stück wie *Romeo und Julia* inspiriert fühlt. Der Film signalisiert also durch werkimmanente Bezüge die geratene Leseweise und der Anspruch an authentische Darstellung wird zugunsten der Intertextualität zurückgenommen. Dabei wird nicht zwangsläufig gänzlich auf historische Tatsachen verzichtet. Die Nennung überprüfbarer Fakten, etwa in Form von Orts- und Zeitangaben, ist eine Form von Authentifizierungsstrategie, wie im Laufe dieser Arbeit aufgezeigt wird. Zu hinterfragen ist stets, welcher Anspruch damit gestellt wird und wie der jeweilige Film diesem gerecht wird.[93] In die völlige Übertreibung versteigert beispielsweise Terry Gilliam mit dem Biopic *Brothers Grimm* (GB/CZ/USA 2005) das biografistische Prinzip, indem er die Grimm-Brüder „Will" und „Jake" durch die fantastische Welt ihrer eigenen Märchen ziehen lässt.[94] Durch überdeutliche Genre-Markierungen unterwandert der Film jegliche Authentifizierung, indem bereits zu Beginn, wie Sigrid Nieberle feststellt, Anklänge in Form von Schrift und Ton an zeitgleich erschiene Fantasy-Epen wie *Harry Potter* oder *Herr der Ringe* die Erwartungen nach historischen Tatsachen zurücktreten lassen.[95] *Brothers Grimm* will nicht als authentisch wahrge-

---

[91] Vgl. Tom Kindt, Hans-Harald Müller: *Was war eigentlich der Biographismus – und was ist aus ihm geworden?* In: Heinrich Detering (Hg.): *Autorschaft. Positionen und Revisionen.* Stuttgart u. a. 2002 (Germanistische Symposien-Berichtsbände, 24), S. 355–375.

[92] Vgl. Nieberle (2008), S. 28.

[93] Vgl. hierzu auch ebd., S. 201.

[94] Vgl. auch ebd., Kap. 4.6 *Märchendichter in Hollywood (Brüder Grimm, 1962 und 2005),* S. 137–149.

[95] Vgl. Nieberle (2008), S. 149.

nommen werden und macht das von vorneherein klar. Glaubwürdigkeit als Authentizitätsstrategie ist etwas, das auf einer Metaebene entsteht. Ob eine Erzählung in sich schlüssig und glaubwürdig erzählt, ist eine andere Frage.

Im Zentrum dieser Arbeit steht der deviante Held, insofern von großer Bedeutung ist das Narrativ von Genie und Wahnsinn, das ich im folgenden Kapitel kontrastiv erörtere.

2.3.2 Die Devianz des Helden

Wie in der Einleitung zum Biopic dargestellt wurde, bewegt sich das moderne Biopic seit den 70er Jahren in einem interessanten Spannungsfeld zwischen Verehrung und Heldensturz, da Ersteres aus dem Fokus gerückt und Letzterer doch kaum je tatsächlich vollzogen wird. Interessant und publikumswirksam sind die Schattenseiten, der Antiheld,

> sozial inkommensurable[n] Figuren, die Schwierigkeiten in ihrem Umfeld haben, die rebellieren, sich unkonventionell verlieben, der Verführung von Drogen erliegen, mitunter deutliche Symptome psychischer Labilität entwickeln [...].[96]

Künstlertum und Psychopathologie ergeben eine wohlbekannte Dichotomie.[97] Für Sigrid Nieberle gehört das Narrativ von Genie und Wahnsinn zu den wirkungsmächtigsten Künstlernarrativen, „das historisch bereits seit der Antike etabliert ist, sich scheinbar nie ‚abnutzt' und bis zu den jüngsten *Biopic*-Produktionen zu beobachten ist."[98] Unter Bezug auf Ariane Martin und Gideon Stiening fasst Nieberle die vier wesentlichen Topoi veritabler Erzählungen über Genie und Wahnsinn zusammen:

> 1.) die topographische Ver-rückung [sic] der Figur, das Umher-irren [sic] verwahrloster Subjekte ohne teleologisches Muster, 2.) die Liebesmelancholie, hervorgerufen durch die Unmöglichkeit des Begehrens, weil die Objekte des Begehrens anderweitig vergeben sind, 3.) die Instrumentenmetapher, die nervliche Dissonanzen des Wahnsinnigen in der Überspannung anzeigt, und 4.) die serielle Beschreibung von Künstlern und Künstlerinnen in psychisch problematischer Verfassung.[99]

Nieberle ergänzt die Konstrastierung, „indem den ver-rückten Künstlern etablierte Existenzen entgegengestellt werden, um ihre Differenz in der Verschiedenheit vor einer vermeintlichen Folie der Normalität zu markie-

---

[96] Nieberle (2008), S. 2.

[97] Vgl. ebd., S. 270.

[98] Ebd., S. 269.

[99] Ebd., S. 274.

ren."[100] Diese Topoi werden in filmbiografischen Erzählungen von Genie und Wahnsinn in unterschiedlichsten Varianten aufgerufen.[101] Neben dem Narratem ‚Wahnsinn' gibt es eine Reihe anderer Narrateme, um die deviante Person zu charakterisieren, etwa die Suchtkrankheit oder die problematisierte Sexualität.

In *A Beautiful Mind* (Ron Howard, USA 2001)[102] ist die psychopathologische Devianz der Hauptfigur Gegenstand der filmischen Erzählung. Der Film beschreibt die Lebensgeschichte des Mathematikers und Nobelpreisträgers John Forbes Nash, der unter paranoider Schizophrenie und zunehmenden Wahnvorstellungen leidet. Weitestgehend an Nashs Perspektive gebunden, ist die Grenze zwischen Wirklichkeit und Wahn auch für den Zuschauer ungewiss. Erst das Auftreten und Intervenieren neutraler Personen wie etwa der Ehefrau, erst ihr Beobachterstatus ermöglicht eine Kontrastfolie zur Devianz des Protagonisten. Die Devianz ist hier also konkret an einer psychopathologischen Grunderkrankung festgemacht. Die Darstellung John Nashs in diesem Biopic erzeugt einen hohen Grad an Glaubwürdigkeit. Für den Rezipienten sind das Leben und Leiden dieses brillanten, aber auch getriebenen Geistes dieser Darstellung nach schlüssig und vorstellbar.

Ähnlich geht der Film *Die Eiserne Lady* vor, der allerdings ausschließlich aus der Perspektive der gealterten und von der Alzheimerdemenz gezeichneten Margaret Thatcher erzählt. Dass sie die Gegenwart des Ehemannes nur halluziniert, dass dieser schon Jahre zuvor verstorben ist, wird erst mit dem Auftreten von Nebenfiguren klar. In der Rahmenhandlung möchte sie die Kleider und Schuhe ihres Mannes ausräumen und stößt bei ihrem zeitweise recht verwirrten Gang durch die Wohnung auf Erinnerungsstücke, die die Rückblicke, in denen fragmentarisch aus Maggie Thatchers privatem und politischem Leben berichtet wird, motivieren. Verhandelt werden dabei vor allem Geschlechterrollen. Der Film schlägt keine Rechtfertigung des in der Öffentlichkeit bekannten Bildes der ehemaligen Premierministerin vor, sondern bietet die private Person an, die auf Bruchstücke ihres Lebens zurückblickt und mit dem Verfall ihres Verstandes ringt. Die Darstellung ist nachvollziehbar und glaubwürdig.

Im dritten Beispiel, dem bereits erwähnten Biopic *J. Edgar*, wird die Devianz der Hauptfigur auf mehreren Ebenen beschrieben. Mit der Geschichte des Gründers und langjährigen Direktors des FBI verhandelt auch dieser Film (vor allem amerikanische) Themen seiner Entstehungs-

---

[100] Nieberle (2008), S. 274.

[101] Vgl. ebd., S. 280.

[102] Der deutsche Filmtitel *A Beautiful Mind – Genie und Wahnsinn* thematisiert mit dem Untertitel das benannte Narrativ recht plakativ.

zeit: „[e]r zeichnet die Lebensgeschichte eines der Urväter des kollektiven Verfolgungs- und Bedrohungswahns nach [...].“[103] In der Rahmenerzählung diktiert der gealterte Hoover in den 60er Jahren seine Biografie. Stationen seines Lebens werden hierbei ebenso nachvollzogen wie das schwierige Verhältnis zur dominanten Mutter und die in Wirklichkeit nie geklärte und laut Film lebenslang geheim gehaltene homosexuelle Orientierung. Die Devianz der Hauptfigur zeigt sich somit im Verfolgungswahn, in Reinlichkeitszwängen (Hoover gibt anderen nicht gerne die Hand), in der Abhängigkeit zur übermächtigen Mutter und in der problematisierten Homosexualität. Die Herausgeberfiktion ist ein altes und bewährtes Mittel, um die Wahrhaftigkeit eines Textes vorzugeben, ist also eine Authentizitätsstrategie. In diesem Film dient sie dazu, die Glaubwürdigkeit des Gesehenen einerseits zu behaupten und andererseits infrage zu stellen, denn gegen Ende des Films macht Clyde Tolson, der berufliche wie private Weggefährte Hoovers, ihn darauf aufmerksam, dass vieles in seinen Berichten ungenau oder schlichtweg gelogen ist. Hoover erweist sich demnach als unzuverlässiger Erzähler und der Rezipient muss das Wahrgenommene rückwirkend korrigieren. *J. Edgar* kennzeichnet auf diese Weise, was für alle Biografien gelten muss: ihre Erzählung ist zwangsläufig unzuverlässig und subjektiv.

Um diesen Sachverhalt weiter zu veranschaulichen, ziehe ich ein viertes Filmbeispiel hieran, *Amadeus* von Miloš Forman (USA 1984, Director's Cut 2002). Mozarts Devianz in *Amadeus* besteht zunächst nur in seiner Unangepasstheit an die höfische Norm, woran sich die Erzählerfigur Antonio Salieri stößt. Für den Hofkomponisten geht Genialität mit Würde und Kultiviertheit einher und nicht mit Schamlosigkeit und Infantilität. Um sich an Gott dafür zu rächen, dass dieser nicht ihm selbst, sondern einer „kichernden Kreatur“ solches Talent verliehen hat, beschließt Salieri, Mozart in den Wahnsinn und in den Tod zu treiben. In der Rahmenhandlung gesteht der gealterte Salieri in der Psychiatrie nach einem Selbstmordversuch einem Geistlichen seine Schuld. Der Topos von Genie und Wahnsinn spaltet sich also auf zwei Figuren auf.[104] Das Verfahren der Kontrastierung, um der devianten Figur eine etablierte Existenz als Bezugsfolie der Normalität gegenüberzustellen, wird konterkariert.[105] Im Laufe des Filmes muss der Rezipient sich fragen, wer von beiden, Mozart oder Salieri, wohl verrückter ist. Keinen Zweifel lässt der Film aber daran, wer von beiden ungleich viel genialer ist. Miloš Forman gelingt in diesem Biopic zudem ein Fingerzeig auf die oben mit *J. Edgar* erwähnte

---

[103] Thomas E. Schmidt: *Die Paranoia beginnt. Clint Eastwoods nachdenklicher Film „J. Edgar“ über den FBI-Chef Hoover.* In: DIE ZEIT, N° 3, 12.01.2012, S. 51.

[104] Vgl. auch Nieberle (2008), S. 276.

[105] Vgl. ebd., S. 274.

fundamentale Unzuverlässigkeit, mit der eine jede Biografie verfasst ist (verfasst sein muss):

> Mozarts Wahnsinn ist Effekt der innerfilmischen Inszenierung der Erzählfigur Salieri, dessen Identität wiederum die Wahnidee eines namenlosen Insassen sein könnte, der in Rückblenden das Publikum an seinen Phantasien teilhaben lässt.[106]

Forman bediente sich der alten, inzwischen allerdings widerlegten,[107] Anekdote von der möglichen Schuld Salieris am Tode Mozarts und verknüpfte diese mit dem faktisch belegten, wenn damals auch nicht unüblichen, Hang Mozarts zu zotigem Umgangston.[108] Mit der Rahmenerzählung der (Anti-)Beichte Salieris schuf Forman ein Biopic, das die Authentizität des Dargestellten in keiner Weise tatsächlich behauptet. In diesem Fall dient die Herausgeberfiktion als Methode, die Glaubwürdigkeit des Dargestellten zu konterkarieren. Anders als in *J. Edgar* gibt es keine Richtigstellung, sodass es dem Rezipienten überlassen bleibt, ob er dieser faszinierend unsympathischen Erzählerinstanz glauben möchte.

Mit der Gegenüberstellung dieser Filme zeigt sich eine graduelle Abstufung des Glaubwürdigkeitspostulats. In *A Beautiful Mind* wechselt die Perspektive, dem Rezipienten wird eine Außen- wie Innensicht ermöglicht. Der Film stellt die Glaubwürdigkeit des Dargestellten nicht infrage. Obwohl *Die Eiserne Lady* nur aus Maggie Thatchers Sicht erzählt und man hinterfragen könnte, wie zuverlässig wohl die Perspektive einer Alzheimerkranken ist, bleibt das Dargestellte glaubwürdig. Die Stationen aus Margret Thatchers Leben sind nachprüfbar und das Erscheinungsbild der Demenz überzeugend. Bei *J. Edgar* kippt am Ende die Glaubwürdigkeit des Dargestellten. Doch dass der Protagonist auch noch ein unzuverlässiger Erzähler ist, der seine eigene Lebensgeschichte beschönigt, verstärkt den glaubwürdigen Effekt, indem es seiner devianten Person eine weitere Schattierung hinzufügt. Also vollzieht sich auf der Ebene der Erzählung dasselbe wie auf inhaltlicher Ebene. Das Biopic *Amadeus* schließlich untergräbt den Effekt von Authentizität, indem es die Glaubwürdigkeit seiner Erzählerinstanz vollkommen infrage stellt. Wie sich im späteren Teil meiner Arbeit zeigen wird, können Fiktionalisierung und Authentifizierung nebeneinander bestehen, ohne das eine zugunsten des anderen gänzlich zu verabschieden (Kapitel 5). Der Effekt von Authentizität wird auf diese Weise nur geschwächt oder verstärkt, das Pendel schwingt stärker in die eine oder andere Richtung. Denn so unzuverlässig der Erzähler

---

[106] Nieberle (2008), S. 277.

[107] Vgl. z. B. Volkmar Braunbehrens: *Mozart in Wien*. München 2006, S. 226 und S. 431f. Vgl. auch Wolfgang Hildesheimer: *Mozart*. Frankfurt a. M. 1979, S. 368. Zur Funktion von Anekdoten vgl. Kapitel 3.4 meiner Arbeit.

[108] Vgl. Hildesheimer (1979), S. 120ff.

Antonio Salieri auch erscheinen mag, so wenig die Darstellung Mozarts mit den Erwartungen des Rezipienten übereinstimmen mag, so glaubwürdig ist doch die Darstellung seiner Genialität. Mit welchen Vorstellungen der Film auch bricht, diesen einen Punkt tastet er nicht an, im Gegenteil, er überhöht ihn sogar und verbeugt sich vor Mozarts Kunst.

Was die Devianz der biografierten Personen angeht, wird in diesen Filmen nichts beschönigt oder verklärt, sondern berührende und bisweilen beunruhigende Hintergründe dargestellt. Helmut Lethen nennt Schmerz den sicheren Indikator eines authentischen Ausdrucks.[109] Die Protagonisten der genannten Biopics leiden vor allem psychisch und die Filme nehmen sich Zeit, dieses Leid darzustellen. Einem leidenden Gesicht ist man eher geneigt zu glauben als einem lachenden. In seiner Auseinandersetzung mit dem Unmittelbarkeitsbegriff bemerkt Martin Andree in Anlehnung unter anderen an Johann Gottfried Herder, dass Unmittelbarkeit durch Empathie und Rührung zustande kommt.[110] Töne, Stimme und Musik fungieren als Medien der Unmittelbarkeit, sie sind „Nicht-mehr-Medien" und suggerieren die Wirkung einer unmittelbaren Gegenwart.[111] Unmittelbarkeit entsteht durch die Teilhabe an demselben Gefühl, *Rührung* verstanden als eine Form der *unmittelbaren Berührung*.[112] Dies zeigt sich auch in den drastischen und teilweise monströsen Darstellungen der Leiden Christi, die seit mittelalterlichen Passionsbetrachtungen in Text und Bild den Effekt von Unmittelbarkeit generieren, eine Praktik, die sich bis in die heutige Zeit etwa Splatter-Filme zunutze machen.[113] Dargestelltes Leid löst eine empathische Rezeptionsweise aus. Insofern bezeichnet Martin Andree Schmerz als „Radikal der Unmittelbarkeit",[114] eine Erkenntnis, die ich der Helmut Lethens vom Schmerz als sicheren Indikator eines authentischen Ausdrucks hinzufüge.

Eine zentrale These dieser Arbeit lautet (und wurde in diesem Kapitel auseinandergesetzt), dass die biografierte Person, bloßgestellt in Momenten schmerzgeplagter oder womöglich auch peinlicher Devianz, den Rezipienten in der empathischen Rezeptionssituation unmittelbar trifft und einen hohen Grad an Glaubwürdigkeit erzeugt. Die Gegenprobe ermöglicht eine kurze Betrachtung der Gattung Komödie. Martin Andree

---

[109] Vgl. Lethen (1996), S. 221.

[110] Vgl. Martin Andree: *Archäologie der Medienwirkung. Faszinationstypen von der Antike bis heute.* München 2005, Kap. IV.3. *Herzensunmittelbarkeit: Empathie und Rührung (HERDER)*, S. 365–380.

[111] Vgl. ebd., S. 372f.

[112] Vgl. ebd., S. 375.

[113] Vgl. ebd., S. 364.

[114] Vgl. ebd., S. 372.

42

bemerkt, dass Historizität etwas ist, das in der Komödie überhaupt nicht hinterfragt wird:

> Stoffe, über die man lacht, erfordern keine *suspension of disbelief.* Solche Texte werden offenbar nicht vom Topos ‚Dichtung ist Lüge‘ erfaßt, weil ihnen aufgrund ihrer Komik gar kein Anspruch auf historische Wahrheit unterstellt wird.[115]

Das Dargestellte wird nicht *ernst* genommen, es entsteht keine Betroffenheit. Andrees Erkenntnis fortgeführt ermöglicht die Annahme, dass neben Historizität auch Glaubwürdigkeit (und in deren Folge Authentizität) etwas ist, für dessen Hinterfragung die Komödie keinen Anlass (beziehungsweise Anreiz) gibt. Man *könnte* Historizität, Glaubwürdigkeit und Authentizität selbstverständlich hinterfragen. Doch die Notwendigkeit ist fraglich, denn die Wirkungsabsicht und die Rezeptionssituation des Komischen zielen in eine völlig andere Richtung. Das Komische braucht Distanz, denn Mitgefühl oder sogar Mitleid bewirken den gegenteiligen, entsprechend der klassischen Definition der Wirkungsästhetik, tragischen Effekt.[116] Insofern muss das komische Faktum harmlos und folgenlos sein. Anders als beim Tragischen ist die Wahrnehmung des Komischen ein intellektueller Vorgang und kein emotionaler.[117] Abzugrenzen sind Spielarten der Komödie wie etwa die Groteske. *Der Besuch der alten Dame* von Friedrich Dürrenmatt ist nur eines von vielen möglichen Beispielen, in denen trotz komischer Elemente das Lachen schwerfällt oder gar vergeht. Die beißende Kritik des Stücks nimmt dem Zuschauer beziehungsweise Leser die notwendige Distanz und regt zum Nachdenken an, schafft mitunter sogar Betroffenheit.

Rückbezogen auf das Biopic zeigt sich eine Korrelation des Komischen mit der nicht erwarteten Glaubwürdigkeit. Oder eben im Umkehrschluss, und darauf zielt meine Argumentation ab, eine Korrelation des Devianten mit der aus ihr resultierenden Glaubwürdigkeit. Neben den fantastischen Elementen zeichnet sich *Brothers Grimm* durch seine Komik aus, und wie bereits erörtert, besteht der Film in keiner Weise auf Historizität. Schwerwiegende (nicht komische oder höchstens liebenswürdig erscheinende) Formen der Devianz haben hier ebenso wenig etwas zu suchen wie in anderen Biopics, die nach dem biografistischen Prinzip erzählen. Die pauschale Annahme, Komik würde einem jeden Film die Glaubwürdigkeit nehmen, schießt allerdings über das Ziel hinaus. Hier kommt wieder das oben erwähnte Pendel ins Spiel, das in die eine oder andere Richtung (Suche nach beziehungsweise Erwartung von Glaubwür-

---

[115] Andree (2005), S. 232.

[116] Vgl. Georg-Michael Schulz: *Einführung in die deutsche Komödie.* Darmstadt 2007 (Einführungen Germanistik), S. 11.

[117] Vgl. ebd.

digkeit/Authentizität) ausschlägt. Deutlich gemacht werden sollte, dass die Darstellung von Schmerz – oder eben im weiteren Sinn von Devianz – durch empathische Rezeption Unmittelbarkeit und Glaubwürdigkeit erzeugt.

2.4 Kapitelfazit

Mit „Authentizität" stößt man auf einen höchst komplexen und interdisziplinär beheimateten Begriff. Für die Zwecke dieser Arbeit war es daher notwendig, eine begriffliche und konzeptionelle Ausgangsbasis zu schaffen. Da sich meine weiteren Untersuchungen auf diese Ausgangsbasis stützen, fasse ich in diesem Kapitelfazit die wesentlichen Punkte zusammen.

Aus den zahlreichen Studien, die sich ausführlich und fundiert mit „Authentizität" beziehungsweise „authentisch" auseinandersetzen, habe ich mit Susanne Knaller begrifflich die semantischen Komponenten *wahrhaftig, eigentlich, unvermittelt, unverstellt, unverfälscht* als wesentlich festgehalten. Konzeptionell orientiere ich mich an der *rezeptiven Authentizität* aus dem Bereich der Kunstauthentizität, eine Selbst- und Fremdzuschreibung, die stets auch anders ausfallen könnte. Authentizität habe ich ferner bei der Auseinandersetzung mit der Unmittelbarkeitsthematik als das Ergebnis eines Medienpaktes erkannt, als eine Konstruktion, die auf Inszenierung und Darstellung angewiesen ist. Für einen solchen Pakt sind zwei Seiten notwendig, das darstellende, also Signal gebende Produkt und der wahrnehmende Rezipient. Denn Authentizität hat keinen Eigenwert, den hat sie nur für einen Beobachter oder für einen Akteur.[118] Sie ist kein Zustand, sondern eine Individualitätskategorie, das „Ergebnis eines an einem Ort und zur bestimmten Zeit stattfindenden Beglaubigungsprozesses, der garantielos immer wieder einzusetzen hat [...]."[119] Authentizität ist also auf Vermittlung und Wahrnehmung angewiesen. Um die begriffliche und konzeptionelle Ausgangsbasis zu vervollständigen, füge ich somit die Aspekte *Darstellung, Konstruktion* und den *Beobachter* hinzu, die in die weiteren Betrachtungen einzubeziehen sind.

Alles entscheidend für eine authentische Wirkung ist immer die *Glaubwürdigkeit* des Dargestellten, die somit ein wesentlicher Baustein des zu entwickelnden Authentizitätsbegriffs ist (Abb. 2).

---

[118] Vgl. Berg (1997), S. 160.
[119] Knaller/Müller (2005), S. 47.

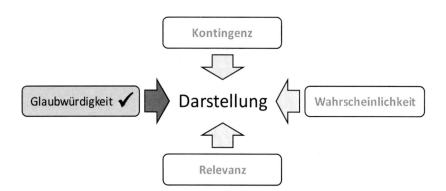

Abb. 2: Faktor Glaubwürdigkeit

Ein Produkt sendet Authentizitätssignale, etwa durch Paratext, Rahmenerzählung und Perspektive, die auf eine bestimmte Erwartungshaltung treffen, zum Beispiel bezüglich einer Gattung oder eines Genres. Das Thema der *Erwartungshaltung*, in der Darstellungs- und Wahrnehmungsgewohnheiten ineinandergreifen, wird im Folgenden noch genauer auseinandergesetzt. Der kurze Einblick in die Gattung Komödie hat dabei die Wichtigkeit der *empathischen Rezeptionshaltung* deutlich gemacht.[120] Auf diese Weise habe ich die Darstellung von Devianz in der Filmbiografie als hochgradig Glaubwürdigkeit stiftendes Moment festgelegt. Signifikant bei der Darstellung devianter Figuren ist die Anwesenheit von Nebenfiguren, die diese Devianz beobachten beziehungsweise durch die die Devianz erst offensichtlich wird. Die charakteristische Spiegelung beziehungsweise Doppelung des Rezipienten in den Nebenfiguren wird im Kapitel 4.4.1 ausführlicher erörtert, an dieser Stelle halte ich fest, dass Devianz gleich welcher Art erst dann existiert, wenn sie als solche wahrgenommen wird. So ist auch das komische Faktum in der Komödie nicht komisch, solange es niemand als solches wahrnimmt, denn Komik entsteht aus der Inkongruenz von Erwartetem und Eintretendem.[121]

Glaubwürdigkeit ist also auch eine Frage der Rezeptionsweise. *Brothers Grimm* und *Amadeus* sind nicht „weniger" Biopics als *A Beautiful Mind, Die Eiserne Lady* oder *J. Edgar.* Aber der Rezipient nimmt die Filme unterschiedlich authentisch wahr. Auch wenn Paratext, Rahmung und Erzählperspektive den Effekt von Glaubwürdigkeit beeinflussen, sind es vor allem die Momente der Devianz, denen sich der Rezipient nicht entziehen kann und denen er glaubt.

---

[120] Der Aspekt der Emotionalität von Medienwahrnehmung wird v. a. im Kapitel 6.4 eingehender betrachtet.

[121] Vgl. Schulz (2007), S. 10.

Im weiteren Verlauf der Arbeit steht der oben beschriebene Medien-pakt im Fokus. Auf der einen Seite gilt es, das Prozess auslösende Pro-dukt, also das Biopic mit seiner Hybridität und seinen vielfältigen media-len Interferenzen, genau zu untersuchen. Wesentlich hierbei ist die andere Seite, die Seite des wahrnehmenden Rezipienten, dem die Aufgabe der Authentifizierung obliegt. Die breit angelegte Untersuchung nimmt demnach vor allem den aktiv-kreativen Beobachter in den Blick.

3 Authentizität und Bild: Authentisch ist, was wahrgenommen wird

In seiner Beschaffenheit als Film ist ein Biopic eine Abfolge montierter Bilder. Ziel dieses Kapitels ist, die Funktionsweise eines Bildes zu klären unter besonderer Berücksichtigung des aktiven Parts des Rezipienten, um so einer den Rezipienten aktivierenden Authentizitätskonzeption zuzuarbeiten. Zunächst noch von einem allgemeinen Bildbegriff ausgehend, konzentriere ich mich im nächsten Schritt auf die Fotografie als ein vermeintlich die Wirklichkeit abbildendes Medium. Entwickelt wird hierbei der zweite Baustein des angestrebten Authentizitätsbegriffs, die *Relevanz*. Die Gesamtheit eines Lebens lässt sich im Biopic nicht festhalten, zwangsläufig kann das Produkt nur eine Auswahl liefern. Dieser Moment der Selektion stellt das Konzept von Authentizität infrage, ein Umstand, dem mit dem Relevanzbegriff begegnet werden kann, wie die Analyse zeigen wird.

3.1 Zur Theorie des Bildes

Die Frage treibt die Forschung seit Jahrhunderten um und Gottfried Boehm machte sie schließlich zum Titel seines viel beachteten Bandes: *Was ist ein Bild?*[122] Dass die Antwort nur scheinbar leicht zu geben ist, muss nicht mehr eigens betont werden. Generationen von Geisteswissenschaftlern setzten und setzen sich mit ihr auseinander und nehmen dabei verschiedene Standpunkte ein, die ich hier pointiert wiedergebe, um die Dimensionen des Bildbegriffs zu verdeutlichen und um meine eigene Fokussierung schlüssig zu machen. Bemerkenswert ist hierbei maßgeblich der Gedanke, dass das Bild die Sprache als Hauptkategorie der Wirklichkeitserfassung abgelöst hat.[123] Eva Hohenberger geht sogar noch weiter:

> Das Verhältnis von Realem und Abbild verkehrt sich [...]: War einst das Reale Garant dafür, daß es ein Bild geben konnte, so bestätigt heute das Bild, daß das Reale überhaupt noch existiert. Wo keine Kamera steht, ereignet sich auch nichts mehr.[124]

Zugespitzt ließe sich demzufolge formulieren, dass nur existiert, was wahrgenommen wird – Authentizität zum Beispiel oder die Geschichte einer historisch bedeutsamen, zumeist bereits verstorbenen Persönlich-

---

[122] Vgl. Gottfried Boehm (Hg.): *Was ist ein Bild?* 4. Aufl. München 2006 (Bild und Text).

[123] Vgl. Stefan Leifert: *Bildethik. Theorie und Moral im Bildjournalismus der Massenmedien.* München 2007, S. 16.

[124] Eva Hohenberger: *Die Wirklichkeit des Films. Dokumentarfilm. Ethnographischer Film. Jean Rouch.* Hildesheim u. a. 1988, S. 32f.

keit. Die weitere Argumentation meiner Arbeit wird zeigen, welche Bedeutung (bewegte oder statische) Bilder bei der Wahrnehmung von Wirklichkeit haben, geht es dabei doch viel weniger um ein tatsächliches *Wahrnehmen* als viel mehr um einen Abgleich von Wirklichkeitskonzepten.

In Anlehnung an den 1967 erstmals von Richard Rorty verwendeten Begriff *linguistic turn* prägte Gottfried Boehm den Ausdruck *iconic turn*.[125] Die im 20. Jh. vollzogene Sprachkritik drehte sich um die prinzipielle Sprachabhängigkeit aller Erkenntnisse und im nächsten Schritt darum,

> dass die Überprüfung der Tragfähigkeit der Sprache zu ihrer Überschreitung führt. Der *linguistic turn* mündet aus dieser Perspektive konsequenterweise in den *iconic turn*. Denn schon wenn es um die Begründung der Wahrheit von Sätzen geht, muss man auf Außersprachliches zurückgreifen.[126]

Insofern kann ein Film, kann ein Biopic immer nur eine Behauptung aufstellen, die Einordnung, die Beglaubigung, die Authentifizierung geschieht jenseits der Leinwand. Neben *iconic turn* beschreiben verwandte Begriffe wie *imagic turn*[127] oder – noch konsequenter und allgemeiner – *visualic turn*[128] die nach wie vor anhaltende Diskussion rund um die Frage, was ein Bild ist. Ferdinand Fellmann etwa schreibt:

> Ich gehöre also zu den Verfechtern der ‚visuellen Wende‘, halte es aber für unbedingt erforderlich, die Koordinaten genau anzugeben, innerhalb derer sich die Bewegung vollzieht. Von einer wirklichen Wende zum Visuellen kann erst die Rede sein, wenn sich herausstellt, daß in unserer elementaren Form der Weltaneignung, in der Wahrnehmung, Bildlichkeit eine zentrale Rolle spielt.[129]

In diese Richtung geht die Argumentation dieses Kapitels, um sich der Frage nach der Bedeutung der Bilder bei der Welt- und Wirklichkeitswahrnehmung anzunehmen, und um so die Entstehung des Authentizi-

---

[125] Vgl. Gottfried Boehm: *Die Wiederkehr der Bilder.* In: Gottfried Boehm (Hg.): *Was ist ein Bild?* 4. Aufl. München 2006 (Bild und Text), S. 11–38, S. 13.

[126] Gottfried Boehm: *Jenseits der Sprache? Anmerkungen zur Logik der Bilder.* In: Christa Maar, Hubert Burda (Hg.): *Iconic Turn. Die neue Macht der Bilder.* Köln 2004b, S. 28–43, S. 36.

[127] Vgl. Ferdinand Fellmann: *Wovon sprechen die Bilder? Aspekte der Bild-Semantik.* In: Birgit Recki, Lambert Wiesing (Hg.): *Bild und Reflexion. Paradigmen und Perspektiven gegenwärtiger Ästhetik.* München 1997, S. 147–159, S. 147.

[128] Vgl. Klaus Sachs-Hombach: *Das Bild als kommunikatives Medium.* 2. Aufl. Köln 2006, S. 10.

[129] Ferdinand Fellmann: *Von den Bildern der Wirklichkeit zur Wirklichkeit der Bilder.* In: Klaus Sachs-Hombach, Klaus Rehkämper (Hg.): *Bild – Bildwahrnehmung – Bildverarbeitung. Interdisziplinäre Beiträge zur Bildwissenschaft.* Wiesbaden 2000b, S. 187–195, S. 187.

tätseffektes in der Filmbiografie mit zu begründen. Die folgenden Überblicke sollen zunächst die Vielschichtigkeit des Bildbegriffs verdeutlichen:

Der Umstand, dass unser Alltag zu einer Allgegenwart der Bilder geworden ist, ist ein modernes Phänomen, wesentlich forciert durch die Massenmedien. Dabei gibt es die Beschäftigung mit Bildern bereits seit der Antike.[130] Umso mehr erstaunt es, dass kaum ein einheitlicher Bildbegriff existiert, wie unter anderen Klaus Sachs-Hombach bemerkt und in seinen zahlreichen Arbeiten zu kompensieren sucht. Die Ursache sieht Sachs-Hombach – und hier finden sich Parallelen zum schwer fassbaren Authentizitätsbegriff – in der Heterogenität des Gegenstandes und in den unterschiedlichen am Diskurs beteiligten Disziplinen, die sich mit unterschiedlichen, teils konkurrierenden Methoden begegnen.[131] Je nachdem herrscht ein metaphysischer, linguistischer, ethischer, kognitionswissenschaftlicher, informationstechnischer oder ästhetischer Bildbegriff vor, vertreten von den Fachrichtungen Philosophie, Kunstgeschichte beziehungsweise -wissenschaft, Psychologie (mit den Subdisziplinen beziehungsweise verwandten Gebieten Kognitionswissenschaft, Neurowissenschaft, Gedächtnispsychologie, Wahrnehmungspsychologie und Medienpsychologie), Semiotik (respektive Bildsemiotik), Medien- und Kommunikationswissenschaft und schlussendlich Computervisualistik als Teilbereich der Informatik.[132]

Der Bildbegriff lässt zunächst einmal (und zwar ganz ursprünglich) die ontologische Sichtweise zu, wie unter anderen Ferdinand Fellmann erörtert. In der Antike und im Mittelalter war das Bild primär ein Ding, das nicht für sich existierte, sondern in dem sich etwas anderes körperlicher und geistiger Natur Ausdruck verschaffte.[133] Dadurch wird das Bild in die Nähe der Spur gerückt und verfehlt die pragmatische Dimension.[134] Der Frage, was ein Bild ist, begegnet Oliver Scholz systematisch mit einer Einteilung in sieben Bereiche.[135] Demnach sind Bilder erstens Dinge wie Gemälde, Zeichnungen und Verwandtes (wie Kupferstiche etc.) nebst entsprechenden technischen und elektronischen Weiterentwicklungen.

---

[130] Vgl. Oliver R. Scholz: *Bild*. In: Karlheinz Barck u. a. (Hg.): *Ästhetische Grundbegriffe. Historisches Wörterbuch in sieben Bänden*. Stuttgart u. a. 2000a (Historisches Wörterbuch in sieben Bänden, 1, Absenz – Darstellung), S. 619–669, S. 623–634. Zusammenfassend ist auch der Überblick bei Sachs-Hombach empfehlenswert, vgl. Sachs-Hombach (2006), Kap. 1. *Kurze Geschichte der philosophischen Bildtheorie*, S. 30–51.

[131] Vgl. Sachs-Hombach (2006), S. 15ff.

[132] Vgl. ebd., S. 17–20.

[133] Vgl. Fellmann (2000b), S. 188.

[134] Vgl. ebd.

[135] Vgl. Oliver R. Scholz: *Bild, Darstellung, Zeichen. Philosophische Theorien bildlicher Darstellung*. 2. Aufl. Frankfurt a. M. 2004a, S. 5–13. Für eine ausführliche Betrachtungsweise vgl. auch Scholz (2000a).

Zudem waren ursprünglich auch dreidimensionale *Gebilde* eingeschlossen, die heute bevorzugt als *Skulptur* oder *Plastik* umschrieben werden. Scholz betont,

> [...] dass die Masse der Bilder seit jeher in außerkünstlerischen Kontexten entstanden ist und außerkünstlerischen – sei es kultischen oder religiösen, sei es technischen, wissenschaftlichen, kommerziellen oder alltagspraktischen – Zwecken diente. Nur ein sehr kleiner Teil der Bilder wurde geschaffen, um in ästhetischen Einstellungen aufgefasst zu werden.[136]

Neben diesem ersten Bereich gibt es nach Scholz zweitens natürliche Bilder, die ohne menschliches Zutun entstehen, wie Spiegelungen, Schatten, Abdrücke etc. Wiederum interessanter, wenn auch problematischer zu behandeln, sind drittens innere Bilder, also Sinneswahrnehmungen, Denken, Erinnern, Vorstellung, Traum und Halluzination. Ein vierter Bildbegriff betrachtet Urbild-Abbild-Verhältnisse, ein fünfter sprachliche Bilder, während der sechste sich, im normativen Sinn, mit Vorbildern oder auch Leitbildern beschäftigt – und damit ebenso wenig relevant für das Ziel meiner Arbeit ist wie der siebte, der mathematische Bildbegriff. Der sehr weit gefasste und heterogene Begriff *Bild* ist somit im Folgenden nur im Sinne eines Bruchteils seiner Verwendungsmöglichkeiten interessant, und zwar im künstlerischen Kontext, zu dem ich das Filmbild zähle.

Diese Überblicke legen dar, wie notwendig eine interdisziplinäre Herangehensweise bei der Identifizierung eines allgemeinen Bildbegriffs ist, von der auch Sachs-Hombach ausgeht. Der Autor betont des Weiteren:

> In der philosophischen Bilddiskussion haben sich insbesondere zwei konkurrierende theoretische Stränge herausgebildet: Bilder werden entweder mit Blick auf die Semiotik primär als spezielle Zeichen verstanden oder aber mit Blick auf psychologische Theorien sehr eng an spezielle Wahrnehmungsphänomene gebunden.[137]

Sachs-Hombach vertritt und belegt in seiner Studie die Auffassung, dass sich diese beiden Positionen miteinander vereinbaren lassen und prägt den Begriff vom Bild als „wahrnehmungsnahes Zeichen". Da sich Sachs-Hombachs Konzept als äußerst aufschlussreich für meine Ziele erweist, setze ich dieses im nachfolgenden Kapitel genauer auseinander. Vier theoretische Herangehensweisen an den Bildbegriff gehen in dieses Konzept ein, die ebenso für die Klassifizierung des biografischen Filmbildes eine Rolle spielen: neben Semiotik und Phänomenologie auch Abbild- und Ähnlichkeitstheorie. Letztere bedürfen einer Auseinandersetzung, da es sich mit ihnen allzu (vor-)schnell argumentieren lässt: Eine Filmbiografie

---

[136] Scholz (2004a), S. 7.
[137] Sachs-Hombach (2006), S. 21.

bildet eine historische Persönlichkeit ab, und weil das Darstellende dem Dargestellten ähnlich sieht, wird diese auch erkannt. Doch beim Umgang mit Abbild und Ähnlichkeit ist Vorsicht geboten. Dies gilt vor allem im Hinblick auf die Medien Fotografie und Film, die nach wie vor fälschlicherweise als Abbildungen von Wirklichkeit betrachtet werden.[138]

> In der Kunsttheorie wurde in unzähligen Traktaten viele Jahrhunderte lang gelehrt, Kunst sei Nachahmung (mimesis, imitatio) der Natur, sei es eine getreue, sei es eine ‚idealisierende' Nachahmung. [...] Während diese Grundidee auf Künste wie Musik, lyrische Dichtung oder auch Architektur von Anfang an nur unter einer trivialisierend weiten Auslegung des Mimesis-Begriffs, wenn nicht gar ganz gewaltsam, angewandt werden konnte, schien sie vielen im Hinblick auf andere Künste, insbesondere die Malerei und Bildhauerei, vielleicht auch das Drama, auf den ersten Blick ausreichend.[139]

Eine Abbildung ist nicht nur eine *Nachahmung*, sie ist vor allen Dingen eine *Neuerschaffung*.[140] Sie zeigt nie ein Ganzes, sondern immer nur einen Teil aus einer bestimmten Perspektive. Diese Tatsachen offenzulegen ist Hauptanliegen dieses Kapitels und essenziell für meine weitere Herangehensweise.

In Anlehnung an das Abbild-Argument wird das Wesen des Bildes häufig über *Ähnlichkeit* erklärt, obwohl die Unzulänglichkeiten der Ähnlichkeitstheorie ebenfalls in der Forschung längst beschrieben sind. „Es gehört zu den Merkmalen der Ähnlichkeitstheorie, dass diese auf den ersten Blick für die Beschreibung des Phänomens Bildlichkeit hohe Plausibilität besitzen."[141] In der vor allem durch Nelson Goodman angeregten Diskussion um die Schwächen der Ähnlichkeitstheorie geht es unter anderem um die Argumente, Abbildbeziehungen müssten reflexiv und symmetrisch sein.

> Ist ein Ding a einem Ding b ähnlich, so ist ipso facto b umgekehrt auch a ähnlich (und zwar in genau demselben Maße). Wenn etwas a* hingegen ein Bild von b* ist, dann gilt nicht (generell), dass b* ein Bild von a* ist.[142]

---

[138] Vgl. auch Boehm (2004b), S. 36.

[139] Scholz (2004a), S. 17f.

[140] Vgl. auch Hans-Otto Hügel: *Die Darstellung des authentischen Moments*. In: Jan Berg, Hans-Otto Hügel, Hajo Kurzenberger (Hg.): *Authentizität als Darstellung*. Hildesheim 1997 (Medien und Theater, 9), S. 43–58, S. 53.

[141] Leifert (2007), S. 26.

[142] Vgl. Scholz (2004a), S. 21. Scholz bezieht sich hier, wie viele andere Autoren auch, auf Nelson Goodman: *Sprachen der Kunst. Entwurf einer Symboltheorie*, übers. v. Bernd Philippi. Frankfurt a. M. 1997, S. 15; vgl. auch Dominic Lopes: *Understanding pictures*. Oxford 1996, S. 18f.; vgl. zudem Sachs-Hombach (2006), S. 131ff.

Stefan Leifert ergänzt Scholz' Ausführungen um das Beispiel, dass ein Bild zwar den Bundeskanzler (heutzutage der Bundeskanzlerin) abbilden kann, umgekehrt aber der Bundeskanzler nicht das Bild.[143] Ein weiterer Einwand gegen die Ähnlichkeitstheorie führt fiktionale Bilder an, Bilder ohne Sachbezug also:

> Diese Fälle zeigen, dass das Bildsein nicht in jedem Falle etwas mit einer Beziehung zwischen dem Bild und abgebildeten Gegenständen zu tun hat. Das versetzt der Ähnlichkeitstheorie einen entscheidenden Schlag.[144]

Zur Ähnlichkeitstheorie gehört auch die irrige Auffassung, Bilder müsse man im Gegensatz zur Sprache nicht erst lesen beziehungsweise erkennen lernen, um sie zu verstehen, da aufgrund der Ähnlichkeit eine natürliche Beziehung zwischen Objekt und Darstellung bestünde.[145]

> Diese Annahme liest sich recht naiv, wenn man bedenkt, dass für ein verstehendes Erfassen der meisten Bilder – ob in den Medien, als Cartoon, kubistisches Gemälde oder religiöses Symbol – Erfahrung, Wissen und Lernen erforderlich sind.[146]

Insofern ist auch die *unmittelbare* Wirksamkeit von Bildern infrage zu stellen.

An diesem Punkt kommt der Rezipient mit seinen kognitiven Fähigkeiten ins Spiel. Vom Wahrnehmungsaspekt aus betrachtet lässt sich der Ähnlichkeitsbegriff nämlich doch erhalten. Denn bei aller berechtigter Kritik kann nicht bestritten werden, dass Bilder dem, das sie darstellen, im einen oder anderen Sinne doch irgendwie „ähnlich" sind.[147] Scholz hält fest, wie Stefan Leifert reformuliert, „dass *der Begriff der Ähnlichkeit auf intuitiver, vortheoretischer Ebene* funktioniert und Alltagsphänomene beschreiben kann, sich bei genauerer Analyse aber als nur schwer definierbar und deswegen für die Bildtheorie unbrauchbar erweist."[148] Leifert weist auf zwei Schwachstellen in Scholz' Argumentation gegen die Ähnlichkeitstheorie hin:

> Zum einen geht sie unhinterfragt von einem Ähnlichkeitsverständnis aus, welches das Bild so behandelt wie jeden anderen Gegenstand auch: So wie man zwei Autos miteinander vergleicht und für ähnlich befindet, so tue man es auch, wenn man ein Bild und den in ihm dargestellten Gegenstand miteinander vergleicht und als ähn-

---

[143]   Vgl. Leifert (2007), S. 28.

[144]   Scholz (2004a), S. 30.

[145]   Vgl. ebd., S. 40.

[146]   Leifert (2007), S. 29.

[147]   Vgl. Scholz (2004a), S. 81.

[148]   Leifert (2007), S. 31 (Hervorhebung im Original).

lich bezeichnet. Es ist höchst fraglich, ob das wirklich den Kern dessen trifft, was gemeint ist, wenn von Ähnlichkeit zwischen Bild und Abgebildetem die Rede ist. [...] Zum zweiten arbeitet Scholz mit einem undifferenzierten Bildbegriff, der der Besonderheit und Vielschichtigkeit des Phänomens nicht mehr gerecht wird. Wenn einfach nur von ‚Bild‘ die Rede ist, lassen sich leicht Gründe finden, warum die Ähnlichkeitsrelation zwischen Bildern und den darge-stellten Gegenständen nicht die gleiche sein kann wie zwischen Gegenständen.[149]

Wie Stefan Leifert weiter auseinandersetzt, erscheint der Ähnlichkeitsbe-griff in wahrnehmungstheoretischen beziehungsweise phänomenologi-schen Ansätzen in einem anderen Licht, in denen Bildbewusstsein als das entscheidende Merkmal von Bildlichkeit gilt. Wenn überhaupt etwas ähn-lich ist, dann sind es Formen der Wahrnehmung, wie der Begriff der *Wahrnehmungsstandards* verdeutlicht.[150] Diese Erkenntnis ist ein wesent-licher und weiter zu verfolgender Punkt bei der Frage, wie der Effekt von Authentizität in der Filmbiografie zustande kommen kann, denn sie macht den Schritt weg vom Produkt und hin zum Rezipienten.

Da ich bei der Entstehung von Authentizitätseffekten in der Film-biografie von einem Medienpakt ausgehe, verfolge ich keine völlige Ab-kehr vom Produkt. Entsprechend meiner Konzeption besitzt das Filmbild eine Signalfunktion, es stößt einen Prozess an. Es besitzt aber auch eine *Verweisfunktion*. Im Rahmen semiotischer Ansätze werden Bilder als kommunikative Zeichensysteme ähnlich der Sprache verstanden. Die Phänomenologie hingegen sieht Bilder primär im wahrnehmungstheoreti-schen Kontext, es geht um die spezielle *Sichtbarkeit* eines Bildes (und eben nicht um seine Verweisfunktion):

> Bilder unterscheiden sich in wahrnehmbarer Weise von Gegenstän-den, die keine Bilder sind. Ob etwas ein Bild ist, muss ich durch Hinsehen feststellen können. Hingegen ob etwas ein Zeichen ist, lässt sich nicht durch hinsehen oder sonst irgendeine empirische Untersuchung bestimmen.[151]

Stefan Leifert präzisiert weiter, dass für die Semiotik Bildrezeption ein Prozess des *Lesens* ist, für die Phänomenologie des *Sehens*.[152] Der klassi-schen Definition nach ist ein Zeichen ein Gegenstand, der für einen ande-ren steht – ein entsprechender Bildbegriff ist demzufolge nicht allzu weit hergeholt. *Sind Bilder Zeichen?*, fragt auch Lambert Wiesing titelgebend

---

[149] Leifert (2007), S. 34.

[150] Vgl. ebd., S. 34f.

[151] Lambert Wiesing: *Das Bild aus phänomenologischer Sicht.* In: Klaus Sachs-Hombach (Hg.): *Wege zur Bildwissenschaft. Interviews.* Köln 2004a, S. 152–169, S. 157.

[152] Vgl. Leifert (2007), S. 59.

und kommt zu dem Schluss, dass erst die *Verwendung* ein Bild zu einem Zeichen macht.[153] In bestimmten Kontexten ist gerade die Zeichendimension von besonderer Bedeutung, so zum Beispiel in Nachrichtensendungen. Dem gegenüber stehen Bilder, die um ihrer bloßen Sichtbarkeit willen entstehen, wie im Bereich der klassischen Avantgarde und der Neuen Medien. Bilder können somit Zeichen sein, das heißt, eine kommunikative Funktion besitzen, sie müssen es aber nicht. Neben der Verwendungsabhängigkeit ist also die kommunikative Funktion wesentlich an der semiotischen Erläuterung des Bildbegriffs, wie auch Sachs-Hombach hervorhebt:

> Die Verwendungsabhängigkeit hat zur Folge, dass auch die Bedeutung eines Bildes immer nur relativ zu einem entsprechenden Zeichen- und Regelsystem und dem jeweiligen Handlungsrahmen bzw. Wahrnehmungsvoraussetzungen bestimmt werden kann.[154]

Eine kommunikative Funktion setzt eine bestimmte Absicht des Zeichenproduzenten voraus, und ein Bildverstehen das Erkennen des Zeichenrezipienten dieser Absicht (sofern es sich um einen gelungenen Kommunikationsakt handelt).[155] Die Möglichkeiten der Zeichentheorie, Bildlichkeit zu beschreiben, enden also dort, wo keine Verwendung und keine kommunikative Funktion vorliegen.

> Gegenstände können durch Verwendung zu einem Zeichen werden, aber nicht zu einem Bild. Zu einem Bild wird ein Ding durch sichtbare Eigenschaften: eben dadurch, dass sie ein Bildobjekt zeigen. Zeichen und Sagen muss differenziert werden: Bilder sagen überhaupt nichts, sie zeigen Bildobjekte.[156]

Die Frage, wovon Bilder sprechen, thematisiert Ferdinand Fellmann, indem er auseinandersetzt, wovon sie *nicht* sprechen, nämlich weder von der Intention des Herstellers noch von den Gegenständen, die auf ihnen dargestellt sind.[157] Selten entspricht ein Bild der ursprünglichen Absicht, Bilder sind zu konkret, sie abstrahieren, „[e]in Bild verhält sich zum sichtbaren Gegenstand wie ein Teil zum Ganzen."[158] Ferner ruft ein Bild eine bestimmte Vorstellung von einem Gegenstand wach, die nicht zwangsläufig mit dem tatsächlichen Gegenstand übereinstimmt, „Bilder

---

[153] Lambert Wiesing: *Sind Bilder Zeichen?* In: Klaus Sachs-Hombach, Klaus Rehkämper (Hg.): *Bild – Bildwahrnehmung – Bildverarbeitung. Interdisziplinäre Beiträge zur Bildwissenschaft.* Wiesbaden 2000, S. 95–101, S. 98f.

[154] Sachs-Hombach (2006), S. 81.

[155] Vgl. ebd., S. 82.

[156] Wiesing (2004a), S. 161.

[157] Vgl. Fellmann (1997), S. 147.

[158] Ebd., S. 148.

sind zu fixiert."[159] Ihre Abfolge ist und bleibt diskontinuierlich, eine Aus-
nahme bildet da der Film: „Aber auch hier bleibt eine Unbestimmtheit im
Vergleich zur direkten Gegenstandswahrnehmung, die in ihrer Wirklichkeit von den Bildern niemals ganz eingeholt werden kann."[160] Fellmann
schlussfolgert, dass Bilder von Zuständen sprechen,

> [...] und daß das Bildbewußtsein nicht primär intentional ist, son-
> dern zuständlich, da Zuständlichkeit die Art und Weise bezeichnet,
> wie man sich selbst bei der Betrachtung des Bildes erfährt. Zu-
> ständlichkeit und Bildlichkeit fallen zusammen. Die Zuständlich-
> keit bildet den ontologisch indifferenten Grundbegriff der ästheti-
> schen Erfahrung, der sowohl objektiv auf das Bild als auch subjek-
> tiv auf das Bildbewußtsein anwendbar ist. Die Idealität des Bildes,
> die man von der Realität des Bildträgers sowie des abgebildeten
> Gegenstandes unterscheiden muß, ist nichts anderes als die Zu-
> ständlichkeit, die das Bild mit dem Betrachter verbindet.[161]

Und genau dies fällt mit jedem Betrachter unterschiedlich aus. Ein Bild
zeigt etwas, wie Wiesing oben ausgedrückt hat, aber es sagt nichts aus –
was der Rezipient bei der Betrachtung eines Bildes wahrnimmt, sagt etwas
über ihn aus. Das Bild macht ein Angebot, es sendet ein Signal. Zum
„sprechen" bringt es der Rezipient. So etwa, um auf die Argumentation
der Arbeit zu verweisen, signalisiert ein Biopic Glaubwürdigkeit und Authentizität – deren Wahrnehmung der Rezipient vollziehen muss. Ein
Biopic hat eine Aussageabsicht, die montierten Filmbilder haben also eine
kommunikative Funktion, sie werden entsprechend *verwendet*.

3.2   Bilder als „wahrnehmungsnahe Zeichen"

Um den semiotischen Bildbegriff nicht zugunsten einer phänomenologi-
schen Position verabschieden zu müssen, plädiert Klaus Sachs-Hombach,
Wiesings Einwand zum Trotz,[162] für einen allgemeiner gefassten Zeichenbegriff:

> [D]ie Intention einer semiotischen Ausrichtung der Bildtheorie
> [besteht] gar nicht darin, spezifische Eigenschaften sprachlicher
> Zeichen auf Bilder zu übertragen, sondern eher darin, einige allge-
> meine Charakteristika von Zeichen für die Bildanalyse nutzbar zu
> machen.[163]

---

[159] Fellmann (1997), S. 151.

[160] Ebd.

[161] Ebd., S. 153.

[162] Vgl. Wiesing (2004a), S. 159f.

[163] Sachs-Hombach (2006), S. 83.

Ausgehend von diesem sehr allgemeinen Zeichenbegriff entwickelt Klaus Sachs-Hombach seine Theorie vom Bild als *wahrnehmungsnahes Zeichen* und kommt zu dem Ergebnis:

> Ein Gegenstand ist ein Zeichen, wenn ihm ein Inhalt zugeschrieben wird, der innerhalb einer kommunikativen Handlung als Basis einer sachlichen, expressiven oder auch appellativen Mitteilung dienen könnte. Sofern auch Bilder als Zeichen gelten, besitzen sie einen Bildträger, einen Bildinhalt und (unter Umständen) einen Bildreferenten. Der von phänomenologischer Seite erhobenen Kritik der semiotischen Bildtheorie liegt in der Regel ein zu eng gefasster Zeichenbegriff zugrunde. Wird der Zeichenbegriff hinreichend allgemein verstanden, dann besitzen die gegenwärtig vertretenen Bildtheorien in ihm eine gemeinsame Basis.[164]

Nun hängt die Besonderheit der Bilder mit dem Wahrnehmungsaspekt zusammen, weswegen

> die Bildwissenschaft – im eklatanten Unterschied zur Sprachwissenschaft – einer starken wahrnehmungspsychologischen Ausrichtung [bedarf]. Damit erhält zudem die Materialität und Medialität des Bildes eine entscheidende Bedeutung. Folglich ist nur in der Kombination der Momente Zeichen, Medium und Wahrnehmung eine allgemeine Bildwissenschaft möglich.[165]

Oder wie es Gernot Böhme formuliert: „Theorie der Wahrnehmung, Bildpragmatik, Semiotik, Phänomenologie des Bildes – das sind die Wege, die man gehen muß, um heute die Frage *Was ist ein Bild?* zu beantworten."[166]

Ergänzt werden muss an dieser Stelle, dass Sachs-Hombach sich auf externe Bilder konzentriert:

> Bilder in diesem Sinn lassen sich in erster Annäherung als flächige und zumeist klar begrenzte physische Objekte charakterisieren, die in der Regel innerhalb eines kommunikativen Aktes zur anschaulichen Darstellung realer, fiktiver oder abstrakter Gegenstände bzw. Sachverhalte dienen.[167]

Auch diese Fokussierung verfolge ich in meiner Arbeit, im Mittelpunkt steht also das *künstlerische, externe* (und bewegte) Filmbild, das eine Aussageabsicht verfolgt.

Sachs-Hombachs wahrnehmungstheoretische Argumentation fußt unter anderem auf den Erkenntnissen des amerikanischen Philosophen

---

[164] Sachs-Hombach (2006), S. 86.

[165] Ebd., S. 11.

[166] Gernot Böhme: *Theorie des Bildes.* München 1999, S. 11.

[167] Sachs-Hombach (2006), S. 16.

Nelson Goodman, dessen Symboltheorie für eine allgemeine Bildtheorie prägend gewesen ist.[168] Nach Goodmans Ansatz sind Symbole immer relativ zu dem System zu beurteilen, in das ein Benutzer sie einordnet, sie sind demnach nicht intrinsisch bestimmt.[169] Er wendet sich gegen die von der Semiotik geprägten Idee der Ikonizität und charakterisiert die beiden Symbolisierungsarten des Bildes: die *Denotation* und die *Exemplifikation*.[170] Denotation bezeichnet die Bezugnahme auf Gegenstände, etwa – um Nelsons Symboltheorie für die Bildtheorie zu vereinnahmen – wenn ein Porträt als ein Zeichen für die dargestellte Person verstanden wird.[171] Dem steht die Exemplifikation gegenüber:

> Besonders aus dem Umgang mit Kunstwerken ist bekannt, daß ein Betrachter bei einem Bild oft ausschließlich darauf achtet, wie das Bild zeigt, was es zeigt. Man hat es hier mit einem Beispiel zu tun, daß das Bild nicht mehr als Zeichen für einen Gegenstand verwendet wird, sondern als ein Zeichen für eine bestimmte Sichtweise oder Perspektive auf sichtbare Gegenstände.[172]

Solch eine Verwendung des Bildes bezieht sich nicht mehr auf Gegenstände, „sondern vielmehr [...] eine Exemplifikation von Eigenschaften, die das Bild selbst besitzt."[173] Wahrgenommen wird somit nicht nur das dargestellte Objekt, sondern auch die Art der Darstellung.

Mit dieser Erörterung ziele ich auf den Inszenierungsbegriff ab. Unmittelbarkeit ist, wie im Kapitel 2.2 gesehen, im medialen Kontext nicht gegeben. Wenn der *Eindruck* von Unmittelbarkeit entsteht, dann ist dieser dem Produkt nicht inhärent, denn das *Wie* ist zwangsläufig Teil der Darstellung. Dass dieser Eindruck zustande kommt, dass der Effekt von Authentizität zustande kommt, dass das Produkt also „funktioniert", ist Ergebnis des hier im Fokus stehenden Medienpaktes. Dieser Gedanke wird später weiter fortgesetzt, wenn es um die Overflow-Effekte im Biopic geht (Kapitel 7.2.1), wenn also über das Wie der filmischen Darstellung ein Bezug zum dargestellten Künstler hergestellt wird und Glaubwürdigkeit auf einer Metaebene entsteht.

Die für meine Arbeit besondere Nützlichkeit von Nelson Goodmans symboltheoretischem Ansatz zeigt sich auch in dem Aspekt, dass für Bilder *Prädikation* entscheidend ist.

---

[168] Vgl. Goodman (1997).

[169] Vgl. Sachs-Hombach (2006), S. 43f.

[170] Vgl. auch Scholz (2000a), S. 668.

[171] Vgl. Wiesing (2000), S. 96.

[172] Ebd., S. 97.

[173] Ebd.

Indem ein Bild einen Gegenstand denotiert, stellt es ihn nicht nur notwendig in bestimmter Weise dar, es charakterisiert ihn auch. Ein besonderer Fall der Charakterisierung ist nach Goodman die ‚Repräsentation-als'.[174]

Daraus ergibt sich eine Besonderheit für die im zeichen- und ähnlichkeitstheoretischen Verständnis stets unbequemen fiktionalen Bilder:

> Fiktionale Bilder denotieren keine Gegenstände, sie sind im Sachbezug leer. Durch die Unterscheidung von ‚repräsentieren' und ‚repräsentieren-als' wird es aber möglich, solche Bilder als Etiketten aufzufassen. Die Darstellung eines Einhorns denotiert demnach zwar keine Einhörner, weil es keine gibt, sie ist jedoch eine Einhorn-Darstellung, die mit anderen Einhorn-Darstellungen verglichen werden kann.[175]

Oder anders gesagt: Erkennen resultiert auch aus einem Medienvergleich.

Nelson Goodman kritisiert wegweisend Nachahmungs- und Ähnlichkeitstheorien bei Bildern. Doch auch wenn der Autor die Relevanz von Wahrnehmungsaspekten für die Bildrezeption nicht bestreitet,[176] so bleibt sein Anliegen doch der Entwurf einer allgemeinen Zeichen- beziehungsweise Symboltheorie. Über diesen semiotischen Standpunkt hinaus gilt und muss verstärkt betont werden, „dass Bildphänomene nur angemessen zu erfassen sind, wenn sie zugleich als Wahrnehmungsphänomene verstanden werden."[177] Bei der Auseinandersetzung mit dem Bild als wahrnehmungsnahes Zeichen meint der Begriff der *Wahrnehmungsnähe* nicht die schlichte Tatsache, dass ein Zeichen im Kommunikationsprozess wahrgenommen werden muss,

> [e]ntscheidend ist vielmehr, dass auch für die *Interpretation* bildhafter Zeichen, mit der ihnen ein Inhalt zugewiesen wird, der Rekurs auf Wahrnehmungskompetenzen konstitutiv ist und die Struktur der Bildträger damit – im Unterschied zum arbiträren Zeichen – zumindest Hinweise auf die Bildbedeutung enthält.[178]

Unter Rückbezug auf Erkenntnisse Ernst H. Gombrichs hält Sachs-Hombach das Erkennen eines Bildinhalts für vergleichbar mit der Fähigkeit, die ein Rezipient zur Gegenstandswahrnehmung bereits besitzt.[179] Und Gegenstände werden nur relativ zu bestehenden konzeptuellen Vor-

---

[174] Sachs-Hombach (2006), S. 47.

[175] Ebd.

[176] Vgl. ebd., S. 93.

[177] Ebd., S. 50.

[178] Ebd., S. 88 (Hervorhebung im Original).

[179] Vgl. ebd., S. 135ff.

gaben wahrgenommen.[180] Zugespitzt formuliert könnte man sagen: Was ein Rezipient nicht kennt, kann er auch nicht wahrnehmen (beziehungsweise *er*kennen). Weiter bemerkt Sachs-Hombach,

> [...] dass in die Bestimmung einzelner Bildeinheiten bereits eine mit der Wahrnehmung erfolgte Interpretation des übergeordneten Bildzusammenhanges einhergeht. Wahrnehmungspsychologisch ist dies keineswegs überraschend. Auch die übliche Gegenstandswahrnehmung ist oft durch Erwartungen und Überzeugungen bestimmt, so dass wir zuweilen genau das sehen, was wir sehen wollen.[181]

Der Betrachter eines Biopics, so lässt sich der Gedanke weiterdenken, trägt eine bestimmte Vorstellung und mehr oder minder fundiertes Vorwissen in die Rezeption. Seine vordringliche Erwartung ist, Wahrheiten zu erfahren, und ist insofern nur allzu bereit, das Dargestellte für authentisch zu halten. Die Erwartungshaltung prägt also von vorneherein die Wahrnehmung des Filminhalts.

lese

Infolge seiner Erkenntnisse befasst sich Sachs-Hombach auch mit dem Ähnlichkeitsbegriff und konkretisiert dessen oben bereits angeklungene Rehabilitierung unter Rückgriff auf Ernst Gumbrichs funktionalistischer Kunstauffassung. Demnach ergeben sich verschiedene Formen der Ähnlichkeit relativ zum Bildtyp und zum Darstellungsstil:

> Ähnlichkeit ist also relativ zu dem System zu sehen, in das wir ein Bild einordnen. Hierbei ist unterstellt, dass Gegenstände sehr viel mehr Eigenschaften besitzen, als dargestellt werden können. Ähnlichkeit lässt sich also in unterschiedlicher Weise realisieren, je nachdem welche Eigenschaften als relevant erachtet werden. Und Relevanz ist hierbei immer relativ zur Funktion zu sehen, die das Bild im kommunikativen Prozess erfüllen soll.[182]

Klaus Sachs-Hombachs internalisiert den Ähnlichkeitsbegriff und entzieht ihn so der unter anderem von Scholz geübten Kritik.[183]

> So kann man in einem zweidimensionalen Bild dreidimensionale Körper sehen, auf einer Schwarzweiß-Fotografie farbige Gegenstände, in einer ungenauen Skizze exakt bestimmbare Formen, in einem kleinen Bildchen eine ganze Landschaft.[184]

---

[180] Vgl. Sachs-Hombach (2006), S. 89.

[181] Ebd., S. 123.

[182] Ebd., S. 138.

[183] Vgl. auch Leifert (2007), S. 36f.

[184] Ebd., S. 37.

Diese Erkenntnis bietet einen weiteren Hinweis darauf, dass ein Bild eine Signalwirkung hat und einen Prozess anstößt – die fortführende Wahrnehmung aber Sache des Rezipienten ist.

Auch wenn ein externes Bild, das hier zunächst nach Sachs-Hombachs Definition als flächiges und klar begrenztes physisches Objekt verstanden wird, das dem Zwecke einer kommunikativen Handlung dient, nach objektiven Maßstäben keinerlei Ähnlichkeit mit dem in ihm abgebildeten Gegenstand hat, so ist es der Moment der Wahrnehmung, der das Bild über die Zeichenfunktion hinaus zu einem Bild macht. Denn *ähnlich* ist die Art der Wahrnehmung zwischen Bild und Wirklichkeit. Ein Bild hat nichts mit dem abgebildeten Gegenstand zu tun, solange ein Rezipient diese Verbindung nicht herstellt.

> Sicherlich besteht Wahrnehmung nicht im Sehen von Bildern, die dann auf Gegenstände bezogen werden. Aber es läßt sich zeigen, daß Bilder das Schema liefern, nach dem optische Sinnesdaten als Eigenschaften wirklicher Gegenstände interpretiert werden. Wahrnehmung impliziert also eine Interpretation, die der Wahrnehmende aufgrund der gesetzlichen Einstimmigkeit der Erfahrung vornimmt. [...] Wir nehmen nie den Gegenstand als solchen wahr, sondern immer nur bestimmte Ansichten, die wir aufeinander beziehen.[185]

Die Frage, wie visuelle Informationen im menschlichen Bewusstsein gespeichert werden, beantwortet Klaus Sachs-Hombach mit den (durchaus kontrovers diskutierten[186]) Studien Steven M. Kosslyns, wonach visuelle Informationen auf zweifache Weise gespeichert werden, *propositional* und *piktorial*, und zudem auf beiderlei Weisen reaktiviert werden können. Wichtig ist die Ergänzung, dass sowohl die Abspeicherung als auch die Reaktivierung *interpretierend* ablaufen.[187] Auf diese Erkenntnis komme

---

[185] Ferdinand Fellmann: *Bedeutung als Formproblem – Aspekte einer realistischen Bildsemantik.* In: Klaus Sachs-Hombach (Hg.): *Vom Realismus der Bilder. Interdisziplinäre Forschungen zur Semantik bildhafter Darstellungsformen.* Magdeburg 2000a (Reihe Bildwissenschaft, 2), S. 17–40, S. 28.

[186] Vgl. Sachs-Hombach (2006), S. 251ff. und Michael Pauen: *Die Sprache der Bilder.* In: Klaus Sachs-Hombach, Klaus Rehkämper (Hg.): *Bild – Bildwahrnehmung – Bildverarbeitung. Interdisziplinäre Beiträge zur Bildwissenschaft.* Wiesbaden 2000, S. 209–218, S. 214ff. Zur Psychologie und Neurobiologie der Bildwahrnehmung und -verarbeitung vgl. auch Kai Vogeley, Gabriel Curio: *Imagination und Halluzination.* In: Klaus Sachs-Hombach, Klaus Rehkämper (Hg.): *Bild – Bildwahrnehmung – Bildverarbeitung. Interdisziplinäre Beiträge zur Bildwissenschaft.* Wiesbaden 2000, S. 285–292.

[187] Vgl. Sachs-Hombach (2006), S. 249. Dem mit dieser Auseinandersetzung verbundenen Konzept der *mentalen Bilder* wird hier nicht weiter nachgegangen, vgl. hierzu: Steven M. Kosslyn: *Image and Mind.* Cambridge 1980; Steven Kosslyn: *Image and Brain.* Cambridge 1994; Steven M. Kosslyn, James R. Pomerantz: *Bildliche Vorstellungen, Propositionen und die Form interner Repräsentation,* übers. v. Dieter Münch. In: Dieter Münch (Hg.): *Kognitionswissenschaften, Grundlagen, Probleme, Perspektiven.* Frankfurt a. M.

ich später in Kapitel 6 zurück, wenn es gezielt um den Rezeptionsprozess geht, denn hierin liegt nicht nur das aktive, sondern (mit unter) auch das *kreative* Moment der Bildwahrnehmung – und auch ein Stück weit seine Unberechenbarkeit.

Diesen bildtheoretischen Teil abschließend, fasse ich zusammen, dass ich von einem Bildbegriff ausgehe, der, wie der zugrunde liegende Authentizitätsbegriff, aus dem *künstlerischen* Bereich stammt. Zudem geht es beim Filmbild um ein *externes* Bild, das außerdem ein *darstellendes* Bild ist (im Gegensatz zu Strukturbildern und reflexiven Bildern).[188] Ein Bild ist nie einfach nur ein Abbild, sondern stets eine *Neuschaffung*. Darüber hinaus zeigt ein Bild nicht nur, was es zeigt, sondern auch, *wie* es das zeigt, es bietet eine bestimmte Sichtweise eines Objektes an. Dem Akt der Darstellung wohnt somit ein willkürliches Moment inne, das das Objekt in seiner Ganzheitlichkeit niemals wiedergeben kann. Die Konsequenz dieser Erkenntnis erweist sich im folgenden Kapitel zur Fotografie und im Hinblick auf die Darstellung eines vergangenen Lebens im zu erbringenden Biopic-Bezug.

Ein Bild an sich sagt nichts aus, es bietet eine Leseweise an und es kann in einen Kontext eingebettet sein.[189] Ein biografisches Filmbild besitzt einen Kontext, ihm wohnt eine *kommunikative Funktion* inne sowie ein bestimmter *Verwendungszweck*. Kommunikativ ist ein Filmbild schon allein deswegen, weil ein Rezipient nicht *nicht* auf das Gesehene reagieren kann.[190] Dies ist der Moment, in dem der oben beschriebene Medienpakt zustande kommt, und zwar ist dies ein *kreativer* Moment. Der Rezipient nimmt interpretierend wahr und ruft abgespeicherte Informationen interpretierend wieder auf, die in diesem Prozess verändert werden. Der Ähnlichkeitsbegriff in seiner phänomenologischen Verwendungsweise nimmt den Rezipienten in die Pflicht, indem davon ausgegangen wird, dass zwischen Bild und Gegenstand eine Ähnlichkeit hinsicht-

---

1992, S. 253–289; Ferdinand Fellmann: *Bild, Selbstbild und mentales Bild*. In: Klaus Sachs-Hombach (Hg.): *Wege zur Bildwissenschaft. Interviews*. Köln 2004, S. 126–140; Richard Schantz: *Die Natur mentaler Bilder*. In: Klaus Sachs-Hombach, Klaus Rehkämper (Hg.): *Bild – Bildwahrnehmung – Bildverarbeitung. Interdisziplinäre Beiträge zur Bildwissenschaft*. Wiesbaden 2000, S. 219–224. Des Weiteren findet sich bei Klaus Sachs-Hombach eine ausführliche Auseinandersetzung mit der Frage nach den Funktionen bildlicher Repräsentationen innerhalb unseres Erkenntnisprozesses, vgl. Klaus Sachs-Hombach (1995a).

[188] Vgl. Sachs-Hombach (2006), S. 16 und S. 191.

[189] Auf den Kontext-Begriff wird weiter unten, im Kapitel 6.3 dieser Arbeit genauer eingegangen. Zum Thema der Leseweise, die durch Erkenntnisinteresse gesteuert wird, vgl. auch Klaus Kanzog: *Einführung in die Filmphilologie*. 2. Aufl. München 1997 (Diskurs Film. Münchner Beiträge zur Filmphilologie, 4), S. 25ff.

[190] Vgl. Bernd Scheffer: *Medien als Passion* [unveröffentlichtes Skript]. München 2012, S. 110.

Ähnlichkeit

lich der Wahrnehmungsweise besteht, also ähnliche Wahrnehmungsmechanismen greifen. Ein Objekt in einem Bild zu erkennen bedeutet, es aus der Wirklichkeit oder von anderen Bildern zu kennen. Mit der Wahrnehmung verbunden sind Erfahrungen und Vorwissen und somit eine Erwartungshaltung, die den Rezeptionsprozess beeinflusst.[191] Das Konzept der interpretierenden Wahrnehmung wird im späteren Verlauf der Arbeit noch um Bernd Scheffers Erkenntnisse zur Inter- beziehungsweise Multimedialität der Wahrnehmung erweitert (vgl. Kapitel 6.4). Zudem zu präzisieren ist der Gedanke, dass der Rezeptionsprozess nicht vollständig offen und willkürlich abläuft, sondern entlang von Wahrnehmungs- und Darstellungsgewohnheiten.[192]

Im folgenden Kapitel wird die besondere Bildform Fotografie auseinandergesetzt. Als *abbildendes* Medium kommen hier Aspekte und Funktionsweisen zum Ausdruck, die sich vor allem um die Frage der Wirklichkeitswiedergabe drehen und darum, ob ein Foto im ureigensten Sinne *authentisch* ist.

3.3   Das abbildende Medium Fotografie

Eine Wirklichkeit ohne bildliche „Dauerbeschallung", einen *iconic overflow,* ist kaum mehr vorstellbar. Die Wirkungsmacht der Bilder ist schon lange kein Geheimnis mehr und bleibt ein aktuelles Thema in Forschung, Politik und Öffentlichkeit. Stärker als jedes andere Medium vermag eine Fotografie eine Vorstellung zu schaffen, denn sie ermöglicht ein Verharren im Augenblick, eine dauerhafte Betrachtung, wie sie weder bei der Film- noch bei der Wirklichkeitswahrnehmung gegeben ist. Sie *vergegenwärtigt* dem Rezipienten ein Ereignis, einen Ort oder eine Person. Sehr

---

[191] Oder wie Christian Doelker formuliert: „Wirklichkeit stürzt als chaotische Überfülle auf das Auge ein, wenn sich dem Blick nicht schon bekannte Bildentwürfe vorgeschaltet haben." Christian Doelker: *Ein Bild ist mehr als ein Bild. Visuelle Kompetenz in der Multimedia-Gesellschaft.* Stuttgart 1997, S. 29.

[192] Ausgeklammert habe ich hier eine Erörterung des Bildes vonseiten der Bildsemantik und -pragmatik, die einen wesentlichen Beitrag leisten zum Verständnis, wie ein Bild funktioniert bzw. wie Bildverstehen abläuft. Zudem wird dort auch der Begriff des Bildhandelns virulent. Da es aber im Folgenden vor allem um das Filmbild geht und Fragen der Filmwahrnehmung im Mittelpunkt stehen (vgl. v. a. Kapitel 6), verzichte ich an dieser Stelle auf eine eingehendere Betrachtung. Vgl. hierzu Oliver R. Scholz: *Was heißt es, ein Bild zu verstehen?* In: Klaus Sachs-Hombach, Klaus Rehkämper (Hg.): *Bild – Bildwahrnehmung – Bildverarbeitung. Interdisziplinäre Beiträge zur Bildwissenschaft.* Wiesbaden 2000b, S. 105–117; Klaus Sachs-Hombach (Hg.): *Bildhandeln. Interdisziplinäre Forschungen zur Pragmatik bildhafter Darstellungsformen.* Magdeburg 2001 (Reihe Bildwissenschaft, 3); Sachs-Hombach (2006), Kap. 5. *Bildsemantik* und 6. *Bildpragmatik*, S. 123–188; Fellmann (2000a). Eine allgemeine Systematik zur Bildbedeutung liefert Christian Doelker (1997).

häufig beruht das, was man von der Welt weiß, auf Bildern und auf dem Vertrauen, dass diese Bilder die Wirklichkeit *abbilden* – ein Irrglaube, wie im Zeitalter digitaler Medien und leicht gemachter Bildmanipulation niemand mehr bezweifeln kann.

Für die Ziele meiner Arbeit bietet sich die Auseinandersetzung mit der Fotografie aus zweierlei Gründen an. Zum einen, weil das Genre Filmbiografie die Verwandtschaft von Film und Fotografie auffallend betont (Stichwort *mediale Interferenz*). Immer wieder kommt es bei der Darstellung historischer Persönlichkeiten zu Fotografie-Zitaten, wie ich vor allem bei der Analyse der Filme *Pollock* und *Céleste* zeigen werde (Kapitel 7.1.4 und 7.3.3). Abgesehen von solchen Nachstellungen lässt sich zum anderen anhand der Fotografie das Authentizitätsparadigma weiter problematisieren, um die in der Einleitung erwähnte Kluft zwischen Filmbiografie und Authentizität weiter zu schließen. Essenziell ist hier die Herausarbeitung des Faktors *Relevanz* als zweiten Baustein neben der Glaubwürdigkeit zur Begründung eines rezipientenorientierten Authentizitätsbegriffs. Vor allem von einer journalistischen Fotografie wird ein hoher Wirklichkeitsgehalt erwartet, erst recht, wenn diese Teil von Kriegsberichterstattung ist. Dass aber bei allem Wahrheitsanspruch von einer „authentischen Fotografie" nicht einfach auszugehen ist, wird dieses Kapitel zeigen. Dabei klammere ich den großen und bedeutungsvollen Bereich der gezielten Fälschung und Bildmanipulation aus.[193] Es geht auch weniger um das Wesen der Fotografie,[194] vielmehr um den Bildstatus und die Funktionsweise.

3.3.1 Kausalität: Das Foto hat einen Grund

Neben Abbild und Ähnlichkeit gibt es einen weiteren und bislang vernachlässigten Begriff zur Erfassung von Bildlichkeit: die Kausalität. Mit ihr lässt sich das Symmetrie-Problem, das die Ähnlichkeitstheorie aufwirft, umschiffen, es gilt, plakativ gesagt: „Ein Etwas ist die Ursache eines

---

[193] Vgl. stellvertretend hierzu: Stiftung Haus der Geschichte der Bundesrepublik Deutschland (Hg.): *X für U. Bilder, die lügen. Begleitbuch zur Ausstellung.* 2. Aufl. Bonn 2000; Andreas Schreitmüller: *Alle Bilder lügen. Foto – Film – Fernsehen –Fälschung.* Konstanz 2005 (Konstanzer Universitätsreden, 217); Klaus Forster: *Rezeption von Bildmanipulation.* In: Thomas Knieper, Marion G. Müller (Hg.): *Authentizität und Inszenierung von Bilderwelten.* Köln 2003, S. 66–101. Vgl. auch Stefan Römer: *Künstlerische Strategien des Fake. Kritik von Original und Fälschung.* Köln 2001.

[194] Vgl. hierzu Roland Barthes: *Die helle Kammer*, übers. v. Dietrich Leube. 2. Aufl. Frankfurt a. M. 1985; Vilém Flusser: *Für eine Philosophie der Fotografie.* 9. Aufl. Göttingen 2000 (Edition Flusser, 3); Susan Sontag: *Über Fotografie*, übers. v. Mark W. Rien u. Gertrud Baruch. München u. a. 2002.

anderen Etwas."[195] Nun ist auch diese Herangehensweise zu eindimensional und vor allen Dingen für natürliche Bilder nützlich. Schließlich gibt Stefan Leifert zu bedenken, dass, ausgehend von der der Kausalität zugrunde liegenden Beziehung von Ursache und Wirkung („Ein Gegenstand ist Ursache, das Bild die Wirkung"), gemalte Bilder mit einbezogen werden können, betrachtet man den Maler als kausalen Verursacher des Bildes.[196] Wie die Ähnlichkeitstheorie gerät auch die Kausalitätstheorie in Bezug auf fiktionale oder andere im Sachbezug leere Bilder an ihre Grenzen. Die Kausalitätstheorie kann also zu einer der wichtigsten Funktionen bildlicher Darstellung nichts beitragen, zur ‚Darstellung-als'.[197] So unzureichend die Kausalitätstheorie für die Formulierung einer allgemeinen Bildtheorie demnach ist, so praktikabel ist sie aber doch im Zusammenhang mit der Fotografie. Ein Foto zeichnet auf, was einmal gewesen ist,[198] lässt sich folglich in die Kategorie der natürlichen Zeichen einordnen, ähnlich der Spur. Beschränkt auf die kausale Verursachung, ist eine Fotografie semiotisch betrachtet demnach ein Anzeichen, wobei sich die Indexikalität aus dem ihr zugrunde liegenden physikalischen beziehungsweise chemischen Prozess ergibt.[199] Als Index weist ein Foto auf etwas anderes hin, wird allerdings die Ähnlichkeitsdebatte hinzugezogen, so kann ein Foto auch als Ikon betrachtet werden.

> Im Unterschied zum Anzeichen liegt die Besonderheit der Fotografie [...] darin, dass sie zugleich eine in der Regel wirklichkeitsgetreue Abbildung einer Sache liefert. Die wesentliche Eigenschaft der Fotografie liegt daher in der Verknüpfung von Indexikalität und Ikonizität. Der Aspekt der Indexikalität wirkt hierbei gewissermaßen als Beglaubigung der ikonischen Darstellung, so dass wir sie üblicherweise nicht nur prädikatorisch, sondern immer zugleich nominatorisch betrachten. Genau hieraus ergibt sich der (zumindest während der frühen Entstehungsgeschichte oft erhobene) Objektivitätsanspruch der Fotografie.[200]

Ob nun als Index oder als Ikon, auch eine Fotografie wirft, wie Stefan Leifert bemerkt, die Diskussion um Natürlichkeit oder Konventionalität beziehungsweise Arbitrarität auf.[201] Auch hier kommen die von Nelson Goodman thematisierten Seherfahrungen und -erwartungen eines Bildbetrachters ins Spiel, das Ineinandergreifen von Rezeption und Interpreta-

---

[195] Scholz (2004a), S. 83.

[196] Vgl. Leifert (2007), S. 40.

[197] Vgl. ebd., S. 41.

[198] Vgl. Barthes (1985), S. 85ff.

[199] Vgl. Sachs-Hombach (2006), S. 221f.

[200] Ebd., S. 223.

[201] Vgl. Leifert (2007), S. 50f.

tion, Wahrnehmungs- und Darstellungsgewohnheiten. Mit Gombrich argumentiert Leifert weiter, dass Bildwahrnehmung ein Transformationsprozess ist, wie auch die Bildaufzeichnungen bereits davor.[202]

Auch bei der Fotografie spielt Vor- und Weltwissen des Bildbetrachters eine Rolle, wodurch sich nach Klaus Sachs-Hombach der Kausalitätsgedanke relativiert:

> Der Theorie wahrnehmungsnaher Zeichen zufolge sehen wir auch in Fotografien [...] die entsprechenden Gegenstände, weil das Bild dem Betrachter ein vergleichbares Lichtmuster liefert wie der reale Gegenstand es unter einer bestimmten Perspektive liefern würde. [...] Soweit es um die inhaltliche Bestimmung der Fotografie geht, brauchen wir die kausalen Bezüge des Bildes aber gar nicht zu bemühen. Der Bildinhalt konstituiert sich ausschließlich gemäß der beteiligten Wahrnehmungskompetenzen.[203]

Susanne Knaller bringt das Wesen der Fotografie, wie es hier verstanden werden soll, auf den Punkt, wenn sie sagt:

> Die Fotografie ist zwar weiterhin ‚realistisch‘, ist aber nicht mehr technisch ermöglichtes Simulakrum der Wirklichkeit, sondern Repräsentation einer psychologisch oder physiologisch definierten, die Wirklichkeit konstruierenden Wahrnehmung [...].[204]

Dieser kurze und auch etwas enumerative Aufriss zur Kausalitätstheorie lässt sich mit dem Fazit zusammenfassen, dass das Medium Fotografie semiotisch erfassbar und beschreibbar ist, gerade und besonders gilt dies für die journalistische Fotografie. Zwischen Objekt und Zeichen besteht eine kausale (und nicht arbiträre), technisch vermittelte Beziehung, das Foto weist ikonische und indexikalische Qualitäten auf. Ferner besitzen Fotografien konventionelle wie natürliche Elemente und können zudem über symbolische Eigenschaften verfügen.[205] Mit dem Ikon, dem Index und dem Symbol sind alle drei Zeichenarten erfasst, und indirekt wurde somit die Frage beantwortet, ob ein Foto ein Zeichen ist: Natürlich können Fotografien wie alle Bilder Zeichen sein, ganz besonders im Hinblick auf die Feststellung, dass die Verwendung eines Zeichens dieses zum Zeichen macht. Der phänomenologische Einwand ist auch an dieser Stelle berechtigt, dass Fotos keine Zeichen sein müssen. Allerdings steht in meiner Argumentation die journalistische Fotografie im Blickpunkt, und Pressefotos sind sowohl die *Verwendung* als auch die *kommunikative Funktion* inhärent. Die Betonung beziehungsweise Beschränkung auf den

---

[202] Vgl. Leifert (2007), S. 52.

[203] Sachs-Hombach (2006), S. 225f.

[204] Knaller (2007), S. 81.

[205] Vgl. Leifert (2007), S. 53f.

journalistischen Bereich resultiert aus der Zielsetzung dieser Arbeit. Mehr als jede andere Fotografie erhebt die journalistische den Anspruch einer authentischen Realitätswiedergabe, und dies zu hinterfragen ist notwendig, wenn es um die realitätsnahe Abbildung eines vergangenen Lebens in der Filmbiografie geht. Denn erst die Problematisierung dieses „authentischsten Mediums" (im Kapitel 4.1 mit dem Dokumentarfilm fortgeführt) lässt erkennen, dass die Authentizität eines (Film-)Bildes nicht einfach zu behaupten oder zu verleugnen ist. Im folgenden Kapitel soll deshalb anhand dreier einschlägiger Fotografien die Darstellung des authentischen Moments problematisiert werden, warum ein Foto, das einen historischen Moment wirklichkeitsgetreu abbildet, nicht zwangsläufig authentisch ist.

3.3.2 Grenzen der authentischen Wirklichkeitswiedergabe

Am 8. Juni 1972 wurde das südvietnamesische Dorf Trang Bang von einem Napalm-Angriff getroffen und der Fotograf Huynh Cong Ut war zur ebenso richtigen wie tragischen Zeit am gleichermaßen richtigen wie tragischen Ort und schoss eines von vielen Fotos. Es zeigt die neunjährige Kimm Phúc, die zusammen mit anderen Kindern schreiend

Abb. 3: Foto Huynh Cong Ut

und nackt eine Straße entlang auf die Journalisten und Soldaten zurennt (Abb. 3).[206]

Diese Fotografie ist weder gestellt noch inszeniert, hier geht es um die Wiedergabe eines realen Moments. Doch auch solche Momentaufnahmen werden selektiert. Es ist davon auszugehen, dass Huynh Cong Ut mehr als ein Foto auf dieser Straße geschossen hat, doch die Auswahl dessen mit dem größtmöglichen Effekt geschah bewusst. Das Foto perspektiviert, es verleiht dem Vietnamkrieg eine Form, ein Gesicht, es emotionalisiert durch die Abbildung verwundeter Kinder und ist entsprechend instrumentalisierbar.

---

[206] Vgl. Leifert (2007), S. 273, Anm. 124.

Vier Jahre zuvor, im Rahmen desselben Krieges, entstand eine andere Fotografie durch den US-amerikanischen Fotografen Eddie Adams, der im Februar 1968 (Kamera-)Augenzeuge einer Hinrichtung durch Kopfschuss wurde. Ein Brigadegeneral erschießt auf offener Straße einen Viet Kong-Soldaten, und

Abb. 4: Foto Eddie Adams

Adams hält den Einschuss auf eine 500stel-Sekunde genau fest (Abb. 4).[207] Auch bei diesem Bild besteht kein Zweifel, dass das Dargestellte real ist, auf diesem Foto stirbt in diesem Moment ein Mensch. Doch die Anwendung des Authentizitätsbegriffs ist hier schon nicht mehr so einfach. Selbst wenn man davon ausgeht, dass der Viet Kong-Soldat ohnehin hingerichtet worden wäre, sind es die anwesenden Journalisten, die seinem Tod *eine Form* geben. Diese Hinrichtung ist inszeniert.

Im Spanischen Bürgerkrieg schoss Robert Capa 1936 das berühmte Foto „Loyalistischer Soldat im Moment des Todes" (Abb. 5). Die Forschungsgeschichte dieser Fotografie zeigt, dass ihre Authentizität ebenso häufig bestätigt wie bestritten wurde.[208] Es ist nicht Ziel meiner Arbeit zu entscheiden, ob Ro-

Abb. 5: Foto Robert Capa

bert Capa auf diesem Foto tatsächlich den Todeszeitpunkt eines Soldaten auf dem Schlachtfeld Cerro Muriano festgehalten hat. Viel provokanter ist die Frage, ob die bewiesene oder widerlegte Authentizität eine Rolle spielt. Die Symbolik der Botschaft bleibt unangetastet, selbst wenn dieser Tod nur gestellt und inszeniert ist.[209] Wenn überhaupt, dann macht es für

---

[207] Vgl. Leifert (2007), S. 256, Anm. 109.

[208] Vgl. Forster (2003), S. 69f.

[209] Jacques Clayssen: *Digitale (R-)Evolution*, übers. v. Caroline Gutberlet. In: Hubertus von Amelunxen, Stefan Iglhaut, Florian Rötzer (Hg.): *Fotografie nach der Fotografie.* Dresden u. a. 1996, S. 73–80, S. 76.

den Rezipienten einen Unterschied, wie er sich zu diesem Bild verhält, was er dabei empfindet.

Anhand dieser Beispiele wurden wesentliche Aspekte der journalistischen Fotografie angesprochen, die jeden Anspruch auf authentische Wirklichkeitswiedergabe aushebeln und für die weiteren Betrachtungen grundlegend sind. Jedes Pressefoto wird, egal wie spontan entstanden, mit dem Ziel der größten Wirksamkeit (je nach Stoßrichtung der Berichterstattung) ausgewählt. In diesem Moment der *Selektion* wird entschieden, wie „Wirklichkeit" dem Rezipienten vermittelt wird. Nichts anderes geschieht in einem Biopic. Die Auswahl der „Biographeme"[210] geschieht nach *Aussageabsicht* (Stichwort *kommunikative Funktion*). So feiert etwa der neuste *Lincoln*-Film nicht nur den Nationalhelden und Staatsmann, sondern richtet das Augenmerk vor allem auf die Entscheidungen des Politikers und Privatmannes zu einem bestimmten Zeitpunkt in seinem Leben, um unter anderem einen realpolitischen Zeitbezug herzustellen. Im Gegensatz dazu rückt die sehr viel frühere Verfilmung durch John Ford, *Young Mr Lincoln* (USA 1939), wie der Titel schon sagt, den jungen Abraham Lincoln in den Mittelpunkt, der sich für die Jurisprudenz entscheidet und so den Weg in die Öffentlichkeit findet. Als junger Anwalt gelingt ihm die Aufklärung eines Mordfalls und die damit verbundene Entlastung zweier zu Unrecht angeklagter Brüder. Die Faktentreue dieser Darstellung kann angezweifelt werden.[211] Abraham Lincoln sorgt für Gerechtigkeit, diese Aussage, will man sie auf ein Minimum reduzieren, ist beiden Filmen gemein.

Die Kamera nimmt gegenüber ihrem abzubildenden Objekt eine bestimmte Position beziehungsweise Perspektive ein, um einen bestimmten Wirklichkeitsausschnitt festzuhalten. Dies ist eine bewusste Entscheidung – aber auch eine Entscheidung gegen all die Dinge, die *nicht* gezeigt werden. Für eine konkrete Aussageabsicht muss ausgewählt werden. Und:

> […] jede Darstellung aspektiert das Dargestellte, vereinseitigt es, legt sich wie eine opake Schicht auf es. Denn es kann immer verschiedene Darstellungen eines Themas geben, die sich durch die Art des Darstellungsmittels, durch die Fähigkeiten und Interessen des Darstellenden usw. unterscheiden; daß es von einem Thema nur eine einzige Darstellung geben könnte, ist durch den Begriff der Darstellung selbst schon ausgeschlossen.[212]

---

[210] Vgl. Roland Barthes: *Sade, Fourier, Loyola*, übers. v. Maren Sell u. Jürgen Hoch. Frankfurt a. M. 1974, S. 13.

[211] Vgl. Taylor (2002), S. 342ff.; vgl. Rosenstone (2007), S. 16f.

[212] Strub (1997), S. 8.

Diese Ausführungen belegen, dass die Authentizität eines Fotos nicht erst seit der digitalen Fotografie angezweifelt werden muss.[213]

> Was vor dem Objektiv sich befand, war stets zu inszenieren, wie es erscheinen sollte, war stets abhängig vom Ausschnitt, von der Blende, von der Öffnungszeit, vom Material. Das Licht, die Natur, zeichnet nicht einfach etwas ab. Nichts ist unmittelbar, alles gebrochen, eine Frage der Schnittstelle. Die Täuschung ist das innerste Prinzip der technischen Bilder, deren Realismus stets ein Selbstbetrug.[214]

Wie kaum ein anderes Medium vermag die Fotografie (und in ihrer Weiterentwicklung der Film) ein Bild der Wirklichkeit zu liefern, Wirklichkeit zu formen.

> Eine Erfahrung zu machen, wird schließlich identisch damit, ein Foto zu machen, und an einem öffentlichen Ereignis teilzunehmen, wird in zunehmendem Maß gleichbedeutend damit, sich Fotos davon anzusehen.[215]

Insofern ist es nur allzu schlüssig, dass Fotos von jeher instrumentalisiert werden,[216] zum Beispiel zu propagandistischen Zwecken. Schließlich trauen wir unseren eigenen Augen, und ein Foto vermittelt die irritierende Illusion von Augenzeugenschaft. Dank der Realitätsnähe besitzt ein Foto *Glaubwürdigkeit* (wobei der Mediennutzer von heute daran gewöhnt ist, nicht bedingungslos zu glauben). Der von Rötzer erwähnte Selbstbetrug ist also das Ergebnis einer Konstruktion, eines Medienpaktes.

Für den bildtheoretischen Diskurs änderten sich mit der Erfindung der Fotografie die Repräsentations- und Mimesiskonzepte radikal, wie Susanne Knaller ausführt.[217] Realismus und Fotografie werden zur bestimmenden Kunstkategorie, durch die Neudefinierung der empirischen Komponente im künstlerischen Prozess.

> Referenzauthentizität, nicht mehr Wahrscheinlichkeit und Einbildungskraft, wird zu einer bestimmenden Komponente. Gleichzeitig führt die Fotografie zu einer medialen Bewusstheit, weil das Subjekt als wahrnehmendes selbstreflexiv in das Bild genommen

---

[213] Dass Fotografien nicht realistisch sind und sein können, ist in der Forschung breit diskutiert und akzeptiert, vgl. z. B. Böhme (1999), Kap. IV *Ist ein Foto realistisch?*, S. 111–127.

[214] Florian Rötzer: *Betrifft: Fotografie*. In: Hubertus von Amelunxen, Stefan Iglhaut, Florian Rötzer (Hg.): *Fotografie nach der Fotografie*. Dresden u. a. 1996, S. 13–25, S. 21.

[215] Sontag (2002), S. 28.

[216] Oder wie Gottfried Boehm formuliert: „Bildern ist es keineswegs fremd, Dienstleistungen zu erbringen." Boehm (2004b), S. 35.

[217] Vgl. Knaller (2007), S. 25.

wird. Das fotografische Bild entwickelt ein Bewusstsein von Welt- und Subjektverhältnissen als Selbst- und Fremdwahrnehmung in einem bildkonstituierenden Prozess.[218]

Der Emanzipationsweg der Fotografie als eigenständige Kunstform soll hier nicht weiter nachvollzogen werden,[219] festgehalten sei nur:

> Will sie [die Fotografie; JK] einen eigenen kunstfotografischen Diskurs installieren, so muss sie Mimesis und Schein reformulieren und zwar sowohl über ihre durch die Indexikalität definierten Eigenschaften wie Referenz- und Objektauthentizität als auch über damit zusammenhängende ‚spezifische‘ Wahrnehmungsformen.[220]

So definiert Susanne Knaller die Fotografie als „objektiv-aufzeichnendes, wahrnehmungsreflexives und diskursiv Bilder zeigendes Medium."[221] Fotografien bilden nichts ab, wie es ist, sie bilden etwas Neues ab:

> Es zeigt sich nämlich, dass die Fotografie den [...] Schein- und Il-lusionsbegriff reformulieren muss im Sinne von *fictio*. Als indexi-kalisches Medium ist Fotografie immer faktisch auf abwesende Objekte oder Subjekte bezogen. Diese werden aber in einen gestal-terischen, konstruktiven Zusammenhang gebracht. Damit ist nicht primär eine narrative oder fantastische Gestaltung der Bildelemente gemeint. *Fictio* im Sinne von Konstrukt wird von Anfang an im fotografischen Prozess virulent, da Fotografie als Wahrnehmungs-bild gestaltet wird, Seh- wie Rezeptionserfahrung zur Darstellung kommt.[222]

Eine Fotografie ist also nie etwas Authentisches, ist es noch nie gewesen. Sie bietet einen Ausschnitt an, den Teil eines Ganzen,[223] ohne das Ganze zu behaupten. Die Konstruktion dieses Ganzen ist Aufgabe des Rezipien-ten in seiner subjektiven (wenn auch medienkulturell geprägten, somit teilweise berechenbaren) Prädisposition. Eine Fotografie desintegriert Zusammenhänge in Ausschnitte, dekontextualisiert und fragmentiert Situationen, isoliert den Augenblick, wie Susanne Knaller mit Henry Fox Talbot beschreibt, für den Fotografie zwangsläufig zum Text-Bild wird:

> Die Natur bildet sich zwar in der Auffassung Talbots selbst ab, der Apparat ist mechanisch aufzeichnend, nicht selektiv, aber das Bild muss als Bild bewusst werden, um seine Funktion zu erlangen. Sinn vollzieht sich im performativen Akt der Beschreibung des Be-schreibenden. Mit dem Modus der Beschreibung zeigt Talbot die

---

[218] Knaller (2007), S. 25f.

[219] Vgl. ebd., S. 70–79.

[220] Ebd., S. 84.

[221] Ebd., S. 82.

[222] Ebd., S. 84f.

[223] Vgl. Anm. 158.

Konstituiertheit des Bildes: Medialität, Selbstreferenz und rezeptive Wahrnehmung als Träger von semiotischen Vorgängen.[224]

Dass bildliche von sprachlichen Prozessen nicht vollends zu trennen sind, hat Bernd Scheffer festgestellt und spricht in Anlehnung an Allan Paivio und Philip Johnson-Laird von der „doppelten Codierung" von Bildern.[225] Visuelle Codierung sei immer auch verbunden mit einer sprachlichen: „Texte rufen innere Bilder hervor, wie umgekehrt geschriebene Texte sich an Bilder heften können."[226] Bildwahrnehmung kann demnach nicht ohne gleichzeitig ablaufende Sprachprozesse stattfinden. Insofern ist die Feststellung Klaus Sachs-Hombachs, die Bildwissenschaft bedürfe im eklatanten Unterschied zur Sprachwissenschaft einer starken wahrnehmungspsychologischen Ausrichtung, zu relativieren.[227] So eklatant ist der Unterschied gar nicht. Scheffers Argumentation dient der Verteidigung moderner Bildkultur und widerlegt die Behauptung, Schrift und Sprache würden aus der heutigen Medienlandschaft verschwinden. Die doppelte Codierung von Bildern soll an dieser Stelle exemplifizieren, dass das menschliche Bewusstsein bei der Bildbetrachtung gar nicht anders kann, als Sinn herzustellen und Bedeutung zu generieren. Ein dekontextualisiertes Foto wird reflexartig gedeutet, die Wirkungsmacht einer Fotografie hängt ab von ihrem Interpretationsangebot, das im journalistischen Kontext meist durch eine Bildlegende oder durch den Begleittext gegeben wird.[228]

> Wahrnehmen an einer Fotografie läßt sich nur das, was sich auch semiotisieren läßt. Die präsymbolischen Darstellungsanteile des Bildes, die die Schwelle von der kontingenten Erscheinung zum Zeichen nicht überschreiten (die also optisch unbewußt bleiben), entziehen sich auch der Bildkommunikation. Wie man es auch dreht und wendet, man entrinnt den Zeichen nicht. Es ist also kein Widerspruch, tatsächlich Bedingungen von Authentizität, einerseits die Fotografie als Subversion symbolischer Kodifizierungen zu verstehen (als Subversion des Textes), gleichzeitig aber auch zu wissen, daß Authentizität als Bedeutung ohne Textbezug nicht zu denken ist. Der Schritt zurück hinter die Zeichenhaftigkeit, er wird nicht wirklich geleistet, bleibt lediglich Versprechen, aber ein Versprechen, daß den Bildträger empfänglich macht für das, was ein

---

[224] Knaller (2007), S. 86.

[225] Vgl. Bernd Scheffer: *Zur neuen Lesbarkeit der Welt.* In: Klaus Maiwald, Peter Rosner (Hg.): *Lust am Lesen.* Bielefeld 2001 (Schrift und Bild in Bewegung, 2), S. 195–209, S. 199.

[226] Ebd.

[227] Vgl. Anm. 165.

[228] Vgl. hierzu den Begriff der „semantischen Angleichung" zwischen Bild und Schrift bei Doelker (1997), S. 81.

Bildbetrachter an Bedeutungsmöglichkeiten in das authentische Bild investiert.[229]

Auf die Filmbiografie angewendet lässt sich fortführend feststellen, dass ein Film immer narrativ ist, er liefert immer einen Kontext, der Rezipient ist weniger zu einer Entzifferung und Sinngebung genötigt. Doch auch an diesen Wahrnehmungsprozess trägt der Rezipient eigenes Wissen heran, einen „Teil des Ganzen", dem ein weiterer Teil hinzugefügt wird. Oder zugespitzt formuliert: Wahrnehmung kann sich nur durch Wissen vollziehen, wird durch Wissen organisiert (vgl. Kapitel 6).

Diese Erörterungen zur Fotografie zeigen beziehungsweise vervollständigen, wie Bildwahrnehmung und Bildbeglaubigung funktionieren, um schlussendlich zu belegen, dass auch der Rezipient eines (narrativen) Filmbildes das Gesehene beglaubigt und mit dem Prädikat „authentisch" versieht, denn von sich aus authentisch ist kein Bild. Auch eine Filmbiografie fragmentarisiert das dargestellte Leben, wählt Biographeme aus – dass Selektion und Authentizität dennoch miteinander zu vereinbaren sind, wird im Folgenden anhand des Relevanzbegriffs gezeigt.

3.3.3 Eine Frage der *Relevanz*

Auch Elke Grittmann behandelt in ihrem Text die Frage, was echt am Pressefoto ist, davon ausgehend, dass Qualitätsmedien authentische Fotografien einfordern.[230] Grittmann kommt dabei ebenfalls zu dem Ergebnis,

> [...] dass ‚Authentizität' keine dem Medium der Fotografie inhärente Eigenschaft darstellt, die allenfalls durch Manipulationen gefährdet werden kann, sondern eine auf sozialen Praktiken und professionellen Normen beruhende Konstruktion von Wirklichkeit darstellt.[231]

So weit, so bekannt. Grittmann beschreibt ferner, dass sich ein Pressefoto zum Beispiel keine exzentrischen Blickwinkel leisten darf, weil es die natürliche Wahrnehmungssituation des Publikums nachempfinden soll.[232] Darstellungs- und Wahrnehmungsgewohnheiten kommen hier wieder ins Spiel, die ein Fotograf oder Regisseur nur mit gutem Grund verletzt, etwa

---

[229] Wortmann (2006), S. 182f.

[230] Elke Grittmann: *Die Konstruktion von Authentizität. Was ist echt an den Pressefotos im Informationsjournalismus?* In: Thomas Knieper, Marion G. Müller (Hg.): *Kommunikation visuell. Das Bild als Forschungsgegenstand – Grundlagen und Perspektiven.* Köln 2003, S. 123–149.

[231] Ebd., S. 125.

[232] Vgl. ebd., S. 142.

wenn er bewusst Verfremdungseffekte erzielen will, um die Rezeption zu stören. Zudem kommen noch vor der oben beschriebenen Selektion eines fertigen Bildes all die Entscheidungen zum Tragen, die ein Pressefotograf bereits beim Auslösen trifft und verantworten muss:

> [...] etwa die Wahl der Kamera [...], des Objektivs [...], des Filters [...], des Filmmaterials [...], der Lichtverhältnisse [...], des Kamerawinkels, der Blende bzw. Schärfentiefe, der Verschlusszeit bzw. Belichtung, der technischen Effekte [...], des Abstands zum Objekt bzw. Ereignis, die Positionierung des zentralen Motivs und nicht zuletzt des Aufnahmemoments.[233]

Bevor also von *Authentizität* die Rede ist, kippt bereits das Moment der *Objektivität* – ein Aspekt, mit dem sich auch der Kommunikationswissenschaftler Christoph Neuberger beschäftigt hat. Neuberger stellt dem Objektivitätsproblem das Relevanzproblem gegenüber:

> Beide Probleme ergeben sich aus den Beziehungen der Aussage (als Bewußtseinsinhalt) zu anderen Elementen des Kommunikationsprozesses: Das Relevanzproblem leitet sich aus der Beziehung der Aussage zu Kommunikator und Rezipient ab und betrifft selektives, gewichtendes und konstruktives Handeln von Kommunikator und Rezipient.[234]

Elke Grittmann fasst Neubergers Ergebnisse zusammen, indem sie festhält, dass eine endgültige Erkenntnisfähigkeit von Wirklichkeit nicht möglich ist, wohl aber vorläufige, korrigierbare Erkenntnisse, die damit hypothetischen Charakter haben:

> Neubergers Analyse zeigt deutlich, dass sich die wissenschaftliche Debatte um die ‚Konstruktion von Wirklichkeit' hauptsächlich auf Relevanzkriterien konzentriert und weitaus weniger auf die Frage nach dem Bezug zur Wirklichkeit, wie er im Authentizitätsbegriff aufscheint. Das ist für eine Analyse der Konstruktionsmechanismen und Prozesse von Authentizität insofern von Bedeutung, als Auswahlkriterien [...] damit nicht unter den Authentizitätsbegriff fallen.[235]

Diese Bemerkung lässt sich mit Sachs-Hombachs Feststellung verknüpfen, Ähnlichkeit sei relativ zu dem System zu sehen, in das wir ein Bild einordnen.[236] Abgebildet wird, was relevant ist, relevant ist, was für die gewünschte Aussage notwendig ist. Eine Fotografie kann Wirklichkeit

---

[233] Grittmann (2003), S. 124.

[234] Christoph Neuberger: *Journalismus als Problembearbeitung. Objektivität und Relevanz in der öffentlichen Kommunikation.* Konstanz 1996, S. 88.

[235] Grittmann (2003), S. 134.

[236] Vgl. Anm. 182.

73

nicht vollständig abbilden, darin besteht die Kontingenz der Fotografie. Ebenso wenig kann eine Filmbiografie ein ganzes Leben abbilden. Ein Regisseur wünscht eine bestimmte Aussage, die Kamera wählt aus und bildet ab – Relevanzroutinen kommen ebenso zum Einsatz wie Darstellungsroutinen, die mit Wahrnehmungsroutinen zusammenfallen.[237] Insofern ist es üblich, dass ein Biopic zum Beispiel das Zeitkolorit der erzählten Gegenwart widerspiegelt, was unter Umständen einen großen Aufwand – so flach dies von Fall zu Fall erscheinen mag – an Maske, Kostüm und Requisite fordert. Meist wird versucht, die Physiognomie der historischen Persönlichkeit nachzuempfinden, die Redeweise, Körperhaltung oder andere Charakteristika (Stichwort *Authentizitätssignale*, vgl. Kapitel 2.2). Je stärker ein bestimmtes (Erscheinungs-)Bild in den Köpfen der Rezipienten (also in den Medien) präsent ist, desto größer ist die Erwartungshaltung, dieser Vorstellung zu entsprechen und das bestehende Bild genau zu zitieren. Eine markante Einschränkung gilt allerdings hinsichtlich der Sprache.[238] Bei aller ansonsten aufgewandten Detailgenauigkeit wäre der Rezeptionsprozess doch erheblich erschwert, würde in einem Film wie *Elizabeth* (Shekhar Kapur, GB 1998) der damaligen Zeit entsprechend statt modernem Englisch Frühneuenglisch gesprochen. Dieses Zugeständnis an die Akzeptanzbereitschaft des Publikums teilt *Elizabeth* mit nahezu allen Biopics. Eine der wenigen Ausnahmen bildet der Film *Die Passion Christi* (Mel Gibson, USA/I 2004), dessen Dialoge um der historischen Genauigkeit willen in den biblischen Sprachen Aramäisch, Hebräisch und Lateinisch geführt und mittels Untertitel übersetzt werden.

Bewusst verfremdet auch der Film *Amadeus*, indem er Mozart mit ständig wechselnden, teilweise recht skurrilen Perücken zeigt, einmal sogar mit einer pinkfarbenen. Der Regisseur Miloš Forman lenkt so die Aufmerksamkeit des Rezipienten auf die Unangepasstheit Mozarts.

Die Auseinandersetzung mit dem Relevanzbegriff hat zu der Erkenntnis verholfen, dass die Relevanz des Dargestellten relativ zur Funktion des Bildes gesehen werden muss. Nur weil eine Fotografie oder ein Biographem ausgewählt ist und etwas perspektiviert, unterwandert dies nicht den Effekt von Authentizität des Dargestellten, zu hinterfragen ist die Aussageabsicht. Insofern ist *Relevanz* der zweite Baustein meines rezipientenorientierten Authentizitätsbegriffs. Dass die Aussage über ein vergangenes Leben stets auch anders ausfallen könnte, wird im Kapitel 4.1 anhand des Dokumentarfilms weiter erörtert, wenn ich den dritten Bau-

---

[237] In eine vergleichbare Richtung gehen übrigens Kosslyn und Pomerantz, wenn sie schreiben, dass Vorstellungsbilder im Gegensatz zu Fotografien in sinnvolle Teile gegliedert sind, sie sind nie vollständig – die Vorstellung liefert Elemente, die *relevant* sind. Vgl. Kosslyn/Pomerantz (1992), S. 255.

[238] Vgl. auch Taylor (2002), S. 85.

stein des rezipientenorientierten Authentizitätsbegriffs, die Kontingenz, erarbeite.

3.4   Bild und Biografie: Zur Visualisierung des Künstlers

Die Gattung Biografie besitzt, wie in der Einleitung bereits erwähnt, eine Jahrtausende alte Tradition, doch erst seit der Renaissance gibt es eine narrative Verknüpfung von Text und Bild, wie Sigrid Nieberle unter Rückbezug auf Georges Didi-Huberman feststellt.[239] Giorgio Vasari (1511-1574), der als Erfinder der Kunstgeschichte gilt, schuf die erste systematische Künstlergeschichte überhaupt, *Le vite de'più eccellenti pittori sculptori ed architettori,* kurz: die *Vite* (1550/1568).[240] Vasari erkannte das Bedürfnis nach Visualisierung und verknüpfte die Künstlergeschichten mit allegorisierenden Bildnissen. Er verfolgte dabei eine heilsgeschichtliche Botschaft und keinen chronikalischen Zweck, wählte bewusst aus und ließ weg, wen er nicht für erinnerungswürdig hielt.[241] Als historische Quelle sind die *Viten* alles andere als verlässlich, Vasari war nicht nur ein Historiker und Maler, er war auch „ein gewiefter Manipulator".[242]

> Vasari hat einen Wissensschatz angelegt, aber das ganze Wissen hat er mit dem Faden der *Wahrscheinlichkeit* zusammengeschustert, das, wie man leicht versteht, nur wenig mit der Wirklichkeit gemein hat. Vasari hat uns demnach eine große wahrscheinliche Geschichte ,gezeichnet' – er hat sie begehrt und hat sie uns dargestellt –, eine, die schon im voraus die Brüche und Unwahrscheinlichkeiten der wahren Geschichte zusammengeflickt hatte. Und darum lesen wir die *Viten* so gern: Die Kunstgeschichte wird in ihr wie ein Familienroman in mehreren Folgen aufgerollt, in dem die Bösen am Ende einen gerechten Tod sterben (das Mittelalter) und die Guten ,echt' (Renaissance) wieder aufleben.[243]

Bei aller berechtigter Kritik hinsichtlich Faktentreue sollte man die Zielsetzung der *Viten* nicht verkennen. Das Werk verhandelt das Thema Tod, die Wiederauferstehung – Vasari wollte die Künstler vor dem zweiten

---

[239]   Vgl. Nieberle (2008), S. 12.

[240]   Vgl. Georges Didi-Huberman: *Vor einem Bild,* übers. v. Reinold Werner. München u. a. 2000, S. 61ff.

[241]   Vgl. Hanno Rauterberg: *So viel Genie war nie. Maler und Chronist der Renaissance: Giorgio Vasari, 1511 geboren, schuf den modernen Mythos vom Künstler.* In: DIE ZEIT, N° 31, 28.07.2011, S. 18.

[242]   Ebd.

[243]   Didi-Huberman (1990), S. 78 (Hervorhebung im Original).

Tod, dem Vergessen, bewahren, ihre Kunst unvergesslich machen.[244] Und zur Erinnerung gehört ein Bild. Dabei war es unerheblich, ob Giorgio Vasari die Künstler persönlich kannte, deren Leben und Werk er aufschrieb und mit Porträts und Holzschnitten versah, er ahmte ihre Darstellung nach. Schon hier zeigt sich, dass Medien nur Medien zitieren können und nicht den historischen Körper, der unzitierbar ist.[245] Zur Erinnerung an den Namen, den „festen Designator" (vgl. Kapitel 1.3.1), der doch nur eine leere Hülle ist, die mit einer Vorstellung zu füllen ist, verhilft Visualisierung. Giorgio Vasari wählte und gestaltete Bildnisse der biografierten Künstler entsprechend der kommunikativen Funktion seiner *Viten* – nach der Relevanz, die sie für ihn und seine (heilsgeschichtliche) Aussageabsicht hatten.

Mit Vasari lässt sich zeigen, dass Visualisierung von jeher Teil biografischen Erzählens ist. Und frühe Filmbeispiele wie *Theodor Körner. Von der Wiege bis zur Bahre* (Gerhard Dammann / Franz Porten, D 1912) und *Friedrich Schiller – Eine Dichterjugend* (Curt Goetz, D 1923) zeigen, wie in der Einleitung bereits festgestellt, dass das Bedürfnis, Leben zu verfilmen, beinahe so alt ist wie das Medium Film selbst.[246] Eine Biografie wirkt also gerade und besonders in der Verbindung zu einem Bild – und ruft unablässig bereits existierende Bilder auf, die mit jedem Aufruf ergänzt und verändert werden. Und so

> lieferte die Entwicklung der Photographie, genauer das 1839 von Fox Talbot erstmals verwendete Negativ-Positiv-Verfahren, in der ersten Hälfte des 19. Jahrhunderts die entscheidenden Voraussetzungen für eine visuelle und massenmediale Inszenierung des biographierten Menschen.[247]

Im Jahre 1880 druckten Zeitungen erstmals Fotografien berühmter Persönlichkeiten ab, was das Interesse an visueller Darstellung weiter belegt und als unmittelbare Quelle filmbiografischen Interesses betrachtet werden kann.[248]

Häufig sind es ganz bestimmte Bilder, die von berühmten Persönlichkeiten in Erinnerung bleiben. Ob Marylin Monroes Luftschacht oder Albert Einsteins Zunge – manche Bilder werden zur Anekdote. Und Anekdoten, egal ob sie bildlich oder sprachlich vorliegen, schaffen ein bestimmtes Schema, ein Narrativ, das Vorstellung und Wahrnehmung

---

[244] Vgl. Didi-Huberman (1990), S. 63f., S. 70 und S. 72f.

[245] Ergebnis des Hauptseminars „Biographik im Spielfilm", LMU München, Institut für Deutsche Philologie, Dozentin: Prof. Dr. Sigrid Nieberle, Wintersemester 2008/09.

[246] Vgl. Custen (1992), S. 6.

[247] Nieberle (2008), S. 16.

[248] Vgl. Taylor (2002), S. 26.

organisiert und den Darstellungsaufwand reduziert.[249] Auch Anekdoten füllen die leere Hülle des „festen Designators", ob diese mit dem eigentlichen Leben nun tatsächlich so viel zu tun hatten oder nicht. Vor allem die Lebensgeschichten von Künstlern sind geprägt von Anekdoten. Kann es eine Filmbiografie über Vincent Van Gogh geben, ohne die Erwähnung des abgeschnittenen Ohrs? Verglichen mit Leben und Werk des Künstlers spielt das Ohr eine verhältnismäßig geringe Rolle. Es ist aber nicht nur ein Biographem, es ist ein etabliertes Narrativ, „untrennbar" verknüpft mit nur einem bestimmten Künstler. Gleichzeitig ist es ein Sigle für das Narrativ von Genie und Wahnsinn. Für das tatsächliche Leben und die Kunst van Goghs hat das Ohr keine signifikante Rolle gespielt. Für die Charakterisierung, Identifizierung und Beglaubigung der Erzählung über ihn hat es allerdings durchaus eine hohe Relevanz.

Ernst Kris und Otto Kurz beschreiben in ihrer grundlegenden Studie zur ‚Legende des Künstlers' von 1934 angesichts der Lebensgeschichten bildender Künstler in der Antike immer wieder auftretende typische Motive.[250]

> Die Frage nach dem Wahrheitsgehalt der Aussage, die wir der Anekdote in diesem oder jenem Falle entnehmen dürfen, wird dabei unerheblich, allein bedeutsam vielmehr der Umstand, daß eine Anekdote öfters, daß sie so oft berichtet wird, daß wir aus ihr auf eine typische Vorstellung vom Künstler schließen dürfen.[251]

Wie authentisch so eine Vorstellung im faktischen Sinn dann ist, ist natürlich fraglich. Doch als Authentifizierungsstrategie sind feste biografische Motive unerlässlich, darf doch die Anekdote „als ‚Urzelle' der Biographik gelten."[252] Christian von Zimmermann erkennt, unter Anspielung auf Kris und Kurz, dass Anekdoten entindividualisieren.[253] Biographeme, Anekdoten und Narrative organisieren aber den Darstellungs- und Wahrnehmungsprozess eines Biopics gemäß der kommunikativen Funktion, sie werden ausgewählt und angeordnet entsprechend ihrer Relevanz.[254]

---

[249] Zum Begriff des Narrativs vgl. ausführlicher Kapitel 5.2 meiner Arbeit.

[250] Vgl. Ernst Kris, Otto Kurz: *Die Legende vom Künstler*. Frankfurt a. M. 1995, Kap. 3: *Künstleranekdoten und biographische Motive*, S. 29–33.

[251] Ebd., S. 32f.

[252] Ebd., S. 33.

[253] Vgl. von Zimmermann (2006), S. 18.

[254] Und so schlussfolgert auch Henry M. Taylor: „*Das Anekdotenhafte ist vor allem im klassischen Biopic von Wichtigkeit, weil sich dadurch die Handlung […] einerseits auf in der Öffentlichkeit vorhandenes Wissen beziehen und andrerseits das Privat-Persönliche mit dem Öffentlichen kurzschließen lässt.*" Taylor (2002), S. 130 (Hervorhebung im Original).

3.5   Kapitelfazit

Basierend auf der These, dass Authentizität ein Effekt ist, den der Rezipient aufgrund entsprechender Produktsignale generiert, war es das Ziel dieses Kapitels, die Prozess auslösende Funktion des Bildes zu erörtern. Den komplexen Begriff des Bildes galt es zunächst einzugrenzen und zu fokussieren, ausgehend von der entscheidenden Rolle des nicht nur beobachtenden, sondern kreativ-aktiv beteiligten Rezipienten. Denn, wie im Kapitel 2.2 zitiert, bedeutet das Sprechen über ein authentisches Bild, zwangsläufig von einem bestimmten Bildgebrauch zu sprechen.[255] Darstellung ist immer willkürlich und selektiv, ein Gedanke, der mit der Perspektivierung durch die Fotografie fortgesetzt wurde. Ein Foto bietet eine bestimmte Sichtweise an und blendet damit andere Perspektiven und Sichtweisen aus. Ob im Moment der Aufnahme oder für die spätere Veröffentlichung, Fotografie ohne Selektion kann es nicht geben. Zu berücksichtigen ist die gewünschte Aussageabsicht. Mit seiner kommunikativen Funktion dient eine Fotografie einem bestimmten Zweck, sie wird *verwendet*. Entscheidend ist also die Relevanz des Dargestellten, nicht die willkürliche Selektion.

> Durch Fotografien wird die Welt zu einer Aneinanderreihung beziehungsloser, freischwebender Partikel, und Geschichte, vergangene und gegenwärtige, zu einem Bündel von Anekdoten und *faits divers*. Die Kamera atomisiert die Realität, macht sie ‚leicht zu handhaben‘ und vordergründig.[256]

Ähnlich diesen „freischwebenden Partikeln" liefert das Leben einer historischen Persönlichkeit lose Biographeme, *faits divers*, die zu einer erzählbaren Geschichte zusammengefügt werden, ausgewählt nach Kriterien der Relevanz für die gewünschte Aussage- und Wirkungsabsicht. Auch in der Filmbiografie ist Selektion notwendig, um eine gewünschte Aussage über das biografierte Leben zu formulieren. Anekdoten und Narrative erfüllen hierbei eine wichtige Funktion, denn sie garantieren Wiedererkennung und konsolidieren so die glaubwürdige Darstellung. Neben Glaubwürdigkeit ist somit der zweite Baustein des zu entwickelnden Authentizitätsbegriffs erfasst, die *Relevanz* (Abb. 6).

---

[255] Vgl. Anm. 82.
[256] Sontag (2002), S. 27.

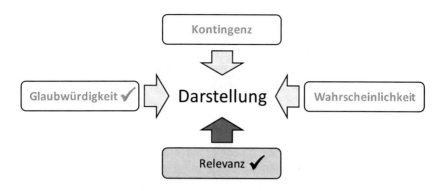

Abb. 6: Faktor Relevanz

Die in diesem dritten Kapitel gewonnenen Erkenntnisse werden im folgenden Kapitel um die Charakteristika des Mediums Film ergänzt und fortgeführt.

Einen zentralen Begriff, der im Laufe der Arbeit immer wieder aufgetreten ist, gilt es näher zu erörtern: die Wirklichkeit. Authentizität ist eng verknüpft mit der Wirklichkeit, doch dass die Darstellung (geschweige denn Abbildung) von Wirklichkeit nicht einfach umzusetzen ist, haben die Betrachtungen zur Fotografie gezeigt. Das Medium Film hat da ganz andere Möglichkeiten, Wahrnehmung zu steuern, denn Kontext ist dem Film ebenso inhärent wie Zeitlichkeit. Doch auch im Film lässt sich *die eine* Wirklichkeit nicht darstellen, noch nicht einmal im Dokumentarfilm. Als Schwellengenre nimmt der Dokumentarfilm nicht nur beim Schritt vom Medium Fotografie zum Medium Film in der Argumentation meiner Arbeit eine wichtige Rolle ein. Anhand dieses Filmgenres lassen sich mit Eva Hohenberger die verschiedenen Realitätsebenen aufzeigen, die in Bezug auf den Film zu differenzieren sind. Dabei stellt sich auch heraus, an welchem Punkt der Effekt von Authentizität entsteht: in der nachfilmischen Realität. Die Auseinandersetzung mit dem Dokumentarfilm dient also der Untermauerung meiner Ausgangsthese, dass Authentizität ein vom Produkt angestoßener und vom Rezipienten realisierter Effekt ist. Mit dem Dokumentarfilm wird darüber hinaus aber auch ein wesentlicher Punkt fokussiert, der bei den Betrachtungen zur Fotografie schon angeklungen ist: Darstellung könnte immer auch anders ausfallen. Einer jeden Darstellung wohnt *Kontingenz* inne und somit ist Kontingenz, wie in der Einleitung bereits angekündigt, der dritte Baustein meines rezipientenorientierten Authentizitätsbegriffs. Zudem wird der Dokumentarfilm ebenfalls als hybrides Genre charakterisiert und die Verwandtschaft desselben mit dem Biopic evident. So wie die Filmbiografie die Fotografie beziehungsweise das Bildmedium allgemein zitiert, leiht sie sich beim Dokumentarfilm Dokumentarisierungseffekte, die den Eindruck von Objektivität und Glaubwürdigkeit befördern.

4.1   Die Wirklichkeit im Dokumentarfilm

Die noch vergleichsweise junge Auseinandersetzung mit dem Genre Dokumentarfilm wirft ein neues Licht auf die voreilige Annahme, der Dokumentarfilm wäre das Filmgenre mit dem höchsten Grad an Authentizität. Lange Zeit stand der Dokumentarfilm im Schatten des Spielfilms und wurde in der Filmtheorie stark vernachlässigt.[257] Hauptgrund hierfür ist

---

[257] Vgl. Hattendorf (1994), S. 28 und Sandra Schillemans: *Die Vernachlässigung des Dokumentarfilms in der neueren Filmtheorie,* übers. v. Matthias Gerlach. In: Manfred Hattendorf (Hg.): *Perspektiven des Dokumentarfilms.* München 1995 (Diskurs Film. Münchner Beiträge zur Filmphilologie, 7), S. 11–28, S. 13ff.

die nicht ganz einfache Definition, bleibt doch stets die Frage im Raum, ob er als ‚realistischer‘, ‚objektiver‘ oder ‚wahrer‘ Film zu betrachten ist.[258] Dem Dokumentarfilm ergeht es in der Filmtheorie ähnlich wie der Biografie in der Geisteswissenschaft, nirgendwo ist er so recht zuhause (vgl. Kapitel 1.3). Als eine der charakteristischsten Eigenschaften wird in der Forschung der nicht-fiktionale Gegenstand angeführt, was ihn maßgeblich vom Spielfilm unterscheidet.[259] Der gefilmte Gegenstand, die „Wirklichkeit“, wird *dokumentiert*. Dass aber die Annahme von Sachlichkeit und Objektivität nicht ohne Weiteres hinnehmbar ist, und im Zuge dessen auch nicht die der Authentizität, wird sich im Folgenden zeigen. Verzichtet wird dabei auf eine ausführliche Auseinandersetzung mit dem Genre,[260] lediglich die für die Zwecke meiner Arbeit entscheidenden Charakteristika hebe ich hervor.

„Realität“ ist ein sensibler Begriff und zugleich Dreh- und Angelpunkt, wenn es um die Authentizität im Dokumentarfilm geht. Eva Hohenberger liefert hier eine schlüssige Differenzierung:

> Zunächst erweist es sich als notwendig, die Redeweise von der einen Realität (die der Dokumentarfilm abbilde) aufzugeben und auf der Produktionsseite ebenso wie auf der Rezeptionsseite mehrere Realitäten zu unterscheiden.[261]

Auf der Produktionsseite unterscheidet Hohenberger zwischen der nichtfilmischen und der vorfilmischen Realität. Erstere dient dem Regisseur als Fundus, aus dem er auswählt. Letztere befindet sich im Moment der Aufnahme vor der Kamera, „[a]us ihrem Verhältnis zur nichtfilmischen Realität, die sie im Fall des Dokumentarischen selbst einmal war, geht hervor, welchen Realitätsausschnitt ein Filmemacher gewählt hat.“[262] Auf Rezeptionsseite ist zwischen nichtfilmischer und nachfilmischer Realität zu unterscheiden. In die nichtfilmische Realität wird der fertige Film gebracht, den Moment des Zusammentreffens nennt Hohenberger die nachfilmische Realität,

> […] in der neben dem Film selber die Realität des Zuschauers eine wesentliche Rolle spielt. Seine Wahrnehmungsmuster sind einerseits von seiner sozialen (nichtfilmischen) Realität (Rasse, Klasse, Geschlecht usw.) geprägt und andererseits durch seine Erfahrung mit und sein Wissen um Konventionen filmischer Darstellung.

---

[258] Vgl. Schillemans (1995), S. 15ff.; vgl. auch Hattendorf (1994), Kap. II.1 *Definitionsprobleme: Dokumentarfilm als eigenständige Gattung?* S. 41ff.

[259] Vgl. Schillemans (1995), S. 17.

[260] Vgl. hierfür die in diesem Kapitel verwendete Forschung.

[261] Hohenberger (1988), S. 28.

[262] Ebd., S. 30.

Beides trägt zu seiner Erwartungshaltung und damit zu seinem Urteil über einen Film bei.[263]

Zuguterletzt gibt es noch den Film selbst, in dessen Kontext unterschieden werden muss zwischen der Realität des Filmes selbst (die Apparateebene, die technischen Möglichkeiten) und – final – die filmische Realität, der Film selbst, „eine Sinn evozierende Anordnung von Einstellungen."[264] Diese Unterscheidung in verschiedene Realitäten lässt sich auf jeden fiktionalen Film anwenden,[265] und so auch auf das Biopic. Auf der Produktionsseite in der nichtfilmischen Realität stellt sich die Frage, warum ein bestimmtes Biopic gedreht werden soll, zum Beispiel anlässlich eines Jubiläums (Mozart-Jahr o. ä.), und wie, beispielsweise an Originalschauplätzen. Welchen Ausschnitt aus der Vergangenheit wählt ein Regisseur aus? Zur Realität Film lassen sich neben den technischen auch die handwerklichen Möglichkeiten zählen, wie etwa Maske, Kostüm, Requisite. Die filmische Realität erzählt im fertigen Film die (teilweise oder ganze) Lebensgeschichte eines Menschen. Die nachfilmische Realität bedeutet die Rezeption, unmittelbar im Moment des Betrachtens bis hin zu Wirkung und Kritik.[266]

Manfred Hattendorf ergänzt Hohenbergers Terminologie durch den von Dai Vaughan geprägten Begriff des „Putativen", indem er von einer weiteren Kategorie spricht, von der *vermuteten Realität*, die der Rezipient approximativ mit der nichtfilmischen Realität ins Verhältnis setzt.[267] Mit dieser Kategorie ist nicht nur die notwendige Abgrenzung von der nichtfilmischen (und mit keinem Medium abzubildenden) Wirklichkeit möglich, sondern sie rückt auch den Rezipienten in den Mittelpunkt:

> Die ‚vermutete Realität' […] ist nie mit der nichtfilmischen Realität deckungsgleich. Sie wird vom Rezipienten aufgrund der Diegese des Films erschlossen, hängt aber zudem von einer Anzahl weiterer Faktoren ab: der ‚croyance' des Rezipienten, seinem Vorwissen, seiner Genreerwartung etc.[268]

Wenn ich im weiteren Verlauf meiner Arbeit von der *biografierten Realität* spreche, so ist damit immer die vermutete Realität der Vergangenheit gemeint. Sie wird *rekonstruiert*, so wie auch im Geschichtsfilm oder in der Vielzahl an Dokumentarfilmen, die Landschaftsaufnahmen an Original-

---

[263] Hohenberger (1988), S. 29.

[264] Ebd.

[265] Vgl. ebd.

[266] Vgl. ebd., S. 29f.

[267] Vgl. Hattendorf (1994), S. 46–49.

[268] Ebd., S. 48.

schauplätzen drehen, das Leben vergangener Kulturen oder Tierarten jedoch mit Schauspielern oder Computeranimationen rekonstruieren.

Die Aufschlüsselung in die unterschiedlichen Realitätsebenen macht die Vielzahl an Einflüssen (von Selektionen bis hin zu Erwartungshorizonten) deutlich, denen ein Dokumentarfilm ausgesetzt ist – und weshalb auch ein Dokumentarfilm niemals objektiv sein kann, warum Wirklichkeit auch in diesem Genre nicht einfach abgebildet beziehungsweise abgefilmt wird, sondern konstruiert ist. Wie bei der Fotografie nimmt die Kamera einen bestimmten Blickwinkel ein, sie entscheidet sich für eine Perspektive – und *gegen* viele andere. *Realität* ist nicht einfach „vorhanden":

> Sie ist objektiv wie subjektiv gegeben und daher von verschiedenen Standpunkten her interpretierungsbedürftig. Dokumentarfilme sind stets Beweise für eine These, die der jeweiligen Argumentation zugrundeliegt.[269]

Ein Dokumentarfilm verfolgt ein Ziel, er hat einen Adressaten. Bei der Erforschung dieses Filmgenres geht es aber in den seltensten Fällen um die spezielle Beziehung zwischen Sender und Empfänger, wie Sandra Schillemans kritisch bemerkt.[270] In die gleiche Richtung geht auch Manfred Hattendorf, indem er die Frage nach der Authentizität dokumentarischer Filme umkehrt:

> Authentizität als Grundproblem des Dokumentarfilms zu diskutieren, hieße dann nicht mehr nur, den Blick für den Umgang des dokumentarischen Materials mit einer profilmischen Wirklichkeit zu schärfen, sondern gleichermaßen das Verhältnis von ‚Dokumentarfilm' und ‚Zuschauer' zu untersuchen.[271]

Denn Dokumentarfilme existieren nicht autonom, sie realisieren sich erst im jeweiligen Rezeptionsakt.[272] Die von Hohenberger identifizierte filmische Realität

> steht [...] immer bereits im Dienste einer rhetorischen Absicht, die sich über einen spezifischen Bild-Wort-Diskurs realisiert. Ob der Film dabei seine authentisierende Wirkung entfalten kann, hängt von dem Zustande-kommen [sic] eines ‚*Wahrnehmungsvertrags*' zwischen Zuschauer und Film ab.[273]

Nicht nur bei fiktionalen Inhalten, nicht nur bei Inszenierungen auf einer Theaterbühne, auch bei einer filmischen Dokumentation ist der aktiv-

---

[269]   Hattendorf (1994), S. 44.

[270]   Vgl. Schillemans (1995), S. 21f.

[271]   Hattendorf (1994), S. 18.

[272]   Vgl. ebd.

[273]   Ebd., S. 75 (Hervorhebung im Original).

kreative Part des Rezipienten entscheidend. Dabei ist die Entstehung des Wirklichkeitseffekts ein komplexes Gefüge:

> Weder ein lineares noch ein zyklisches Modell vermag dem Produktions- und Rezeptionsprozeß von Wirklichkeit im Dokumentarfilm ganz gerecht zu werden. Wesentlich hierfür ist der durch den Filmregisseur intendierte, im filmischen Diskurs *behauptete Bezug* zur nichtfilmischen Realität, dessen Beglaubigung in der nachfilmischen Realität von der auf einem ‚Vermutungsakt' beruhenden Zustimmung des Rezipienten abhängt.[274]

Wie bei der Fotografie zeigt sich, dass Authentizität im Dokumentarfilm das Ergebnis eines Medienpaktes ist, dass Kameraeinstellungen im Film entsprechend ihrer Relevanz für die kommunikative Funktion ausgewählt und angeordnet werden.

Hattendorf unterscheidet dreierlei Ebenen, auf denen die Kriterien für die Beurteilung von Authentizität im Dokumentarfilm greifen, und die auch für die Filmbiografie angewendet werden können: die Ebene der Quelle, der Form und der Wahrnehmung.[275] Die der Quelle unterliegt den Fragen der Echtheit und Nachprüfbarkeit, liegt also in der nichtfilmischen Realität. Kernbegriff für die Ebene der Form ist die in meiner Arbeit schon mehrfach relevant gewesene *Glaubwürdigkeit*. In ihn gehen alle Strategien filmischer Bearbeitung ein, insofern als beispielsweise Sprache, Ton, Montage etc. authentifizierend wirken. Glaubwürdigkeit vollzieht sich im Rahmen der kommunikativen Handlung und ist nach Hattendorf an mindestens fünf Bedingungen geknüpft: 1. Die Echtheit des Ereignisses oder der Sache, auf die sich die Kommunikation bezieht, 2. Die Glaubwürdigkeit des Autors, 3. Die Glaubwürdigkeit der Vermittlung (> Gestaltung des Kommunikats), 4. Die Akzeptanz beim Rezipienten (> Wirkung), 5. Die Rezeptionsbedingungen (>Kontext).[276] Die dritte Ebene für Beurteilung von Authentizität, die der Wahrnehmung, wird getragen durch das Interesse: außerästhetische Faktoren wie Wahrnehmungskonstanten, Erfahrungshorizont und Kontextwissen spielen eine Rolle.

> Die glaubwürdige, überzeugende Vermittlung der gewählten Anordnung, von der Wahl des Beobachterstandpunkts bis zur Endmontage, stellt das zentrale Kriterium für den Eindruck von Authentizität beim Zuschauer dar. Authentizität wird hiermit sowohl zu einer Frage von *Proportion und Rhythmus* als auch der Nachvollziehbarkeit der gewählten *Perspektive*. ‚Authentisch' ist eine Kategorie der Bearbeitung (und als solche nicht an das Dokumen-

---

[274] Hattendorf (1994), S. 48 (Hervorhebung im Original).

[275] Vgl. ebd., S. 71.

[276] Vgl. ebd., S. 19.

tarische gebunden), auch wenn sich diese [...] mit dem Schein des Ungestellten, Uninszenierten umgibt.[277]

Die Frage der Inszenierung berührt ein Grundproblem der dokumentarischen Arbeitsweise, denn schließlich soll ein Dokumentarfilm etwas dokumentieren und nicht inszenieren.[278] Doch die Wirklichkeit an sich sagt nichts aus, sie adressiert niemanden, sie hat keine Intention. Eine formulierbare Aussage entsteht erst, wenn Teilaspekte arrangiert werden (vgl. Kapitel 3.3.2 und 3.3.3). Ebenso geht es einem gelebten Leben. Ein Mensch und sein Werk haben dann eine Bedeutung, wenn sie „bemerkt" werden, sie sind erzählenswert beziehungsweise *erzählbar,* wenn Teile davon zusammengefasst und beschrieben werden. Auswahl und Inszenierung sind notwendig, um Authentizität in Erscheinung zu bringen (vgl. Kapitel 2.2), und sei sie nur ein Effekt medialer Darstellung, Ergebnis eines Paktes.

> Das Authentizitätsversprechen dokumentarischer Filme wird bei der ‚Lektüre' des Filmes eingelöst (außenpragmatischer Aspekt) – nur dann allerdings, wenn der Zuschauer bereit ist, seinen spezifischen Authentisierungsstrategien zu folgen (binnenpragmatischer Aspekt).[279]

Hattendorf beantwortet die zentrale Frage seiner Arbeit, wie einschlägige Filme ihr Postulat realisieren, „eine profilmische Realität dem Rezipienten diskursiv als nichtfilmische Wirklichkeit glaubwürdig zu vermitteln",[280] indem er belegt, und darauf kommt es mir für meine Ziele besonders an, dass die intendierte authentische Wirkung von Dokumentarfilmen in der formalen Gestaltung begründet liegt, nicht in der Authentizität der Sache selbst.

Dokumentarisierende Effekte machen sich auch Spielfilme zunutze, ganz besonders das Biopic, wie sich noch im Detail zeigen wird. Der Lektüremodus eines Textes oder auch eines Filmes ist dabei nichts Starres:

> Man kann von einem Moment auf den anderen dazu übergehen, Filme fiktivisierend zu beobachten oder dokumentarisierend oder noch anders, und das heißt natürlich auch, dass ein und dieselbe Sequenz immer zugleich in verschiedene Richtungen konstruierbar ist.[281]

---

[277] Hattendorf (1994), S. 69 (Hervorhebungen im Original).

[278] Vgl. ebd., S. 215.

[279] Ebd., S. 284.

[280] Ebd., S. 311.

[281] Rembert Hüser: *Found-Footage-Vorspann.* In: Claudia Liebrand, Irmela Schneider (Hg.): *Medien in Medien.* Köln 2002 (Mediologie, 6), S. 198–217, S. 199f.

Anklänge fand diese Beobachtung bereits im Kapitel 2.3.2, wo beim kurzen Einblick in die Gattung Komödie von der Einstellung des Lektüremodus die Rede war. Der Lektürebegriff impliziert nach Sandra Schillemans eine Nähe zum Textbegriff und definiert so den Dokumentarfilm als konstruierte Realität:

> Der Textbegriff macht eine Annäherung an den Dokumentarfilm als Kommunikationssystem möglich. So wird der Dokumentarfilm als eine analysierbare bedeutungstragende Einheit definiert, deren vom Filmemacher intendierte Bedeutung sich im Rezeptionsakt dem Zuschauer erschließt.[282]

Auf der Ebene der Produktion kann demnach zunächst kein Unterschied festgemacht werden zwischen dokumentarischen und fiktionalen Filmen, wohl aber auf der Ebene der Rezeption.[283] Ohne Momente der Inszenierung kommen weder der Dokumentarfilm noch das Biopic aus. Inszeniert wird auf den Ebenen der Pre-Production (Selektion, Recherche), der Dreharbeiten (Mise-en-scène hinter der Kamera und Mise-en-scène des abgebildeten Gegenstandes) und der Post-Production (Selektion und Interpretation).[284] Dabei gilt:

> Es gibt keine filmischen Gestaltungsmittel, die aus sich heraus der profilmischen oder nichtfilmischen Wirklichkeit näher kommen, die per se realistischer sind als andere. Die Großaufnahme ist nicht authentischer als die Totale; eine deskriptive Montage kann prinzipiell keinen höheren Anspruch auf Wirklichkeitstreue erheben als eine kontrastierende Montage.[285]

Der Code des Authentischen prägt sich nach Hattendorf aus, „wenn bestimmte filmische *Strategien der Authentisierung* bei einem empirischen Publikum den überindividuellen Eindruck des Authentischen hervorrufen."[286] Entscheidend ist, was das Publikum für authentisch beglaubigt, eine Wahrnehmungsweise, die ihrerseits medial geprägt ist:

> Der Code des Authentischen ist [...] variabel; er ist abhängig vom jeweiligen filmischen Diskurs, von den herrschenden künstleri-

---

[282] Schillemans (1995), S. 22. Der von Christian Metz in die Filmtheorie eingeführte Textbegriff wird hier nicht weiter thematisiert, vgl. Christian Metz: *Sprache und Film*, übers. v. Micheline Theune u. Arno Ros. Frankfurt a. M. 1973 (Wissenschaftliche Paperbacks Literaturwissenschaft, 24). Eva Hohenberger setzt erstmals den Textbegriff und den Dokumentarfilm ins Verhältnis und beschreibt die filmische Realität als Text, um diese von der referentiellen Realität des Dokumentarfilms zu trennen und zu unterscheiden, vgl. Hohenberger (1988), S. 65–74.

[283] Vgl. Hohenberger (1988), S. 63.

[284] Vgl. Hattendorf (1994), S. 218.

[285] Ebd., S. 90.

[286] Ebd., S. 85 (Hervorhebung im Original).

schen Leit- und Vorbildern, vom Zeitgefühl und nicht zuletzt vom in einer bestimmten historischen Situation technisch Machbaren. Wahrnehmungspsychologische Konstanten (etwa Bewegungswahrnehmung) schränken diese Variablen freilich ein, so daß sich historisch gültige, objektivierbare Konventionen des Codes des Authentischen bestimmen lassen.[287]

Mit dem Ziel seiner Arbeit, eine Typologie von Authentisierungsstrategien im Dokumentarfilm zu erstellen, untersucht Hattendorf spezifisch filmische Codes wie Kamerahandlung, sprachliche Handlung, Ton und Musik und Montage. Kamerahandlung meint hierbei die Wahl der gefilmten Motive (Selektion) und deren optische Gestaltung (Kombination), wodurch die Kamera fotografische Zeichen von Wirklichkeit filmisch codiert und im rhetorischen Gesamtkontext (Montage) situiert.[288] Zur sprachlichen Gestaltung gehört unter anderem der Kommentar: „Im auktorialen Filmkommentar vermittelt sich der Autor als Instanz.“[289] Wie Hattendorf fortführt, wird die On-Präsenz des Sprechers im Film häufig ergänzt durch das Sprechen aus dem Off. Das Dargestellte erhält durch die Anwesenheit einer kommentierenden kompetenten Autorität Objektivität. Eine Technik, derer sich auch das Biopic bedient, wie bereits in Kapitel 2.3.2 angesprochen, derer sich viele fiktionale Spielfilme in Anlehnung an die aus der Literatur bekannten Herausgeberfiktion bedienen, um Authentizitätseffekte hervorzurufen. Auf diesen Punkt komme ich im nachfolgenden Kapitel durch einen engeren Biopic-Bezug zurück. Der *Voice-Over*-Kommentar signalisiert wie Musik Nachbearbeitung und Tonmontage,[290] jedoch ist „[d]er größere Realismus von Originalton [...] ein wirkungsästhetischer Effekt, der sich wie alle anderen Klangphänomene in den Gesamtzusammenhang der filmischen Dikurse einordnet.“[291] Ton und Musik sind in ihrer authentisierenden Wirkung also nicht abhängig von Bearbeitungsmaßnahmen, sie sind eine Frage der „dramaturgischen Stimmigkeit“ und der „im Bewußtsein sich bildenden Realität“, wie Hattendorf unter Bezug auf Peter Krieg und Klaus Kanzog festhält.[292] Dennoch ist in Biopics über Musiker oder Komponisten die Verwendung der Originalmusik in unverfälschter Form eine bewährte Authentifizierungsstrategie, wie etwa in *Amadeus* und auch in *La Vie en Rose* (vgl. Kapitel 7.2.1).

---

[287] Hattendorf (1994), S. 90.

[288] Vgl. ebd., S. 87.

[289] Ebd., S. 148.

[290] Vgl. ebd., S. 157.

[291] Ebd., S. 158.

[292] Vgl. ebd.

Gleichermaßen gilt es, das Vorurteil, filmische Eingriffe wie die Montage wären der filmischen „Echtheit" abträglich, zu entkräften. Manfred Hattendorf belegt, dass gerade die filmische Gestaltung Grundlage des intendierten Authentizitätseindrucks darstellt. Lange, ungeschnittene Einstellungen können zwar einen hohen Grad an Authentizität ausstrahlen.[293] Aber:

> Die Dokumentarfilm-Montage organisiert und synthetisiert das gefilmte Material in dem rhetorischen Wirkungskontext. Auch der ‚Faktenfilm', wie der Dokumentarfilm früher bezeichnet wurde, bedient sich für die Darstellung und Interpretation von Wirklichkeit der Modi des Erzählens.[294]

Wenn schon nicht zwangsläufig mit dem Begriff der Inszenierung, so gerät aber doch endlich mit dem Erzählbegriff die Argumentation in die Nähe eines weiteren Grundproblems, mit dem sich auch der Dokumentarfilm (vor allem, wo es um rekonstruierte Inhalte geht), aber ganz besonders das Biopic konfrontiert sieht, dem der Fiktionalität. Da dieser Aspekt einen empfindlichen Fallstrick für die Annahme von Authentizität bedeutet, wird für ihn im Kapitel 5 größerer Raum geschaffen. Zunächst ergänze ich die erörterten Charakteristika des Mediums Film um zwei weitere Punkte: die Selbstreflexivität und die Hybridität.

4.2   Medium Film: selbstreflexiv und hybrid

Die Auseinandersetzung mit der Unmittelbarkeitsthematik hat ergeben, dass Authentizität als Konstruktion verstanden auf Vermittlung angewiesen ist, dass im medialen Kontext gerade durch Inszenierung Authentizität gestiftet werden kann. Dabei wird über das Gemacht-Sein keineswegs hinweggetäuscht. Wie bereits beschrieben, ist neben dem *Was* auch das *Wie* Teil der Darstellung. Ludwig Jäger spricht von zwei verschiedenen „Aggregatszuständen" des Mediums, vom „Modus der Transparenz" und vom „Modus der Störung".[295] Für die Zielrichtung meiner Arbeit erscheint mir die Herangehensweise Nora Hannah Kesslers schlüssiger, die Jäger widerspricht und von zwei verschiedenen Rezeptionsweisen ausgeht.[296]

---

[293]   Vgl. Hattendorf (1994), S. 170.

[294]   Ebd., S. 171.

[295]   Vgl. Ludwig Jäger: *Strukturelle Parasitierung. Anmerkungen zur Autoreflexivität und Iterabilität der sprachlichen Zeichenverwendung.* In: Roger Lüdeke, Inka Mülder-Bach (Hg.): *Wiederholen. Literarische Funktionen und Verfahren.* Göttingen 2006 (Münchener komparatistische Studien, 7), S. 9–40, S. 25.

[296]   Vgl. Nora Hannah Kessler: *Dem Spurenlesen auf der Spur. Theorie, Interpretation, Motiv.* Würzburg 2012 (Film – Medium – Diskurs, 39), S. 83–86.

Denn ob ein Medium im ‚Modus des Boten' oder im ‚Modus der Spur' erscheint, hängt weniger von dessen tatsächlicher Beschaffenheit ab, als vielmehr von der Wahrnehmung oder der Aufmerksamkeit des Mediennutzers.[297]

Darüber hinaus thematisiert der Film sich selbst immer wieder als Film. Gerade beim Dokumentarfilm erzielt dies einen stark authentisierenden Effekt. Eva Hohenberger warnt jedoch davor, das Vorführen der Mittel der Filmproduktion vorschnell als selbstreflexiv zu loben:

Das Ausstellen von Mikrofonen und Kamera, noch dazu in einer zunehmend medial vermittelten Welt, hat, wenn überhaupt noch, den gegenteiligen Effekt: es soll ja gerade auf die wirkliche Anwesenheit eines Filmteams in einer wirklichen Situation verweisen, d.h. es stellt zwischen vorfilmischer und der Realität des Films kein erkenntniskritisches (reflexives) Verhältnis her, sondern zwingt beides zusammen. Die filmische Realität ist jetzt gerade deshalb authentisch und eins mit der vorfilmischen, weil die Kamera in ihr sichtbar ist, während sie im fiktionalen Film (sofern er nicht das Filmen zum Thema hat) unsichtbar bleibt. Als Mittel der Reflexion führt dieses Verfahren ohnehin in den unendlichen Regreß: man kann nicht hinter jeden Kameramann einen anderen stellen; als Symbol der Macht der Apparate über das Reale, was dieses Verfahren tatsächlich ist, wird es nicht gelesen. Für den Dokumentarfilm ist es nichts weiter als eine neue Konvention, ein zusätzliches Element seiner filmischen Realität.[298]

Manfred Hattendorf gibt dennoch zu bedenken, dass durch die Selbstthematisierung des Mediums die angestrebte Wirkung (in diesem Fall im Sinne der Objektivierung) erhöht werden kann.[299] Durch metadiegetische Einschübe, durch das Offenlegen der Konstruktionsprinzipien würde die Glaubwürdigkeit der filmischen Vermittlung verstärkt.

Derartige metadiegetische Exkurse sind auf allen filmischen Gestaltungsebenen möglich: Im Bereich der Sprache (On/Off-Kommentar) ebenso wie auf der Ebene der Kamerahandlung sowie der dargestellten Handlungen vor der Kamera.[300]

Der Kommentator ist meist eine kompetente Autorität, die durch die eigene Glaubwürdigkeit die Glaubwürdigkeit der Bilder garantiert. Auf Wahrnehmungsebene bewirkt der Kommentar zweierlei:

[E]r verhindert die imaginäre Inbesitznahme des Bildes, schafft Distanz zum Dargestellten und damit die Möglichkeit zum Wider-

---

[297] Kessler (2012), S. 86.

[298] Hohenberger (1988), S. 133f (Unterstreichung im Original).

[299] Vgl. Hattendorf (1994), S. 259.

[300] Vgl. ebd.

spruch für den Betrachter. [...] Andererseits unterstützt gerade der Kommentar die Realitätsillusion der Bilder, da er sich auf sie nicht als Bilder, sondern als Reales bezieht. Der Kommentar, der als erklärende Instanz gleich dem Zuschauer dem Bild gegenüber ist, öffnet die Leinwand als Fenster zur Welt. Damit ist er zwar außerdiegetisch platziert, konstituiert in seiner Rede jedoch die Diegese.[301]

Er vermittelt zwischen Zuschauer und Dargestelltem und stützt so den Authentizitätseffekt. Die Funktion der Erzählerinstanz im Biopic wurde oben schon angesprochen, sie erzeugt die Illusion eines Herausgebers mit mehr oder minder authentisierender Wirkung. Im Film *Hitchcock* (Sacha Gervasi, USA 2012) nähert sich die Erzählerfigur einem dokumentarischen Kommentar an, indem zu Beginn noch vor der Einblendung des Titels Alfred Hitchcock, dargestellt von Anthony Hopkins, den Rezipient direkt adressiert und zum Betrachten des Filmes einlädt. Der Film ist ein „fiktives Making-of",[302] das die Entstehungsgeschichte des Films *Psycho* nachvollzieht. Interessant ist an dieser Eröffnungsszene, dass sie zunächst auf „Ed Gein's Farmhouse" im Jahr „1944" spielt, und gleich mit einem Mord beginnt, ehe Hitchcock ins Bild tritt und den Rezipienten anspricht. Ed Geins erschlägt seinen Bruder Henry, und somit zitiert der Film die tatsächlichen Ereignisse, die Robert Bloch zur Verfassung des Romans *Psycho* inspirierte. Bekanntlich ist es Blochs Roman, der wiederum Hitchcocks Verfilmung zugrunde liegt. Im metadiegetischen Rahmen wird also eine Brücke zu den tatsächlichen Hintergründen geschlagen und nicht etwa zu einer bereits bestehenden (fiktionalen) Geschichte. Dieser Zusammenhang wird erst intradiegetisch hergestellt. In der letzten Kameraeinstellung wird der Rezipient erneut angesprochen und der Rahmen zur Eingangsszene geschlossen. Hitchcock philosophiert über den nächsten Moment der Inspiration, der ihm zufliegen möge, als eine Krähe auf seiner Schulter landet. Der Rezipient kann diesen Moment der Inspiration sofort entsprechend deuten, eine weitere Erklärung entfällt und ist auch nicht notwendig. Der Kommentar schlägt mit dieser Szene eine metadiegetische Brücke in die außerfilmische Realität und appelliert augenzwinkernd an den Pakt mit dem Rezipienten, der (spätestens jetzt) genau weiß, welcher Film als Nächstes gedreht wird. Der Hitchcock im Bild teilt mit dem Rezipienten dieses Wissen, obwohl er es – intradiegetisch betrachtet – noch gar nicht wissen kann. Der Erzähler wird hier als allwissender Erzähler inszeniert, als auratische Kompetenz, die mit dem Rezipienten auf einer Wissensebene steht. Der Rezipient fühlt sich bestätigt in dem, was er über Alfred Hitchcock und sein Schaffen weiß und

---

[301] Hohenberger (1988), S. 123.

[302] Vgl. Thomas E. Schmidt: *Romanze in Altrosa. Sacha Gervasi verfilmt „Hitchcock", die Midlifecrisis des großen Spannungsmeisters.* In: DIE ZEIT. N° 12, 14.03.2013, S. 51.

spielt das augenzwinkernde Spiel nur zu gerne mit. Bemerkenswert an diesem Biopic ist, dass das Filmemachen selbst Thema ist. Wie auch in *My Week with Marilyn* (Simon Curtis, GB/USA 2011) wird die biografierte Person während der Produktion eines Films charakterisiert. Die technischen Mittel des Biopics bleiben zwar unsichtbar, aber sie werden selbstreflexiv zitiert. Ein Film zeigt die Entstehung eines Filmes, wodurch die Hauptfigur charakterisiert wird. Gerade in *My Week with Marilyn* wird ausgestellt, wie mediales Rollenspiel funktioniert, indem der Film die Diskrepanz zwischen tatsächlichem und medial existierendem Bild einer Ikone wie Marilyn Monroe thematisiert.

Ein Film ist ein Bildmedium, das insofern vor allem als *visuelles* Medium typisiert ist. Doch diese Typisierung ist eine ungerechtfertigte Einschränkung, ein Film ist und war immer schon, auch zur Stummfilmzeit, eine Bild-Ton-Hybride.[303] Claudia Liebrand erörtert in ihrer Arbeit, dass erst seit den 80er Jahren der Einfluss des Tons auf die Ästhetik und Wirkung des Films, die intermedialen Beziehungen zwischen Bild und Ton untersucht werden.[304] Der Film verstanden als hybrides Medium macht die Ausdruckweise um *das Filmische* problematisch – allein wenn man bedenkt, welche Elemente und Teilbereiche bei einer Filmproduktion zusammenspielen.[305] Ein Film integriert andere Medien und ihre Techniken, und das gilt nicht nur für den Film – Medien zitieren immer Medien.[306]

Sigrid Nieberle spricht in diesem Zusammenhang von „medialen Interferenzen", wenn es etwa bei der literarhistorischen Filmbiografie zum Medienwechsel kommt:

> Schrift auf der Leinwand wird nicht allein erzählt, gezeigt oder abgebildet, sie ist auch immer Schrift; und ein Gedichtvortrag im *Off* einer filmischen Erzählung bleibt ungeachtet des kontextuellen *emplotment* doch eine lyrische Rezitation.[307]

So zu erleben etwa im Biopic *Invictus – Unbezwungen* von Clint Eastwood (USA 2009), in dem Morgan Freeman Nelson Mandela verkörpert. Porträtiert wird der Teil aus Mandelas Leben, in dem er die Bedeutung des Rugy-Sports für die Stimmung im südafrikanischen Volk erkennt und die Nationalmannschaft zum Titelgewinn der Weltmeisterschaft 1995 im eigenen Land motiviert. Der Kapitän der Mannschaft, François Pienaar, setzt sich nach seiner Begegnung mit dem Präsidenten mit dessen Ge-

---

[303] Vgl. Liebrand (2002), S. 179.

[304] Vgl. ebd., S. 180.

[305] Vgl. ebd.

[306] Vgl. ebd.

[307] Nieberle (2008), S. 39.

schichte auseinander. Während er sich in Mandelas früherer Gefängnis-
zelle aufhält und aus dem Fenster sieht, also die damalige Perspektive
Mandelas einnimmt, rezitiert Nelson Mandelas alias Morgan Freemans
Stimme im Off das Gedicht *Invictus* von William Ernest Henley, das
Mandela durch die Jahre der Gefangenschaft getragen haben soll. Es
kommt zu einer medialen Interferenz – das Gedicht legt sich über die
filmische Erzählung, und zwar in mehrfacher Hinsicht. Die Lebensleistung Mandelas wird medial transformiert und in Bild (der von Ehrfurcht
erfüllte junge Mannschaftskapitän) und Ton (das im Off zitierte, recht
pathetische Gedicht[308]) kondensiert. Am Ende des Films gewinnt die süd-
afrikanische Rugby-Mannschaft den Titel und Mandelas Hoffnung ist
erfüllt, die schwarze und die weiße Bevölkerung in der Begeisterung für
den Sport zu vereinen. Im Off ertönen noch einmal vier Verse des Ge-
dichts, die letzten beiden der ersten Strophe und die letzten beiden der
Schlussstrophe: *„I thank whatever gods may be, for my unconquerable
soul, I am the master of my fate, I am the captain of my soul."* (02:01:10)
Die Mannschaft hat sich als *unbezwingbar* erwiesen, so wie Nelson Mandela selbst. Zudem leiht sich der Film den Titel *Invictus* und zitiert so das
Gedicht und die Bedeutung, die es für Nelson Mandela gehabt haben soll.
Der Rezipient nimmt mit dem Kapitän Pienaar die Beobachterrolle ein
und erweitert sein Wissen um die Person Nelson Mandela, indem er eine
Ahnung von dessen Wirkungskraft erhält, angeregt (unter anderem auch,
weil emotionalisiert) durch die mediale Interferenz, die das Gedicht darstellt.

Knapp zusammenfassend halte ich fest: Biopics bedienen sich bei anderen Medien und bei deren Möglichkeiten, bei Stimme und Schrift, aber
auch bei der Oper, Fotografie und Malerei oder eben auch autoreflexiv
beim (Dokumentar-)Film beziehungsweise Kino.[309] Aus diesem Grund ist
die Filmbiografie ein hybrides Genre. Durch das selbstreflexive Moment
entsteht dokumentarisierende Wirkung, die Objektivität vermittelt und
so Authentizitätseffekte fördert.

4.3   *Kontingenz* als Variable und Konstante

Die Betrachtungen zur Fotografie haben gezeigt, dass Sinn etwas ist, das
sich während der Rezeption beziehungsweise im performativen Akt der

---

[308] Pathetisch dem Wortlaut und nicht dem Tonfall nach. Morgan Freeman rezitiert die
Verse mit einer der biografierten Person angemessen ruhigen, nahezu demütigen Stimme.

[309] Vgl. auch Nieberle (2008), S. 39f.

Beschreibung des Beschreibenden vollzieht.[310] Zudem war davon die Rede, dass neben dem Was auch das Wie Teil der Darstellung ist:

> Schon auf der Darstellungsebene besitzt jedes Bild doppelte Sichtbarkeit, denn es zeigt ein nursichtbares Was mittels eines gleichermaßen nursichtbaren Wie. Es gibt kein Bild, bei dem man nicht auch sehen kann, wie es zeigt, was es zeigt [...]. Doch wenn dies so ist, wenn also zwei grundsätzlich verschiedene Phänomene im Bild sichtbar sind, dann gibt es auch zwei grundsätzlich verschiedene semiotische Verwendungsweisen dieser Phänomene: Bilder dienen zwar nicht in gleicher Weise, aber doch gleichermaßen als Zeichen für Gegenstände wie auch als Zeichen für Sichtweisen [...].[311]

Eine Fotografie ist hochgradig kontingent,[312] und zwar sowohl den Bildinhalt betreffend, den es willkürlich perspektiviert und (unter Umständen) ohne Sinnzusammenhang isoliert, als auch die Sichtweise betreffend, die von Betrachter zu Betrachter unterschiedlich ist. Doch in diesem Punkt liegt das große Potenzial des Bildes als Erkenntnisinstrument:

> Das Bild eignet sich aufgrund der Sichtbarkeit seiner Sichtweise als Zeichen für die unsichtbaren Sichtweisen, mit denen der Mensch die gesehene Wirklichkeit strukturiert. Der Mensch ist sogar auf dieses Aufklärungsinstrument angewiesen: Denn Menschen sehen nicht, wie sie sehen. Die Sichtweisen, mit denen Menschen sehen, sind weder für den Sehenden selbst noch für den Außenstehenden sichtbar. Ohne außergewöhnliche Selbstreflexion ist eine Wahrnehmung so intentional auf einen Gegenstand ausgerichtet, daß sie als Phänomen selbst unthematisch bleibt.[313]

Die Faszination, die Biopics ausüben, liegt in ihrem Enthüllungsversprechen, in ihrem Blick hinter die Kulissen. Die Vorstellung, die man von einer historischen Persönlichkeit hat, wird einerseits bestätigt, um Wiedererkennung zu ermöglichen, andererseits auch erweitert, unter Umständen auch verfremdet. Hinzu kommt das Moment, dass diese Vorstellung von Medien gemacht und unvollständig ist (und bleiben muss). Was gezeigt wird, ist eine Ansicht, ein Teil des Ganzen (vgl. Kapitel 3.1), der stets auch anders dargestellt werden könnte, aus einem Blickwinkel, der stets anders ausfallen könnte. *Kontingenz* ist demnach ein charakteristisches Merkmal der Filmbiografie, sie ist in der filmbiografischen Gleichung Variable und Konstante in einem. Aus diesem Grund wird es immer eine neue Mozart-Biografie beziehungsweise ein neues Mozart-Biopic

---

[310] Vgl. Anm. 224.

[311] Lambert Wiesing: *Phänomene im Bild*. 2. Aufl. München 2007 (Bild und Text), S. 17f.

[312] Vgl. auch Roland Barthes: *Die helle Kammer*, übers. v. Dietrich Leube. 2. Aufl. Frankfurt a. M. 1985, S. 44.

[313] Wiesing (2007), S. 18.

geben. Eine Lebensgeschichte ist nie auserzählt. Jedes Biopic ist eine Möglichkeit, aber keine Notwendigkeit (wie auch jeder Dokumentarfilm und jede journalistische Bildberichterstattung). Insofern halte ich es für falsch, ein Biopic auf seine historische Faktentreue abzuklopfen und daran eine wie auch immer geartete Wertigkeit zu binden. Sinnvoller ist es, jedes Biopic einzeln hinsichtlich seiner Aussageabsicht zu untersuchen und zu überprüfen, wie diese in Darstellung und Inszenierung eingelöst wird. Kontingenz als wesentliches Merkmal filmbiografischer Darstellung trägt somit einen entscheidenden Anteil an der Konzeption meines rezipientenorientierten Authentizitätsbegriffs. Authentizität ist eine kontingente Konstruktion, oder anders herum gewendet: Authentizität ist etwas Gemachtes und insofern ist sie ihrem Wesen nach kontingent.[314]

Die bisher in diesem Kapitel gewonnenen Erkenntnisse werden im Folgenden unter enger Bezugnahme auf das Biopic weiter verdichtet, um den unmittelbaren Bezug zwischen Kontingenz und dem Filmgenre Biopic noch stärker herauszustellen.

4.4   Die biografierte Realität

Bei der Unterscheidung der verschiedenen Realitätsebenen im Dokumentarfilm nach Eva Hohenberger habe ich, in Anlehnung an die von Hattendorf ergänzte Kategorie der vermuteten Realität, eine weitere Ebene benannt, die der rekonstruierten Vergangenheit, und im Zusammenhang mit dem Biopic als *biografierte Realität* bezeichnet. Die *biografierte Realität* ist die Bezugsgröße, der sich jedes Biopic auf seine eigene Art anzunähern trachtet, ohne sie je tatsächlich erreichen zu können. Sie ist unzitierbar. Was zitiert wird, sind bestehende Vorstellungen, die ihrerseits fortgeschrieben werden. In diesem Kontext müssen die Erkenntnisse zur Signifikanz der Visualisierung einer historischen Persönlichkeit (vgl. Kapitel 3.4) um einen Aspekt erweitert werden, geht es im Biopic doch nicht nur um eine Visualisierung, sondern um eine *Verkörperung*. Neben dieser Tatsache erörtere ich im Folgenden die narrativen Strukturen, nach denen ein Biopic eine Lebensgeschichte erzählt, und die Aufgaben, die Nebenfiguren im Zuge dessen erfüllen. Die gewonnenen Erkenntnisse liefern wesentliche Ergänzungen zur Hybridität des Genres.

---

[314] Vgl. auch Lethen (1996), S. 227f.

4.4.1 Der verdoppelte Körper

Die Betrachtungen zum Dokumentarfilm haben die verschiedenen Ebenen der Inszenierung deutlich gemacht. Auf der Ebene der Dreharbeiten war von Mise-en-scène hinter der Kamera und Mise-en-scène des abgebildeten Gegenstandes die Rede. Eine weitere Ebene kommt hinzu, wenn ein Dokumentarfilm mit Schauspielern arbeitet, um etwa die Lebensweise untergegangener Kulturen nachzustellen (*Reenactment*).[315] Die Wirklichkeit wird nicht abgebildet oder aufgezeichnet, noch nicht einmal ein Ausschnitt davon. Sofern möglich, wird zumindest an Originalschauplätzen gedreht, vieles mithilfe von Computeranimation ergänzt.[316] Nicht anders gehen Historienfilme vor – nicht anders Filmbiografien, die nicht auf die Verkörperung der biografierten Persönlichkeit durch Schauspieler verzichten können. Henry M. Taylor spricht von einer „Verdopplung des biografischen Körpers", einerseits das Verhältnis von darstellendem und dargestelltem Körper betreffend, was zwar für jeden Spielfilm gilt, doch hinter dem Darsteller und dem Dargestellten steht immer auch der historische Körper.[317] Andererseits drückt der biografische Körper auch und zudem allegorisch einen kollektiven Aggregatszustand aus, insofern als sich mit diesem individuellen Leben kollektive Geschichte oder Erneuerungen verbinden.[318] Neben dem von Taylor genannten Beispiel Thomas Edison, der als „Lichtbringer" das Thema Modernisierung verkörpert (*Edison, the Man* von Clarence Brown, USA 1940),[319] könnte man erneut Nelson Mandela in *Invictus* aufrufen oder auch das Biopic *Gandhi* (Richard Attenborough, GB/IN 1982). Mandela und Gandhi stehen nicht nur für eine individuelle Lebensleistung, sondern auch für die Veränderungen und Umstürze innerhalb ihrer jeweiligen Kulturen.

Verdopplungen vollziehen sich im Biopic in mehrfacher Hinsicht. „Eine Verdopplung stellt auch das biographische Unterfangen als solches dar, zumal es sich in der Regel auf eine Lebensgeschichte bezieht, die immer schon eine mediatisierte ist."[320] Biographeme wiederholen sich, werden zu Anekdoten, vielleicht sogar zu Geschichtszeichen,[321] beziehen sich, wie oben beschrieben, auf andere Medien. Henry M. Taylor bemerkt

---

[315] Vgl. auch Hattendorf (1994), S. 219–236.

[316] Zum Thema Verdopplung im Dokumentarfilm vgl. auch Hattendorf (1994), S. 38.

[317] Vgl. Taylor (2002), S. 227.

[318] Ebd.

[319] Der deutsche Titel lautet: *Der große Edison*.

[320] Taylor (2002), S. 228.

[321] Vgl. Lethen (1996), S. 205. Lethen beschreibt an dieser Stelle, wie die Fotografie einer kontingenten Situation zu einem Geschichtszeichen werden und den Effekt des Authentischen auslösen kann.

zudem die starke Präsenz von Erzählern und Erzählinstanzen im Biopic: „Dies hängt mit der immer wieder zum Epischen neigenden Tendenz der Gattung zusammen. Erzähler haben eine stark markierte Funktion."[322] Meist gehören diese Erzählerfiguren zum Handlungspersonal der Geschichte und fungieren als diegetisches Publikum, das das außerfilmische Publikum spiegelt und verdoppelt.

> Intradiegetisches Publikum dient als delegierte Erzählinstanz unter anderem dazu, die Hauptfigur zu perspektivieren und dem außerfilmischen Publikum eine entsprechende Haltung ihr gegenüber nahezulegen.[323]

So etwa zu sehen in *Amadeus*, in dem der intradiegetische Erzähler Antonio Salieri wider Willen Mozarts Brillanz anerkennen muss, zudem auch noch eine fachliche Kompetenz aufweist, über die die meisten Rezipienten wohl nicht verfügen. Im Falle des Films *Hitchcock* ist die Hauptfigur die Erzählerfigur, zudem durch die Rahmenerzählung und die direkte Ansprache des Rezipienten extradiegetisch markiert. Dadurch wird ein autobiografisches Moment eingeschrieben, „welches die Biographie als anaphorischen oder Erinnerungstext auszeichnet."[324]

Auch ohne Erzähler zu sein, spielen Nebenfiguren im Biopic entscheidende Rollen. Ihre Charakterisierungen und Handlungsabsichten sind auf die Hauptfigur ausgerichtet, die sich darin spiegelt oder kontrastiv davon absetzt. Dabei kann die biografische Figur *zentriert* oder *dezentriert* auftreten. Meist steht die Hauptfigur im Erzählmittelpunkt, die Nebenfiguren sind mehr oder minder stark ausgeprägt und können an wichtigen Subplots beteiligt sein.[325] Ein Beispiel hierfür liefert der Film *Hitchcock*, die besagte starke Nebenfigur ist dessen Ehefrau Alma Reville. In *The King's Speech* (Tom Hooper, GB 2010) tritt neben der Ehefrau und späteren Queen Mum der Sprachtherapeut Lionel Logue als starke Nebenfigur zur Hauptfigur King George VI auf. Im Modus der Dezentrierung der biografischen Figur erzählt beispielsweise das Biopic *Amadeus*. Antonio Salieri ist nicht nur eine erzählende Nebenfigur, die dazu dient, die Hauptfigur zu perspektivieren und das außerfilmische Publikum zu verdoppeln. Er ist der Antagonist, der beschreibt, wie sich Mozarts Existenz auf sein eigenes Leben auswirkte. Seine Lebens(anti-)beichte steht im Mittelpunkt, und in deren Zuge wird die Hauptfigur Mozart charakterisiert. Weniger in *Amadeus*, aber in zahlreichen anderen Biopics verkörpert der Antagonist über seine Funktion als individueller Widersacher hinaus auch den gesellschaftlichen Widerstand, gegen den die

---

[322] Taylor (2002), S. 229.

[323] Ebd.

[324] Ebd.

[325] Vgl. ebd., S. 165.

biografierte Person ankämpfen muss, ist also eine Quasi-Figur „*im Sinne eines negativen Spiegels des kollektiven Körpers des Protagonisten.*"[326] Die Dezentrierung markiert, worum es in einem Biopic immer geht: Jemand erzählt einem anderen vom Leben einer dritten Person, wobei es, wie oben erörtert, zu einer jeweiligen Verdopplung der erzählenden, der rezipierenden und der dargestellten Instanz kommt. Vielleicht ist der dezentrierte Erzählmodus der ehrlichste beziehungsweise treffendste, da er deutlich macht, dass das tatsächliche Leben nicht erzählbar ist, dass es immer nur über Vermittlung zu rekonstruieren ist. Immer ist ein Medium (das sich, wie gesehen, auf andere Medien bezieht) dazwischengeschaltet. Zudem bedingt

> [...] Dezentrierung [...] auch (sympathische) Distanzierung, was den referenziellen Charakter der historischen Figur stärker und angemessener zum Ausdruck bringen kann, die jetzt oftmals nicht – wie im klassisch zentrierten Modus – aktiv, sondern erstaunlich passiv und von äußeren Faktoren determiniert wirkt.[327]

Ein stimmiges Beispiel hierfür ist der Film *My Week with Marilyn,* der die zentrierte Perspektive des Regieassistenten Colin Clark wiedergibt, aus dessen Erinnerungen ein Lebensabschnitt Marilyn Monroes rekonstruiert wird. Die Schauspielerin wirkt über weite Strecken des Films wie ein hilfloses Kind, das zwischen Rollen- und Publikumserwartung hin und her geschoben wird.

Ob zentriert oder dezentriert, wichtig für die Charakterisierung der Hauptfigur sind immer die Nebenfiguren. Sie sind die Beobachter auf Filmebene und stellen die Kontrastfolie zur besonderen Leistung der biografierten Person dar. In den meisten Biopics kommt es zu einer Bewährungsprobe, von George Custen *trial scene* genannt,[328] in der die biografierte Person ihr Können unter Beweis stellt. Ein Sänger steht auf einer Bühne, ein Politiker hält eine wichtige Rede, ein Dichter liest aus seinem Werk vor, ein Wissenschaftler erhält einen Preis etc. In manchen Fällen kommt es zu einer wortwörtlichen *trial scene*, in der die historische Persönlichkeit tatsächlich vor Gericht steht und sich verantworten oder die Geschworenen beziehungsweise das Publikum von ihrer Weltsicht überzeugen muss.[329] Immer ist ein Publikum anwesend, das die herausragende Leistung der Hauptfigur anerkennt und beglaubigt, in dem sich das außerfilmische Publikum spiegelt. Eine zentrale These meiner Arbeit lautet, dass dargestellte Devianz authentifizierend wirkt, da sie Glaubwürdigkeit stiftet. Für die Wahrnehmung der Devianz spielen die Nebenfiguren als

---

[326] Taylor (2002), S. 131 (Hervorhebung im Original). Vgl. auch Custen (1992), S. 206.

[327] Taylor (2002), S. 199.

[328] Vgl. Custen (1992), Kap. *Trials: Making Public What is Private*, S. 186–192.

[329] Vgl. Nieberle (2008), S. 53.

Vermittler eine entscheidende Rolle. In *The King's Speech* ist das Stottern des Königs im privaten Rahmen und in Gegenwart der nahestehenden Personen (Ehefrau und Sprachtherapeut) einerseits nicht annähernd so stark ausgeprägt und andererseits auch weit weniger problematisch als im öffentlichen Rahmen. Hochgradig peinlich berührt ist der Rezipient des Biopics angesichts wichtiger und desaströs scheiternder Reden vor großem Publikum, welches sich schließlich betreten abwendet. Das dargestellte Ringen des Königs um jedes einzelne Wort ist genauso glaubwürdig und die Blamage nachvollziehbar wie die Erleichterung und der Triumph am Ende des Films nach gelungener Radioansprache anlässlich des Kriegsbeginns. Nebenfiguren sind Teil des intradiegetischen Publikums, in dem sich der Rezipient des Biopics verdoppelt und spiegelt. Er erfährt die biografierte Person im privaten wie öffentlichen Rahmen, nimmt also sowohl die herausragende Leistung als auch die Devianz auf zweierlei Weise wahr (vgl. Kapitel 2.3.2). Peinlichkeit ist etwas, das von außen wahrgenommen werden muss und nicht aus sich heraus besteht. Formen der Devianz, Abweichungen von der Norm, existieren nur offensichtlich neben der (wie auch immer definierten) Normalität der anderen. Nur so funktioniert Fremdschämen. Als Beobachter auf Filmebene vermitteln Nebenfiguren, ob sie nun als Erzählerfiguren auftreten oder nicht, zwischen Rezipient und biografiertem Körper. Und sie besitzen eine zusätzliche wesentliche narrative Funktion, die oben bereits angeklungen ist und im nachfolgenden Kapitel erörtert wird: Häufig wird durch sie und durch die mit ihnen verbundenen Subplots die schwache Narration des Hauptplots aufgewertet.

4.4.2 Die Nebenfigur im Subplot

Wie Henry M. Taylor beobachtet, ist das Leben der meisten Menschen wenig dramatisch, als Spielfilme sind Biopics aber dem Dramatischen verpflichtet.[330] Handlungs- und Spannungsbogen sind vonnöten, doch die Erzählstrukturen tendieren zur Linearität und Eindimensionalität.[331] Taylor stellt ferner die Vermutung an, dass Biopics teilweise auf eine schwache Narration angewiesen sind, um für die Rezipienten als solche erkennbar zu sein.[332] Dabei fällt auf,

> [...] dass das Ziel des Protagonisten, das im normalen Spielfilm eine so wichtige Rolle spielt, in der Biographie bisweilen ein Problem darstellt, manchmal ganz fehlt und daher Schwierigkeiten der

---

[330] Vgl. Taylor (2002), S. 114.

[331] Vgl. ebd., S. 98.

[332] Vgl. ebd., S. 118.

Motivation und der Kausalität mit sich bringen kann. In klassischen Biographien, deren Protagonisten selbstbestimmter porträtiert werden, ist dies allerdings seltener der Fall als in modernen, in denen die Hauptfigur recht passiv ausfallen kann. Im Zusammenhang damit ist auch die Neigung der Gattung zu einer äußerlichen, stark versprachlichten Narration zu begreifen. Insofern gilt für das Biopic in einem ganz wörtlichen Sinne, dass der (Lebens-)Weg das Ziel ist.[333]

Da das *Was* einer Handlung als bekannt vorauszusetzen ist, liegt die Konzentration auf dem *Wie*. Viele Biopics stellen beispielsweise dem narrativ schwachen Karriereplot einen narrativ starken romantischen Plot zur Seite, wodurch wiederum erzählerische Hybridität entsteht.[334] Oft wird hierbei die Unvereinbarkeit von Karriere und Liebe verhandelt, ein Narrativ, das, wie auch das Narrativ von Genie und Wahnsinn, in unterschiedlicher Ausgestaltung angewendet wird.[335] So ist etwa in *J. Edgar* der FBI-Gründer Hoover lebenslang gezwungen, die homosexuelle Beziehung zu Clyde Tolson geheim zu halten. Neben diesem (konfliktbeladenen) romantischen Subplot stützt der (nicht minder konfliktbeladene) Subplot um das Narrativ der dominanten Mutter den eigentlichen Karriereplot (vgl. Kapitel 2.3.2). Noch schwächer fällt im Biopic *The Social Network* (David Fincher, USA 2010) der Karriereplot aus. Der Film widmet sich dem rasanten Aufstieg des sozialen Netzwerks Facebook und seines Erfinders Mark Zuckerberg, und stellt damit übrigens eine der wenigen Filmbiografien dar, die noch zu Lebzeiten der biografierten Person entstanden sind, zudem noch bevor diese das dreißigste Lebensjahr erreicht hat. Doch das Phänomen Facebook alleine trägt nicht, die Handlung wird durch Subplots und darin entwickelte Konflikte aufgewertet. Das etwas schlichte Fazit am Ende des Filmes besagt, dass Mark Zuckerberg sich zwar als jüngster Millionär aller Zeiten betrachten darf, er unterdessen aber seinen besten Freund verloren hat und seine Ex-Freundin die Freundschaftsanfragen ignoriert, die er ihr ebenso unermüdlich wie erfolglos schickt.

Über die Entstehungsgeschichte des Films *Psycho* schiebt sich in *Hitchcock* die „kreuzbrave Ehegeschichte, sie hebt mit leichter Entfremdung an, steigert sich zum Beinahe-Ehebruch, um in ein neues Glück zu münden."[336] Zwar bemüht sich der Film um eine Psychologisierung der Hauptfigur, doch bleiben Schattenseiten und Abgründe nur angedeutet. Die Charakterisierung Hitchcocks als *master of suspense* geht nahezu

---

[333] Taylor (2002), S. 118f.

[334] Vgl. ebd., S. 121.

[335] Vgl. Nieberle (2008), S. 113.

[336] Schmidt (2013), DIE ZEIT.

vollständig unter beziehungsweise wird herunterreduziert auf die Ehege-schichte. Gegen Ende des Films macht Hitchcock seiner Frau das Kom-pliment, dass er niemals eine „Hitchcock-Blondine" finden würde, die so schön sei wie sie, woraufhin Alma entgegnet, sie hätte dreißig Jahre darauf gewartet, dass er das sage. „Und das, Liebste, ist der Grund, warum sie mich den Meister des Suspense nennen." (Ab 01:25:25 bis 01:25:47) *Hitchcock* ist primär ein Film über eine Ehe, über die Bedeutung Alma Revilles für Alfred Hitchcocks Schaffen, und nur sekundär ein Film über die Entstehung von *Psycho*. Das Biopic ist also ein typisches Beispiel dafür, dass der Subplot, allzu oft ein Liebesplot, häufig stärker ausfällt als der Karriereplot. In vielen Biopics ist demnach *„eine Inversion von Haupt- und Subplots hinsichtlich ihrer geschichtlichen Bedeutung fest-stellbar".*[337]

Auch beim Film *Nixon* (Oliver Stone, USA 1995) ist das Hauptziel bekannt: die Watergate-Affäre bedeutet Präsident Nixons Sturz. Doch *wie* es dazu kommen konnte und wie dieser sich dann vollzieht, ist Gegenstand des Interesses.

> Da das Hauptziel der Handlung für die Spannungserzeugung weni-ger relevant ist als Hilfsziele, ist auch verständlich, weshalb die Gattung stark zu Episoden- und Nummernhaftigkeit neigt, und in diesem Zusammenhang auch zu Performance.[338]

An die Stelle einer starken Narration tritt eine Steigerung der Schauwer-te.[339]

4.5   Kapitelfazit

Von einem vergangenen Leben zu erzählen, ist ein Akt der Rekonstruk-tion, der sich immer wieder aufs Neue und unter Einsatz neuer und ande-rer Mittel, unter neuen und anderen Vorzeichen ereignet. Die Darstellung von Wirklichkeit, ob nun einer vergangenen oder gegenwärtigen, ist der *Kontingenz* unterworfen, da Wirklichkeit nicht abgebildet, sondern nur perspektiviert werden kann (Abb. 7). Der Effekt von Authentizität ist dabei ein gleichermaßen kontingentes Phänomen. Kontingenz entsteht in der Filmbiografie auch durch die Hybridität des Genres. Zum einen sind Biopics hybrid, da sie sich, wie schon mehrfach mit dem Ausdruck *media-le Interferenzen* gesehen, bei anderen Medien bedienen (Fotografie, Do-kumentarfilm, Lyrik etc.). Zum anderen, indem sie, wie in Kapitel 1.3.1 auseinandersetzt, andere Genres als Hilfsgenres benutzen. Hybridität

---

[337]   Taylor (2002), S. 159 (Hervorhebung im Original).

[338]   Ebd.

[339]   Vgl. ebd.

resultiert aber auch aus dem genrespezifischen Merkmal der Verdopplung. Zur Realitätsebene des Films, also die Apparateebene mit all ihren technischen Möglichkeiten, zu der hier auch Maske, Kostüm und Requisite gezählt wurden, lässt sich auch der Schauspieler hinzufügen, der die historische Persönlichkeit verkörpert, also verdoppelt. Gleichermaßen verdoppelt wird das Publikum der nachfilmischen Realität, und zwar in Form des intradiegetischen Publikums, zu dem die Nebenfiguren gehören. Nebenfiguren leiten den Rezipienten bei der Wahrnehmung an, wenn es einerseits um die herausragende Rolle der Hauptfigur geht, andererseits aber auch die deviante Seite betreffend. Zudem motivieren sie Subplots, die den Hauptplot stützen, was wiederum die Hybridität des Genres mit bedingt.

[handschriftliche Notiz am Rand: Z Sind die o wirklich intradieg. Publ. ?]

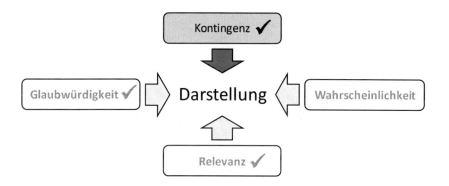

Abb. 7: Faktor Kontingenz

Ein weiterer Kreis schließt sich zur aktiven Rolle des Rezipienten, indem davon die Rede war, dass Realität der Interpretation bedarf. Für die Realisierung von Authentizität im Dokumentarfilm ist der Zuschauer entscheidend, authentische Wirkung kommt über den Wahrnehmungsvertrag zustande. Gleiches gilt für das Biopic. Ob dabei das Was oder das Wie der Darstellung im Fokus der Wahrnehmung steht, wurde mit Nora Hannah Kessler als eine Frage der Rezeptionsweise und nicht als „Aggregatszustand" des Mediums charakterisiert. Das Medium bietet eine Leseweise nur an. Auffallend hierbei ist, dass gerade die Filmbiografie sich selbstreflexiv als Medien zitierendes Genre kennzeichnet. Dadurch und durch den Einsatz anderer Kunstgriffe, wie die Einspielung von Originalton beziehungsweise Musik, durch mehr oder minder auktoriale Erzählerfiguren (Kommentar), durch Rahmenerzählung, die eine Herausgeberfiktion suggeriert, entstehen dokumentarische Effekte. Noch zu ergänzen ist die Einblendung von Orts- und Zeitangaben, die durch ihre Überprüfbarkeit den Eindruck von Objektivität zusätzlich erhöhen (Stichwort *Authentizitätssignale*, vgl. Kapitel 2.2).[340]

sic. |

Mit diesem Kapitel ist ein Zirkelschluss zu den vorangegangenen Kapiteln möglich, in denen es um die *Relevanz* des Dargestellten und um dessen *Glaubwürdigkeit* ging. Der zu entwickelnde rezipientenorientierte Authentizitätsbegriff erscheint nun bereits konkreter und wird im Folgenden um den vierten und letzten Baustein, die *Wahrscheinlichkeit*, ergänzt. Möglich wird dies durch die notwendige Auseinandersetzung mit der Frage nach der Fiktionalität des Dargestellten, die sich jede (Film-)Biografie (ebenso wie der Dokumentarfilm) gefallen lassen muss.

---

[340] Christian von Zimmermann spricht von einem „Faktualitätseffekt", der durch die Angabe von Namen, Ort und Zeit entsteht, in Anlehnung an den von Roland Barthes eingeführten Begriff „Realitätseffekt" („effet de réel"), vgl. von Zimmermann (2006), S. 38.

5   Authentizität und Fiktion: Eine Frage der Leseweise

Die Filmbiografie ist ein fiktionales Genre. Der Gegenstand ist nicht frei erfunden (also *fiktiv*), aber *fingiert*, ihm liegt ein „Als ob" zugrunde. Um Authentizität damit in Einklang zu bringen, beschreibe ich im folgenden Kapitel, wie die Forschung zu verwandten Genres mit Fiktionalisierung umgeht, um zu beweisen, dass eine Vereinbarkeit durchaus gegeben ist.

5.1   Fakt vs. Fiktion: Dokumentarfilm, Geschichtsschreibung, Biografik

Eva Hohenberger charakterisiert den Dokumentarfilm ausdrücklich nicht als das Wiedergeben beziehungsweise Festhalten der nichtfilmischen Realität, sondern als eine Rede *über* diese Realität.[341] Verknüpft mit den Erkenntnissen aus dem Kapitel zur Fotografie lässt sich fortführen, dass der gefilmte Ausschnitt entsprechend einer Aussageabsicht ausgewählt, sequenziert und montiert, also in eine narrative Ordnung überführt wird. Im Gegensatz zur Wirklichkeit[342] hat der Dokumentarfilm einen Adressaten, und für diesen Adressaten wird etwas über die Wirklichkeit *erzählt*.

> Die Erzählung bringt […] die Fiktion ins Spiel, aber unabhängig davon, ob das ihr zugrundeliegende Geschehen real oder fiktiv ist. Das Geschehen, das erzählt wird, ist in der Erzählung immer eine Setzung, d.h. es ist zwar in der Erzählung impliziert, aber bereits transformiert, zu einem Erzählgeschehen geworden. So ist allein aus der Erzählung die Faktualität oder Fiktivität des Geschehens nicht mehr ableitbar. Die Erzählung ist gegenüber dem Geschehen die grundlegendere und dominante Kategorie, weil sie mit der Produktion eines Sinns für das erzählte Geschehen zu tun hat. Daher kann schon die Wahrnehmung eines Ereignisses von narrativen Formen berührt sein, und zwar umso stärker dann, wenn es bereits in erzählender Intention wahrgenommen wird.[343]

Hohenberger verweist an diesem Punkt auf Hans Robert Jauß, der in Anschluss an Droysen die drei Illusionen historischen Erzählens thematisiert: „die Vollständigkeit im Verlauf, die Geschlossenheit von Anfang

---

[341] Vgl. Hohenberger (1988), S. 71.

[342] Wie mit Eva Hohenberger gezeigt, ist die Redeweise von der „Wirklichkeit", die beschrieben wird, zu ungenau, doch für eine einfachere Handhabung bleibe ich im weiteren Fortgang der Argumentation bei diesem Begriff. Gemeint ist hierbei stets die von Hohenberger definierte *nichtfilmische* Realität.

[343] Hohenberger (1988), S. 80.

und Ende und die Repräsentation eines Bildes der Vergangenheit."[344] Während Droysen von „Illusionen" spricht, verwendet Jauß den Begriff „Fiktionen".[345] Jauß setzt sich in seiner Arbeit mit eben dieser Frage nach der Fiktionalisierung von Geschichtsschreibung auseinander und erkennt:

> *Ästhetisierung*, oder sagen wir von nun an unmißverständlicher: *Fiktionalisierung* ist in geschichtlicher Erfahrung immer schon am Werk, weil das ereignishafte *Was* eines historischen Geschehens immer schon durch das perspektivische *Wann* seiner Wahrnehmung oder Rekonstruktion, aber auch durch das *Wie* seiner Darstellung und Deutung bedingt ist, in seiner Bedeutung also ständig weiterbestimmt wird.[346]

Geschichte wird immer wieder aufs Neue und unter neuen Vorzeichen erzählt, je nach den Fragen, „die der Forscher an die ihm vorliegenden Phänomene stellt."[347] Bedeutung wird dabei durch Perspektivierung erschlossen.[348]

> *Wie* eine bestimmte historische Situation anzuordnen ist, hängt von der Geschicklichkeit des Historikers ab, mit der er eine bestimmte Plotstruktur und eine bestimmte Menge von historischen Ereignissen, der er eine bestimmte Bedeutung verleihen will, einander anpaßt. Das ist im wesentlichen ein literarisches, d. h. fiktionsbildendes Verfahren.[349]

In der Geschichtsschreibung geht es schließlich nicht nur um bloße Archivierung von Wissen, Funktionen des Fiktiven müssen zwangsläufig ins Spiel kommen, um Erfahrungen der Vergangenheit für die Gegenwart zu erschließen und mittelbar zu machen.[350] Jauß macht dabei auf eine weitere Funktion des Fiktiven beim Erzählen aufmerksam:

> [D]ie situationshafte Realität eines katastrophenhaften Ereignisses kann auch durch die vollständige Rekonstruktion des Faktischen nicht in demselben Maße wieder erschlossen werden wie durch sei-

---

[344] Hans Robert Jauß: *Der Gebrauch der Fiktion in der Anschauung und Darstellung von Geschichte.* In: ders.: *Ästhetische Erfahrung und literarische Hermeneutik.* Frankfurt a. M. 1982, S. 324–359, S. 329.

[345] Vgl. ebd.

[346] Ebd., S. 325f (Hervorhebungen im Original).

[347] Hayden White: *Auch Klio dichtet oder die Fiktion des Faktischen. Studien zur Tropologie des historischen Diskurses,* übers. v. Brigitte Brinkmann-Siepmann u. Thomas Siepmann. Stuttgart 1986 (Sprache und Geschichte, 10), S. 54.

[348] Vgl. Jauß (1982), S. 357.

[349] White (1986), S. 106 (Hervorhebung im Original).

[350] Vgl. Jauß (1982), S. 326.

ne Umsetzung in ein fingiertes und erzählbares Schicksal der betroffenen geschichtlichen Subjekte.[351]

Ein Film wie *Titanic* (James Cameron, USA 1997) ist kein Biopic, auch wenn historische Persönlichkeiten durch Schauspieler verkörpert werden und deren Lebensende mit dem Untergang des Schiffes nachgestellt wird. Dennoch kann der Film als veranschaulichendes Beispiel dienen, indem daran gezeigt wird, wie das geschichtliche Ereignis der Schiffskatastrophe für den Rezipienten erfahrbar und nachvollziehbar wird durch das individuelle Schicksal des fiktiven Liebespaares Jack und Rose. Aus der historisch belegten sehr hohen, aber dennoch immer nur abstrakt bleibenden Anzahl an Todesopfern des Untergangs wird durch die Sympathie, die der Rezipient dem Pärchen entgegenbringt, persönliche Betroffenheit. Man wünscht sich deren Überleben und erfährt mit ihnen das Ausmaß der Katastrophe, wie es durch das pure Aufzählen von Fakten und Daten nicht möglich ist.

Auch Hayden White hat in seinen Arbeiten Fiktionalisierung als notwendige Methode der Geschichtsschreibung beschrieben. Im Zentrum seines Interesses steht die Frage, „inwieweit der Diskurs des Historikers und der des Autors fiktionaler Literatur sich überschneiden, Ähnlichkeiten aufweisen oder einander entsprechen."[352] White kritisiert die Annahme von Historikern, sie würden Wirklichkeit *finden*, denn letztendlich ist auch diese nur eine Konstruktion.[353] Erst durch ihre Beschreibung werden Ereignisse in Fakten verwandelt, sie entstehen durch die Begründung von Informationen.[354] Dabei ist der Historiker genauso wie der Dichter auf Sprache angewiesen:

> Tropische Rede ist der Schatten, vor dem jeder realistische Diskurs zu fliehen sucht. Diese Flucht ist jedoch vergeblich; denn die Tropen stellen den Prozeß dar, durch den jeder Diskurs die Gegenstände *konstituiert*, die er lediglich realistisch zu beschreiben und objektiv zu analysieren behauptet.[355]

Hayden White geht grundsätzlich von einer Weltaneignung durch Sprache aus[356] und reiht sich somit in die Denktradition des *linguistic turn* ein. Für ihn ist Historiografie ein Teil der Rhetorik. Whites Thesen haben in Fachkreisen eine kontrovers diskutierte Debatte ausgelöst. Im Zentrum

---

[351] Jauß (1982), S. 357.

[352] White (1986), S. 145.

[353] Vgl. Hayden White: *Historiography and Historiophoty*. In: *American Historical Review*, 93/5, 1988, S. 1193–1199, S. 1195f.

[354] Vgl. ebd., S. 1196.

[355] White (1986), S. 8 (Hervorhebung im Original).

[356] Vgl. ebd., S. 150.

der Kritik steht unter anderem die Behauptung, Beschreibung und das Erstellen eines Handlungsablaufs seien mit Fiktionalisierung gleichzusetzen.[357]

Insofern die Biografik als Teilbereich der Geschichtsschreibung zu betrachten ist, sind die erörterten Punkte zur Fiktionalisierung auch hier anwendbar. Für Christian von Zimmermann ist Geschichte das Erzählen einer Annahme, denn Geschichte kann nicht zur Faktizität einer historischen Lebenswirklichkeit zurückkehren.[358]

> Zunächst kann festgestellt werden, daß biographische Texte einen bestimmten Bezug zu Fakten aufweisen, an denen sie gemessen werden. Das heißt zunächst nur, daß in den Texten durch rhetorische Verfahren oder Konventionen der Lektüre der Eindruck der Faktizität bestimmter Elemente oder der gesamten Darstellung hergestellt wird. Die Faktizität einer historischen Wirklichkeit erweist sich als eine Fiktion, da sie sich nicht auf ein Existentes berufen kann – dessen nichtfiktionale Wahrnehmung auch fraglich ist –, sondern nur als vorgestellte Faktizität überhaupt denkbar ist. Eine solche Imagination eines Faktischen wäre aber jedenfalls als Fiktion zu bezeichnen.[359]

Ein Biograf erzählt immer die eigene Sicht der Dinge, oder besser mit Hans Robert Jauß gesagt (und wie im Kapitel zur Fotografie festgestellt), aus der eingenommenen Perspektive. Er erzählt unter bestimmten (idealistischen, ökonomischen etc.) Vorzeichen, zudem natürlich auch im Rahmen von Genrekonventionen und schafft damit etwas Neues.[360] So ist auch nach Pierre Bourdieu eine Biografie nichts als eine Illusion. Das Leben als eine ganzheitliche Geschichte anzunehmen bedeutet die Unterstellung, dieses wäre „ein unzerlegbares Ensemble von Ereignissen einer individuellen Existenz", die in ihrer chronologischen Ordnung (also auch logischen Ordnung) wiedergegeben werden könnte.[361] Der Erzähler einer Lebensgeschichte ist der Sinngebung verpflichtet, dazu muss er Kohärenz herstellen, indem er bedeutsame Ereignisse auswählt und durch Zusammenhänge verknüpft.[362] Er schafft damit willkürlich Einheiten, die seiner eingenommenen Perspektive und der gewünschten Aussageabsicht entsprechen. Und er schafft Kohärenz, die nur in der Retrospektive und

---

[357] Vgl. z. B. Klaus Weimar: *Der Text, den (Literatur-)Historiker schreiben.* In: Hartmut Eggert (Hg.): *Geschichte als Literatur. Formen und Grenzen der Repräsentation von Vergangenheit.* Stuttgart 1990, S. 29–39.

[358] Vgl. von Zimmermann (2006), S. 40.

[359] Ebd., S. 41.

[360] Vgl. auch Klein (2002), S. 14 und von Zimmermann (2006), S. 45.

[361] Vgl. Bourdieu (1991), S. 109f.

[362] Vgl. ebd., S. 110. Vgl. auch White (1986), S. 121 und S. 146.

durch einen bestimmten (und veränderlichen, also kontingenten) Blickwinkel zu erzielen ist.

Epistemologisch ist nach von Zimmermann eine Fiktionalisierung unvermeidbar,

> im Sinn einer Imaginationsfähigkeit ist sie wohl am ehesten als eine Kulturtechnik, als ein Instrument der Speicherung, Vermittlung, Aneignung kultureller Wissensbestände zu verstehen, welches seine Wirksamkeit aus der Illusion erhält, Instrument der Welterkenntnis zu sein.[363]

Es ist eben nicht die Stoffvorgabe, die die Biografie zur nichtfiktionalen Literatur macht, wie von Zimmermann einwendet und vielmehr erkennt,

> [...] daß [erstens] Biographen von Plutarch bis Stefan Zweig durchaus vielfach nicht die ‚Wiederauferstehung‘ des Historischen, sondern eine bewußte Konstruktion im Dienst von Gegenwartsanliegen mit der Biographie verbanden und daß diese Konstruktionen auch nicht an der ‚Stoffgrenze‘ halt machen. Zweitens aber wäre zu betonen, daß es sich zwar in der Regel um einen nicht frei erfundenen (fiktiven) Gegenstand handeln mag, aber daß es sich auch im Fall des Versuchs der Rekonstruktion nur um die Illusion, Imagination einer Wiederauferstehung handeln kann.[364]

Kurz gesagt ist laut von Zimmermann eine Biografie eine funktionale Fiktion angenommener Wirklichkeit,[365] bei der historische ‚Fakten‘ zu biografischen Fiktionen zusammengefügt werden,

> und an die Stelle der Realitätswiedergabe tritt die Imagination einer möglichen, ‚wahrscheinlichen‘[366] historischen Wirklichkeit, welche den Unterschied zwischen einer historiographischen Biographie und einer Romanbiographie verwischt.[367]

Die Grenzen zwischen Fakten und Fiktionen sind somit fließend und nicht eindeutig festzulegen. Letztlich sind „[h]ermeneutische Verstehensakte [...] Akte der Fiktionsbildung, in denen Momente der Detailerkenntnis (Illusion der Erkenntnis?) zu Visionen der Totalität imaginativ verbunden werden.“[368] In der Biografik war Fiktionalisierung also immer schon unvermeidbar, und nicht erst, seit die Filmbiografie mithilfe von Schauspielern nachstellt und inszeniert.

Fiktion ist hier schon durch Narration gegeben

---

363 Von Zimmermann (2006), S. 44.

364 Ebd., S. 40.

365 Vgl. ebd., S. 40 und S. 10.

366 Von Zimmermann verweist hier auf Jauß, nach der in meiner Arbeit zitierten Ausgabe (1982), S. 327.

367 Von Zimmermann (2006), S. 43.

368 Ebd., S. 42.

Die Argumentation dieses Kapitels bis zu diesem Punkt verdeutlicht, dass Narration notwendig ist, um (Lebens-)Geschichte erfahrbar zu machen. Momente der Fiktionalisierung sind dabei unumgänglich. Ziel dieser Erörterung ist, die in der Einleitung beschriebene Kluft zwischen Authentizität und Biopic als fiktionales Filmgenre zunehmend zu überbrücken. Zur weiteren Untermauerung ziehe ich die Erkenntnisse Albrecht Koschorkes heran, der noch einen Schritt weitergeht, indem er das Erzählen als kulturelle Praxis beschreibt. Thematisiert und konkretisiert wird hierbei auch der Begriff des Narrativs, der im Laufe der Arbeit wiederholt zur Sprache kam, und der bei einer Auseinandersetzung mit Authentizität weiter zu problematisieren ist, denn Narrative wirken wie Anekdoten fiktionalisierend.

5.2   Von der Narration zum Narrativ

Nach Albrecht Koschorke sind Erzählungen ontologisch indifferent und in ihrer kommunikativen Funktion offen, was sie einerseits zu einem porösen Gebilde macht, worin aber andererseits auch ihr großes Potenzial liegt.[369] Das Erzählen gehört nicht nur in das „Reservat der schönen Künste",[370] sondern sollte als generalisierendes Kulturphänomen betrachtet werden, das in alle Lebensbereiche einwirkt und einen sozialen Begegnungsort darstellt.[371] In eine ähnliche Richtung geht Sigrid Nieberle, die die Erkenntnisse Raphael Samuels weiterdenkt, um die literarhistorische Filmbiografie für die Literaturgeschichte fruchtbar zu machen:

> Somit rückt an die Stelle einer esoterischen Form des offiziellen Wissens die soziale Form des inoffiziellen Wissens, die Geschichte nicht als eine (historische) ‚Erfindung' der Geschichtsschreiber begreift, sondern als kollektive Praxis von Gesellschaften, die Wissen von einem (Lern-)Kontext in den anderen transportieren.[372]

Hierzu ist Fiktionalisierung notwendig und Fiktionalisierung ist nach Koschorke kein Phänomen der Dichtung, sondern sie ist allgegenwärtig. Das Erzählen überführt komplexe Gegebenheiten in eine sequenzielle Ordnung, unter anderem durch die Bildung von Narrativen:

> In der Gestalt von Narrativen kann sich ursprünglich frei Erfundenes im kollektiven Bewusstsein sedimentieren und zu einer harten sozialen Tatsache werden; narrative Elemente sickern in den

---

[369] Albrecht Koschorke: *Wahrheit und Erfindung. Grundzüge einer Allgemeinen Erzähltheorie.* Frankfurt a. M. 2012, S. 16 und S. 21.

[370] Ebd., S. 18.

[371] Ebd., S. 20.

[372] Nieberle (2008), S. 74f.

Sprachschatz von Gesellschaften ein; dort verfestigen sie sich im Laufe der Zeit zu lexikalischen Wendungen, zu Sprech- und Denkweisen, zu Begriffen und sogar Dingwörtern. Man könnte sagen, sie ,vereigentlichen' sich [...].[373]

In diesem Sinne *interveniert* das Bezeichnen in die Welt,

> die es scheinbar nur widerspiegelt, und lässt sie in einem kreativen Aneignungsprozess in gewisser Weise überhaupt erst entstehen. So bildet nicht nur das Zeichen den zu bezeichnenden Weltsachverhalt nach, sondern auch umgekehrt gestaltet sich das Bezeichnete entsprechend der ordnenden Kraft der verwendeten Zeichen.[374]

Ein Bild oder ein Film bildet die Wirklichkeit nicht ab, sondern gestaltet diese aktiv mit. Auch Paul Ricœur betonte schon den engen Zusammenhang zwischen Leben und Fiktion, spricht sogar von „pre-narrative quality of human experience".[375] Das Leben ist nach Ricœur ein biologisches Phänomen, bis man es interpretiert und für diese Interpretation spielt Fiktion eine mediatisierende Rolle.[376]

Das Erzählen arbeitet mit Reduktionen und Schemata, „[u]m jeden ausgesprochenen Satz bildet sich ein Hof von Ahnungen aus, die in die unterschiedlichsten Körper-, Sinnes- und Gedächtnisregionen hinausdeuten."[377] Dazu muss ein erfolgreicher Plot aber dem Vorstellungsbereich des Adressaten entsprechen:

> Läuft eine Geschichte jedoch solchen Vertrautheitserwartungen entgegen, wird sie im Rezeptionsprozess entsprechend umgeschrieben und eingespielten Erzählmustern angepasst. Erzählmuster funktionieren also auf sprachlicher Ebene ähnlich wie kognitive Schemata, die es erlauben, die Fülle unsortierter empirischer Daten auf typenhafte, leicht wiedererkennbare Formen zurückzuführen, Unbekanntes an Bekanntes zu assimilieren, Abweichungen zu tilgen und überschüssige Details auszublenden.[378]

Auf den Rezeptionsprozess wird im Kapitel 6 noch näher eingegangen, in der Zwischenzeit sollen zwei relevante Zuspitzungen Koschorkes betont

---

[373] Koschorke (2012), S. 24. Zum Begriff des Narrativs vgl. auch Wolfgang Müller-Funk: *Die Kultur und ihre Narrative. Eine Einführung.* 2. Aufl. Wien u. a. 2008.

[374] Koschorke (2012), S. 22.

[375] Vgl. Paul Ricœur: *Life in Quest of Narrative.* In: David Wood (Hg.): *On Paul Ricœur. Narrative and Interpretation.* London 1991 (Warwick studies on philosophy and literature), S. 20–33, S. 29.

[376] Vgl. ebd., S. 27f.

[377] Koschorke (2012), S. 28. Zum Schema-Begriff vgl. Siegfried J. Schmidt: *Kognitive Autonomie und soziale Orientierung. Konstruktivistische Bemerkungen zum Zusammenhang von Kognition, Kommunikation, Medien und Kultur.* Frankfurt a. M. 1994b, *Kapitel IV Symbolische Ordnungen: Das Beispiel Mediengattungen*, S. 164–201.

[378] Koschorke (2012), S. 29f.

werden: 1. Wirkung und Verständnis gehen über den eigentlichen Medieninhalt hinaus, 2. Medieninhalte werden entsprechend individueller Erwartungshaltungen kreativ wahrgenommen, und umgekehrt werden Beobachtungen in der Wirklichkeit entsprechend bekannter und eingeübter Narrative wahrgenommen. Diese Beobachtung schließt nahtlos an Eva Hohenbergers oben zitierte Erkenntnis, die Wahrnehmung eines Ereignisses könne von narrativen Formen berührt sein, gerade dann, wenn dieses in erzählender Intention wahrgenommen werde.[379]

Auch bei der Wahrnehmung des Jetzt und Hier ist eine Vermischung des Faktischen mit dem Fiktiven festzustellen.[380] Zukunftsvorstellungen sind nach Koschorke genauso Fiktionen wie Vergangenheitskonstruktionen. Dabei sei sehr wohl zwischen literarischen und Sozialfiktionen zu unterscheiden. Sozialfiktionen sind konstruierte soziale Einheiten und Akteure, über die Gesellschaften versuchen, sich eine Form zu geben, sie sind also kollektive Verabredungen.[381]

> Ohne solche fiktiven Operationsgrößen in Recht, Politik oder Wirtschaft könnten Menschen sich nicht vergemeinschaften; keine Gesellschaft könnte im Medium des positiv Gegebenen allein existieren. Wo Menschen leben, gehen Vorfindliches und Erfundenes die vielfältigsten Verbindungen ein, und es sind gerade diese erfundenen zwischenmenschlichen Wesenheiten, die soziale Komplexität möglich machen.[382]

Fiktionen sind somit nicht nur ein Instrument zur Wirklichkeitsaneignung, Fiktionalisierung ist sogar Teil der Wirklichkeit. Koschorke kommt bei der Entwicklung seiner allgemeinen Erzähltheorie zu dem Ergebnis, dass auf kultureller Ebene nicht zu unterscheiden ist, was Wahrheit und was Erfindung ist: „Aufs Ganze gesehen, bleiben Kulturen sich selbst opak. Sie träumen und dichten sich eher, als dass sie sich denken."[383] Letztlich ist die Unterscheidung zwischen Wissenschaft und Dichtung eine Frage der Referenz: Koschorke stellt die diametrale Gegenüberstellung von Fakt und Fiktion infrage, indem er darauf verweist, dass zwischen beiden ein komplexes Gefüge von Übergängen, Allianzen und

---

[379] Vgl. Anm. 343.

[380] Vgl. Koschorke (2012), S. 225.

[381] Vgl. ebd., S. 229.

[382] Ebd., S. 230.

[383] Ebd., S. 398. Wolfgang Müller-Funk, auf den sich Sigrid Nieberle und Albrecht Koschorke bei ihren Beobachtungen zu Narrativen beziehen, betrachtet Kulturen gar als Ensembles von Narrativen, „sie sind dies aber nur insofern, als diese Narrative durch Formen der Medialisierung präsent sind und damit als Repräsentationen zur Verfügung stehen. Erzählungen bedürfen also der Inszenierung und der dazugehörigen Orte, der semiotischen Konfiguration, bestimmter Rhetoriken des Erzählens, bestimmter Techniken ihrer Speicherung und Abrufbarkeit." Vgl. Müller-Funk (2008), S. 171.

wechselseitigen Ausschlüssen besteht.[384] Die Unterscheidung ist eine Frage der Fokussierung, also ob die Sachdimension im Zentrum steht oder nicht. Je nachdem ist bei Dichtung oder Wissenschaft die Referenzbindung abgeschwächt oder wird starkgemacht.[385] Sven Hanuschek macht Referentialität zum Thema seiner Beobachtungen hinsichtlich der Biografie und beschreibt, dass weder die Notwendigkeit von Fiktion noch die Bewusstmachung der sprachlichen Verfasstheit historischer Vorgänge einen Verzicht auf Referentialität implizieren: „ein vorausgegangenes Wirkliches, auch Vorsprachliches wird stets noch statuiert, es führt aber kein nichtsprachlicher Weg mehr dorthin."[386] Und so kann auch für das Biopic beobachtet werden:

> Die Filmbiographie ist ein fiktionales Genre, das auf Fakten referiert und nicht ohne die narrativen und ästhetischen Mittel des ‚Authentischen' auskommen will. [...] Es wäre ein leichtes, das Filmkorpus auf seine Verfälschungen und Irrtümer hin zu untersuchen. Aber die literarische Filmbiographie bezieht sich ja gerade nicht auf die faktisch orientierte Historie, sondern auf Legenden, Anekdoten, literarische Auto-/Biographien, Dramen, Briefe, zeitgenössische und postume Quellentexte: mithin also auf Narrationen, die sie in neue Narrationen transformiert.[387]

Dasselbe gilt für nicht-literarhistorische Filmbiografien, deren Faktenbezug mal mehr, mal weniger ausgeprägt ist, deren Referenzbindung also starkgemacht oder abgeschwächt wird. Immer sind sie ein Zitat anderer Medien – immer bilden sie neue Narrationen, schreiben (oder filmen) die Geschichte neu. Die vergangene Wirklichkeit wird imaginativ rekonstruiert und erfahrbar gemacht durch Beschreibung, durch eine Plotstruktur und durch die eingenommene Perspektive des Erzählers.

Auch Christian von Zimmermann stellt eine ähnliche Beobachtung wie Sigrid Nieberle an, indem er die Faktualität historiografischer Arbeiten dadurch belastet sieht,

> [...] daß dasjenige, das dem Historiker als Faktum begegnet, der zufällig oder systematisch gefilterten Überlieferung unterliegt, und daß sich – etwa im Fall der Künstlerbiographik – typologische Vorstellungen vom Künstler mitunter in personalisierten ‚Künstleranekdoten' zu scheinbar biographisch-faktischen Lebensverläufen

---

[384] Vgl. Koschorke (2012), S. 349.

[385] Vgl. ebd., S. 350.

[386] Sven Hanuschek: *Referentialität.* In: Christian Klein (Hg.): *Handbuch Biographie. Methoden, Traditionen, Theorien.* Stuttgart u. a. 2009, S. 12–16, S. 13f.

[387] Nieberle (2008), S. 27.

als unentwirrbares Netz faktischer und fiktiver Elemente verdichten können, wie Ernst Kris und Otto Kurz angezeigt haben.[388]

Doch wie oben beschrieben, organisieren Narrative Wahrnehmung, die von Medieninhalten wie auch die der Wirklichkeit. Nach Koschorke liefern sie Schemata, die den Erzählaufwand reduzieren. Als grundsätzliches Erzählmuster organisieren Narrative Biografien, etwa durch das heroische Narrativ oder das der geopferten Liebe oder, und dies steht im Zentrum meines Interesses, das Narrativ vom devianten Künstler. Die Wiedererkennbarkeit erzählerischer Muster ermöglicht intertextuelle und/oder intermediale Vernetzung,[389] eine Beobachtung, die zum einen bereits mit den Genrecharakteristika Hybridität und mediale Interferenz erörtert wurde und zum anderen erneut belegt, dass der historische Körper unzitierbar ist, dass Medien immer nur Medien zitieren (können).

Um die erörterten Begrifflichkeiten in Bezug auf die Filmbiografie weiter zu verdeutlichen und um den Brückenschlag zu früheren Beobachtungen zu erleichtern, fasse ich kurz zusammen, dass ganz allgemein betrachtet das Genre Filmbiografie übergeordnet im historischen Narrativ erzählt. Innerhalb dieses Narrativs kommen wiederum andere Narrative zum Tragen, kombiniert mit individuellen Biographemen. Der Film *Goethe!* etwa erzählt im biografistischen Narrativ, wobei Biographeme aus Goethes Leben kombiniert werden mit Erzählelementen (Narratemen) aus seinem Werk. Topoi wie die Unvereinbarkeit von Kunst und Liebe, der dominante Vater und die missgünstige Gesellschaft verschmelzen zum Narrativ des Rebellen, der sich allen Widerständen zum Trotz behauptet und in seiner Kunst aufgeht. Das Narrativ des devianten Künstlers ist organisiert durch unterschiedliche Narrateme, wie bereits beschrieben und unter anderem mit *J. Edgar* gezeigt: Der Topos der Unmöglichkeit der Liebe gestaltet sich in diesem Film in Form der öffentlich nicht auslebbaren Homosexualität, der mit dem Topos der dominanten Mutter und des Verfolgungswahns das Narrativ der devianten Persönlichkeit organisiert. Anekdoten entindividualisieren, wie Christian von Zimmermann unter Bezug auf Kris und Kurz festhält.[390] Eine einleuchtende Beobachtung, denn nicht immer ist der Wahrheitsgehalt einer Anekdote überprüfbar (vgl. Kapitel 3.4). Zudem bedingt die oben mit Nieberle erwähnte intermediale Vernetzung Fiktionalisierung. Doch Anekdoten und Narrative stellen wiedererkennbare Größen dar, aus denen sich die Glaubwürdigkeit des filmisch Dargestellten speist.[391] Bei der Nacherzählung eines vergangenen Lebens kommt es zwangsläufig zu einer Kontami-

---

[388] Von Zimmermann (2006), S. 41f. Zu Kris und Kurz vgl. Kapitel 3.4 meiner Arbeit.

[389] Vgl. Nieberle (2008), S. 232.

[390] Der Hinweis findet sich bei von Zimmermann (2006), S. 18.

[391] Vgl. Anm. 254.

Fiktion?

nation zwischen Fiktionalem und Nicht-Fiktionalem.[392] Die Grenzen zwischen den beiden Polen Fakt und Fiktion sind nicht immer klar bestimmbar, wenn überhaupt, dann sollte, wie mit Koschorke festgestellt, die jeweilige Referenzbindung untersucht werden.

Ehe ich die Erkenntnisse dieses Kapitels in einem Fazit zusammenfasse und ihre Relevanz für das Thema meiner Arbeit fokussiere, möchte ich mich in den folgenden beiden Kapiteln einer gänzlich anderen Herangehensweise an den Fiktionalitätsbegriff zuwenden, die den Rezipienten in die Pflicht nimmt. Im Zuge dessen wird die Wichtigkeit meines vierten Faktors, die Wahrscheinlichkeit, mitentwickelt.

5.3 Fiktionalität als Aufgabe der Rezeption

Martin Andree setzt sich in seiner Studie zur Medienwirkung kritisch mit gängigen Positionen zum Fiktionsbegriff auseinander, verwirft nicht nur die traditionell ontologische, auf Platon und Aristoteles zurückgehende Fundierung des Begriffs im Sinne eines wahr / falsch, nach welcher alles fiktional wäre, was als Trug, Schein und Illusion beschreibbar wäre, sondern auch die Verflechtung mit der *mimesis*-Theorie.[393] Darüber hinaus weist Andree den postmodernen Gebrauch zurück,

> [...] bei dem ‚aufgedeckt' wird, daß etwa auch ‚historische' Texte *gemacht* und daher *fiktional* sind [White[394]] [...]. Ferner trenne ich mich von allen Theorien, die Fiktionalität *erkenntnistheoretisch* im Rückgriff auf einen ästhetisch-romantischen Spielbegriff fundieren. Solche Begriffsauffassungen isolieren eine Spätfolge der Evolution fiktionaler Lektüren, die ästhetische Auffassung von der ‚besonderen Wahrheit' der fiktionalen ‚anderen Welt', und machen diesen späten *Effekt* der Fiktionalität dann rückwirkend zu ihrer konstitutiven Bedingung [Stierle, Iser, Ricœur[395]] [...].

Karlheinz Stierles Auseinandersetzung mit dem Begriff „Fiktion" wirft Andree vor, dass der Autor zwar auf die Schwächen bisheriger Definitio-

---

[392] Vgl. auch Taylor (2002), S. 67.

[393] Vgl. Andree (2005), S. 230, Anm. 299. Alle in diesem Abschnitt wiedergegebenen und nicht anders gekennzeichneten Ausführungen Andrees entstammen dieser Textstelle. Die Hervorhebungen entsprechen denen des Originals.

[394] Andree bezieht sich hier auf Hayden White: *Metahistory. Die historische Einbildungskraft im 19. Jahrhundert in Europa*, über. v. Peter Kohlhaas. Frankfurt a. M. 1991.

[395] Bezug nehmend auf die Texte: Karlheinz Stierle: *Was heißt Rezeption bei fiktionalen Texten?* In: *Poetica. Zeitschrift für Sprach- und Literaturwissenschaft*, 7, 1975, S. 345–387, Wolfgang Iser: *Der Akt des Lesens. Theorie ästhetischer Wirkung*. 2. Aufl. München 1984 sowie Wolfgang Iser: *Das Fiktive und das Imaginäre. Perspektiven literarischer Anthropologie*. Frankfurt a. M. 1991, Paul Ricœur: *Zeit und Erzählung*. Bd. 1–3. München 1988–1991.

nen hinweist, den Begriff dann aber historisch aus den antiken Konzeptionen eines *poiesis* beziehungsweise der *fictio* ableitet, das Rezeptionsphänomen der Fiktionalität also in dem produktionsästhetischen Theorem des künstlerischen *Machens* fundiert.[396] Diese gängigen und einschlägigen Positionen zum Fiktionalitätsbegriff verwerfend, tritt Martin Andree für eine rezipientenorientierte Herangehensweise ein. Unter Rückbezug auf Coleridges viel zitiertem *willing suspension of disbelief* geht Andree in seiner Untersuchung von einer Rezeptionsweise aus, die in dem Wissen, dass das Geschehen einer Handlung frei erfunden ist, durchgeführt wird. Der Autor spitzt Coleridges Definition weiter zu, indem er schreibt:

> Die fiktionale Lektüre suspendiert die Skepsis an der *Wahrheit* des Geschehens, *ent-bindet* den Rezipienten von der Frage nach der Historizität der Begebenheiten. Die Unterscheidung *fiktional / nicht fiktional* konstituiert sich nämlich durch ihr *Absehen* von der Unterscheidung *wahr / unwahr*, sie suspendiert diese Unterscheidung [...] und fügt ihr dagegen eine dritte Option der Klassifizierung von Texten hinzu. Nur, wenn diese *dritte Option* vorhanden ist, wenn man also Texte jenseits der Frage nach ihrer Wahrheit oder Unwahrheit rezipiert, wenn die Frage nach dem *ontologischen Status* des medialen Geschehens *keine Rolle mehr spielt,* nur in diesem Falle kann man von fiktionalen Lektüren sprechen. Dabei handelt es sich um eine spezifische Rezeptionskompetenz, die erlernt werden muß.[397]

Mit dem Hinweis auf die zu erlernende Rezeptionskompetenz verweist der Autor auf Christian Berthold und bemerkt zu Recht, wie wenig dessen Erkenntnisse in der Fiktionalitätsforschung berücksichtigt werden. Berthold geht in seiner Arbeit der Frage nach, wie neue Formen der Romanrezeption gegen Ende des 18. Jahrhunderts erklärt werden können.[398] Die für meine Ziele wichtigsten Erkenntnisse Bertholds sind, dass Fiktionalität ein bestimmter Rezeptionsmodus und dass Fiktionswahrnehmung eine besondere und zu erlernende Kulturtechnik ist. Und so kommt Berthold zu der steilen These, dass erst der fiktionale Lektüreakt einen Erzähltext zur Fiktion macht.

> Fiktivitätsbewußtsein fällt [...] nicht zusammen mit dem Wissen, daß eine erzählte Geschichte erfunden ist, sondern tritt erst in

---

[396] Bezug nehmend auf: Karlheinz Stierle: *Fiktion.* In: Karlheinz Barck, u. a. (Hg.): *Ästhetische Grundbegriffe.* Stuttgart u. a. 2001 (Historisches Wörterbuch in sieben Bänden, 2, Dekadent – Grotesk), S. 380–428, S. 380–391.

[397] Andree (2005), S. 229f (Hervorhebungen im Original).

[398] Christian Berthold: *Fiktion und Vieldeutigkeit. Zur Entstehung moderner Kulturtechniken des Lesens im 18. Jahrhundert.* Tübingen 1993 (Communicatio. Studien zur europäischen Literatur- und Kulturgeschichte, 3).

einer spezifischen Bedeutung in Kraft, wenn dieses Wissen vor dem Bewußtseinshintergrund realisiert wird, daß es sich hierbei um eine distinktive Differenz handelt.[399]

Um die Wahrheitswirkung von Romanen zu ergründen, rekonstruiert Berthold die literarhistorische Formierung der Lesererwartung und kommt unter anderem zu dem Ergebnis, dass Rezipienten auf Diskurse reagieren:

> Da diese Diskurse wesentlich in der Literatur ausdifferenziert und vorangetrieben wurden, produzierten die Texte in gewisser Hinsicht die Wahrheit selber, die von ihnen abgebildet zu sein schien und von den Rezipienten als neue, tiefe Einsicht in die menschliche Natur gepriesen wurde.[400]

Zustimmung erhielt ein Text also nicht aufgrund seiner historischen Präzision, sondern aufgrund der genauen Auseinandersetzung entsprechender Diskursprobleme, wie Berthold unter anderem anhand des *Werther* erörtert.[401] In Kapitel 4.1 wurde festgestellt, dass ein Lektüreakt nichts Starres, sondern in ständiger Bewegung ist, dass fiktionale und dokumentarische (und authentische) Leseweise eines Textes beziehungsweise eines Films alternieren. Das Produkt, respektive der Film, gibt entsprechende Signale, doch wie hier mit Berthold gezeigt, ist die Wahrnehmungskompetenz und Wahrnehmungsweise des Rezipienten entscheidend. Dieser Punkt wird anhand des Wahrscheinlichkeitsbegriffs im nächsten Kapitel weiter verdeutlicht.

5.4   Die *Wahrscheinlichkeit* des Dargestellten

Christian Berthold sieht in der Umlenkung der Rezeptionsaufmerksamkeit von der textexternen auf die textinterne Wahrscheinlichkeit den Ausgangspunkt des modernen Umgangs mit literarischer Fiktion.[402] Dieser Punkt ist auch entscheidend für die Rezipientenorientierung meines Ansatzes. Denn wie Berthold anhand der Entwicklung des Wahrscheinlichkeitsbegriffs rekonstruiert, ist die Phase ausschlaggebend, in der die Frage in den Mittelpunkt rückte, welche *Relevanz* beziehungsweise welche *gültige Wahrheit* das Erzählte *für den Leser* und seine Lebenswirklichkeit hat.[403] Interessant ist diese Entwicklung vor allem vor dem Hintergrund der Fiktionsvorbehalte und der Skepsis, mit der sich die Gattung Roman

---

[399] Berthold (1993), S. 132.

[400] Ebd., S. 162.

[401] Vgl. ebd., S. 166f.

[402] Vgl. ebd., S. 115.

[403] Vgl. ebd., S. 82–87.

in ihren Ursprüngen konfrontiert sah. Doch die Fiktivität wurde zunehmend als *Äußerlichkeit des Kommunikationskanals* abgewertet und die Aufmerksamkeit stärker auf interne Nuancierung gelenkt.[404] Was sich da vollzog, war ein Hierarchisierungsprozess, in dem die interne Probabilität auf eine andere Bewertungsebene gestellt wurde als die externe Glaubwürdigkeit.[405] Und dieses Umschaltmoment zu betonen, ist mir wichtig. Welche gültige Wahrheit hat ein Text für den Rezipienten, diese Frage ist entscheidend, und nicht, welche Signale sendet er.

> Fiktionale Lektüre als eine besondere Kulturtechnik besteht also nicht vornehmlich im fiktivitätsbewußten Lesen, sondern in der Fähigkeit, einen Text auf etwas anderes hin zu lesen als einen faktischen Referenzbezug.[406]

Oben habe ich erörtert, wie wichtig Fiktionalisierung für die Erfahrbarkeit von Wirklichkeit ist. Der Wahrscheinlichkeitsbegriff bedeutet hier eine signifikante Weichenstellung für die Wahrnehmung, indem er Erwartung, Darstellung und Glaubwürdigkeit zusammenführt. Ein Text kann Wirkliches nur repräsentieren (und nicht etwa abbilden), deshalb „kann der Frage, ob diese Repräsentation im Modus der Fiktivität oder des Tatsachenbezuges steht, keine besondere Relevanz für die Wahrheits-, die Erkenntnisleistung eines Textes zugedacht werden."[407] Wirklichkeit und Wahrheit sind keine dem Text inhärente Eigenschaften, sie sind eine Frage der Wahrnehmung durch den Rezipienten, sie sind *Effekte*. Für die Überzeugungskraft des neuen Romans wurde Kohärenz zum ausschlaggebenden Kriterium, also seine Fähigkeit, einen stimmigen Kontext zu entwerfen.[408]

> Am Genre des historischen Romans etwa zeichnen sich die beiden grundsätzlichen Möglichkeiten besonders markant ab, ihn entweder referentiell, also im Anschluß an das eigene geschichtliche Wissen von ,der Wirklichkeit' zu lesen oder aber fiktional, also gerade im Kontrast zu dieser Wirklichkeit. Obwohl beide Rezeptionsformen sich diametral widersprechen, schließt sich nicht einmal ihrer beider Anwendung auf denselben Text in einem Lesedurchgang aus – allerdings bleiben es zwei Vorstellungsakte, deren Unterschiedenheit dem Rezipienten bewußt ist, selbst wenn er vielleicht nicht in begrifflicher Schärfe darüber Rechenschaft zu geben vermag. Erst eine spezifische Form der Lektüre läßt also aus einer Geschichte einen fiktionalen Text werden. Denn was sich am histori-

---

[404] Vgl. Berthold (1993), S. 113.

[405] Vgl. ebd., S. 114.

[406] Ebd., S. 179.

[407] Ebd., S. 99.

[408] Vgl. ebd., S. 121.

116

schen Roman so deutlich zeigt, war das grundsätzliche Ergebnis eines veränderten Umgangs mit Romantexten im 18. Jahrhundert, die ebenso an der Grenze zu historisch ‚authentischen‘ Textsorten standen. Und so dürfte es für alle literarischen Texte gelten, daß sie nicht fiktional ‚sind‘, sondern fiktional gelesen werden.[409]

Knapp zusammenfassen lässt sich somit: Ob literarischer Text oder Film, ob Geschichtsschreibung oder (Film-)Biografie, egal welcher Methoden sich der Produzent bedient, ob er eine Plotstruktur wählt und Fakten in Erzählungen verpackt – entscheidend ist, wie der Inhalt wahrgenommen beziehungsweise *gebraucht* wird.[410]

Die für mich zudem wichtige Differenzierung des Wahrscheinlichkeitsbegriffs ist bereits angeklungen, nämlich die der beiden Dimensionen des Wahrscheinlichkeitsbegriffs, die textexterne und die textinterne. Bei der Filmbiografie als fiktionalem Film spielt die Wahrscheinlichkeit „nach außen", also der Realitätsbezug, zum Beispiel hinsichtlich überprüfbarer Fakten, Biographeme etc., gleichermaßen eine entscheidende Rolle für die Entstehung von Authentizitätseffekten wie die Wahrscheinlichkeit „nach innen". Wiederholt habe ich betont, dass ein Biopic entsprechend seiner Aussageabsicht das Leben einer historischen Persönlichkeit rekonstruiert. Die Bezüge innerhalb des Films dürfen dabei der Wahrscheinlichkeit nicht widersprechen. Bei einer Filmbiografie kommen demzufolge beide Wahrscheinlichkeitsdimensionen zum Tragen. Die Geschichte muss in sich kohärent sein und zudem, je nach Anspruch, einem Realitätsbezug nach außen standhalten. Zu diesem Bezug „nach außen" schließe ich den zu anderen Filmen und Medien mit ein.

> Sie [die Bildwirklichkeit; JK] muß der Zuschauer in der nachfilmischen Realität in seinen Erfahrungshorizont einpassen, und je weiter entfernt, zeitlich und räumlich, das Dargestellte ihm ist, desto mehr ist er auf seine ohnehin medial konstruierten Bilder im Kopf angewiesen und seine Realitätsprüfung wird eher zum Medienvergleich.[411]

Wahrscheinlichkeit trägt also entscheidend dazu bei, ob Dargestelltes glaubwürdig ist, sie betrifft textinterne sowie textexterne Bezüge, Realitätsabgleich, Faktentreue, Medienzitat inbegriffen. Die Wirkung von Authentizität hängt davon ab, wie diese Bezugnahme ermöglicht oder unterwandert wird, weshalb *Wahrscheinlichkeit* für die Entwicklung des rezipientenorientierten Authentizitätsbegriffs ein wesentlicher, der vierte Baustein ist. Dabei nehme ich für meine Ziele eine enge Verknüpfung

---

[409] Berthold (1993), S. 132f.

[410] Vgl. Anm. 82.

[411] Hohenberger (1988), S. 59f.

zwischen Wahrscheinlichkeit und Glaubwürdigkeit an. Glaubwürdig ist ein Text beziehungsweise eine filmische Darstellung nur, wenn er beziehungsweise sie auch wahrscheinlich ist. Weicht also die Darstellung einer historischen Persönlichkeit zu sehr von der Publikumserwartung ins Unwahrscheinliche ab (wie etwa in *Brothers Grimm* schon die Vornamen „Will" und „Jake" signalisieren), untergräbt der Film die eigene Glaubwürdigkeit und somit die Authentifizierung.

5.5 Exkurs: Fiktionalität und Wirklichkeit konstruktivistisch betrachtet

Kurt Dittmar betrachtet das Verhältnis von Fiktionalität und Wirklichkeit aus konstruktivistischer Sicht und unterscheidet dreierlei Hauptbedeutungen von Fiktion: als heuristisches Prinzip der Wissenschaft, als literarischer Entwurf und als Realfiktion, also als Modus des Weltverstehens überhaupt.[412] Interessant ist das Zusammenspiel der zweiten und dritten Bedeutung. Dittmar thematisiert die Natur des Wirklichkeitsbegriffs, der der Opposition zur Fiktionalität der Literatur zugrunde liegt, folgendermaßen:

> Es darf kein ontologischer Wirklichkeitsbegriff im Sinne eines naiven Realismus sein, sondern ein Wirklichkeitsbegriff, der sich auf die Welt im Modus ihres Gedachtseins bezieht, also auf unsere Vorstellungen von und Aussagen über Realität. Wirklichkeit liegt niemals unmittelbar zutage, sondern ist stets das Produkt einer vom Bewußtsein geleisteten Strukturierungsarbeit. Was die literarische Fiktion nachahmt und im Wege der Nachahmung zugleich thematisiert, sind folglich nicht Ausschnitte der Realität *schlechthin*, sondern jene kultur- und epochenspezifischen Sinnbildungsprozesse, durch die sich Wirklichkeitsauffassungen überhaupt erst konstituieren. Die literarische Fiktion ist eine abhängige Variable des historisch seinerseits variablen Realitätsbegriffs.[413]

So stellt auch Dieter Mersch fest: „Was verstanden werden kann, ist mediatisiert."[414] Wirklichkeit wird durch Medien konstruiert. Ohne Medien kann es keine Erkenntnis geben, was aber nicht bedeutet, dass Medien

---

[412] Vgl. Kurt Dittmar: *Die Fiktionalisierung der Wirklichkeit als antiutopische Fiktion. Manipulative Realitätskontrolle in George Orwells* Nineteen Eighty-Four. In: *Deutsche Vierteljahrsschrift für Literaturwissenschaft und Geistesgeschichte*, 58/4, 1984, S. 679–712, S. 680.

[413] Ebd., S. 682 (Hervorhebung im Original).

[414] Dieter Mersch: *Medialität und Undarstellbarkeit. Einleitung in eine ‚negative' Medientheorie.* In: Sybille Krämer (Hg.): *Performativität und Medialität.* München 2004, S. 75–95, S. 75.

Bedeutung generieren.[415] Dieser Grundsatz deckt sich mit den oben gemachten Beobachtungen, dass Erfahrbarkeit Vermittlung bedarf, mitunter in narrativer Form. Der fiktionale Charakter eines Textes, bemerkt Dittmar weiter, kann erst dann adäquat rezipiert werden, wenn der Leser sich vergewissert hat, dass der gelesene Text fiktional ist.[416] Unter Rückgriff auf die Überlegungen Siegfried J. Schmidts schlussfolgert Dittmar,

> [...] daß Fiktionalität eben gar kein sprachstrukturelles Phänomen ist, sondern eine textübergreifende Kategorie der soziokommunikativen Interaktion und damit Untersuchungsgegenstand einer pragmatischen Kommunikationswissenschaft. Es wäre dann statt von fiktionalen Texten eher von fiktionalen Kommunikationssituationen zu reden, die ein eigenes Regelsystem besitzen und die Rezeption von Texten in fiktionalitätsspezifischer Weise steuern.[417]

Christian Berthold sieht diese normative Steuerungsfunktion der Kommunikationsgemeinschaft allerdings kritisch beziehungsweise schränkt ihre Wirkungsmacht ein:

> Rezeptionshaltungen können während der Lektüre verändert, ,korrigiert' werden. So erhält der einzelne Leser auch nach diesem Ansatz über ,Fiktionalität' keinen Maßstab, mit dessen Hilfe er je konkret Literatur von Nicht-Literatur differenzieren könnte. Und für die Literaturwissenschaft ist nichts gewonnen, weil sie sich der normativen Kraft traditionellen Verständnisses und historischen Kanonisierungsergebnissen bei der Frage fügen müßte, was Literatur ist.[418]

Die Unterscheidung zwischen fiktionaler und nichtfiktionaler Rede beziehungsweise textueller Bedeutungskonstitution war immer schon problematisch.[419] Bei seinen Beobachtungen zur Realfiktion, der dritten Bedeutungsweise von Fiktion, widersetzt Dittmar sich der literarisch-postmodernen Tendenz, ästhetische Fiktion als Universalprinzip des menschlichen Weltverstehens zu betrachten und die beiden Kategorien literarische Fiktion und Realfiktion mithilfe eines übergeordneten Bild- oder Modellbegriffs zur Ununterscheidbarkeit anzugleichen.[420]

---

[415] Vgl. Mersch (2004), S. 77.

[416] Vgl. Dittmar (1984), S. 683.

[417] Ebd., S. 683f. Bezug nehmend auf: Siegfried J. Schmidt: *Ist ,Fiktionalität' eine linguistische oder eine texttheoretische Kategorie?* In: Elisabeth Gülich, Wolfgang Raible (Hg.): *Textsorten. Differenzkriterien aus linguistischer Sicht.* Frankfurt a. M. 1975 (Athenäum-Skripten Linguistik, 5), S. 59–71. Vgl. auch: Siegfried J. Schmidt: *Fiktionalität als texttheoretische Kategorie.* In: Harald Weinrich (Hg.): *Positionen der Negativität.* München 1975 (Poetik und Hermeneutik, 6), S. 526–529.

[418] Berthold (1993), S. 211.

[419] Vgl. Dittmar (1984), S. 686.

[420] Vgl. ebd., S. 689f.

Selbst wenn man zugesteht, daß auch unsere lebensweltlichen Realitätsauffassungen Modell- oder Setzungscharakter haben, muß man trotzdem darauf beharren, daß die literarische Fiktion eine zweite, eine sekundäre Ebene der Wirklichkeitsmodellierung konstituiert.[421]

Ergänzt um die bisher gewonnenen Erkenntnisse dieser Arbeit lässt sich nun weiter belegen, dass das Medienprodukt eine Prozess auslösende Funktion erfüllt, Wahrnehmung und Bedeutung verleihen aber dem Rezipienten obliegt.

5.6 Kapitelfazit

Ausgangspunkt dieses Kapitels war die notwendige Konfrontation der Filmbiografie mit ihrem Status als *fiktionales* Genre. Wie der Dokumentarfilm und die Geschichtsschreibung (re-)konstruiert die Filmbiografie Wirklichkeit und macht sie durch Beschreibung erfahrbar. Die Erinnerung an Vergangenes ist eine Frage der Modellierung:

Menschliche Geschichte vollzieht sich [...] nicht nur *in* der Zeit, sie ist keine bloße Ereigniskette im Takt einer auf ewig festgelegten chronometrischen Ordnung, sondern bringt ein vielfach gegliedertes Zeituniversum mit seinen Übergängen, Abrissen, Sprüngen, Wiederholungen, Dehnungen und Beschleunigungen hervor. In dieser *kulturellen Modellierung von Zeit* wirken Techniken und symbolische Verfahren zusammen, so dass Praxis und Wissen immer neu aufeinander abgestimmt werden müssen.[422]

Fiktionalisierung ist hierbei unvermeidlich und auf konstruktive Weise notwendig. Neben dem Was und dem Wie der Darstellung wird diese auch durch das Wann der Perspektivierung geformt, entsprechend dem „Dienste der Gegenwartsanliegen"[423] (Faktor *Relevanz*). Oben wurde mit Sigrid Nieberle Geschichte als kollektive Praxis beschrieben,[424] ein Gedanke, den die Autorin folgendermaßen fortsetzt:

Diese soziale Form geschichtlichen Wissens trägt in hohem Maße zur Konstitution sich ständig wandelnder Geschichtsbilder bei. Dabei ist diese Art der Historiographie den Prozessen des dynamischen Fort- und Umschreibens unterworfen, weil die Erzählungen

---

[421] Dittmar (1984), S. 690.

[422] Koschorke (2012), S. 203 (Hervorhebungen im Original).

[423] Vgl. Anm. 364.

[424] Vgl. Anm. 372.

der Geschichte den jeweils aktuellen Diskursen angepasst werden müssen.[425]

Historisches Geschehen wird nach Jauß in seiner Bedeutung stetig weiterbestimmt,[426] Geschichte beziehungsweise eine Lebensgeschichte ist, wie im Kapitel 4.3 festgestellt, nie auserzählt (Faktor *Konvergenz*). Die Grenzen zwischen Fakten und Fiktionen verschwimmen, wenn auch eine Ineinssetzung von Geschichtsschreibung und Fiktion, von Wahrheit und Dichtung zurückzuweisen ist. So flexibel ihr Ankerpunkt auch ist, so bleibt doch die Referentialität als Unterscheidungskriterium festzuhalten. Als Konstruktion verstanden, ist Wirklichkeit auf den wahrnehmenden Rezipienten angewiesen. Wahrheitswirkung als eine Frage der Lesererwartung ist weniger festgemacht an historischen Fakten, sondern an einer glaubwürdigen diskursiven Darlegung (Faktor *Glaubwürdigkeit*). Fiktionalität ist demnach eine Frage von Kommunikationsprozessen.[427] Das Medienprodukt macht einen Vorschlag, doch die Signale allein bedingen nicht die Unterscheidung zwischen fiktiv und nichtfiktiv: „[W]enn man weiß, daß die Geschichte nicht wahr ist, dann entdeckt man auch überall Fiktionssignale [...]."[428] Umgekehrt lässt sich behaupten: Wenn man davon ausgeht, dass die Geschichte einer biografierten Person wahr ist, dann entdeckt man überall Authentizitätssignale.

> Während die Fiktionalisierungsstrategie die Stilisierung der Biographie auf ein Darstellungsmuster und -ziel hin leistet, ist gleichzeitig eine Faktualisierungsstrategie notwendig, welche die biographische Fiktion als wahrscheinlich erscheinen läßt und den Leser zumindest partiell zu einer faktualen Lektüre anregt.[429]

Mit dieser Beobachtung tritt der oben schon erwähnte Sachverhalt erneut in die Argumentation, dass ein Lektüremodus nichts Starres und Unveränderliches ist.

> Dieser Aspekt einer erwünschten Wirkung des Fiktivitätsbewußtseins macht schon deutlich, daß es bei solchen Einübungen von Ausdifferenzierungen im Rezeptionsverhalten nicht einfach um die Entmachtung des Fiktivitätswissens zugunsten eines ungestörten Sich-Einlassens auf die jeweilige Geschichte geht. Im Gegenteil tritt beides immer wieder in ein spielerisches Wechselverhältnis, welches nicht zuletzt dadurch ein besonderes Vergnügen gewährt,

---

[425] Nieberle (2008), S. 75.

[426] Vgl. Anm. 346.

[427] Vgl. Berthold (1993), S. 194.

[428] Ebd., S. 195.

[429] Von Zimmermann (2006), S. 47.

daß die Gewichte zwischen beiden Einstellungen immer wieder verändert werden können.[430]

Ebenso alterniert die Wahrnehmung eines Biopics permanent zwischen faktualer und fiktionaler Rezeptionsweise. Ein einmal oder mehrmals gesetztes Fiktionalitätssignal bedeutet also nicht die Verabschiedung einer Authentizitätsstrategie.

Wahrscheinlichkeit stellt nach Berthold eine notwendige Kategorie dar, um Wahrheitsansprüche geltend zu machen. Dichtung ist mit Wahrheitswerten ausgestattet, die bestimmen, welche gültige Relevanz das Dargestellte für den Rezipienten hat. Fiktionalität festgemacht als Wahrnehmungskategorie erlaubt eine Relativierung der Dichotomie von Authentizität und Fiktionalität. Der Wahrscheinlichkeitsbegriff setzt erwartete und geglaubte Wahrheitsansprüche ins Verhältnis.[431] Dabei belegen die beiden Dimensionen des Wahrscheinlichkeitsbegriffs („nach innen" und „nach außen") die aktive Bezugnahme des Rezipienten einerseits werkimmanent und andererseits zu seiner außerfilmischen (beziehungsweise „nichtfilmischen") Realität, zu der die genreimmanenten und intermedialen Bezüge zu zählen sind. Wie wahrscheinlich das Dargestellte ist, trägt demnach entscheidend zur Entstehung von Authentizitätseffekten bei, weshalb der Faktor *Wahrscheinlichkeit* als vierter Baustein des rezipientenorientierten Authentizitätsbegriffs dient (Abb. 8).

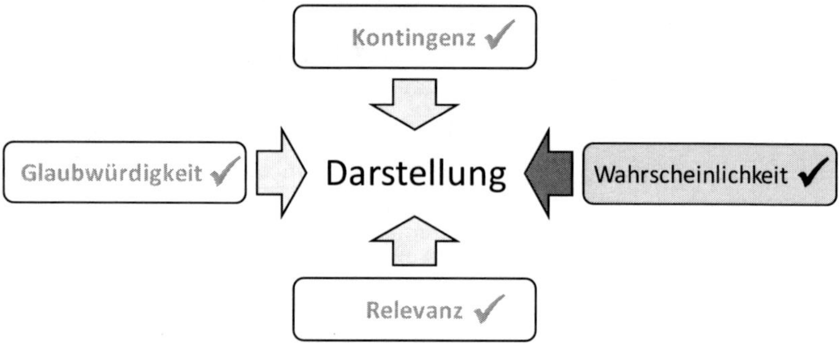

Abb. 8: Faktor Wahrscheinlichkeit

Des Weiteren hat sich gezeigt, dass Narrative Wahrnehmung organisieren. Diese Erkenntnis, die in engem Zusammenhang zu den Ausführungen über Anekdoten steht, spielt bei der Darstellung historischer Persönlichkeiten eine zentrale Rolle. Gezeigt hat sich auch, dass Wahrnehmung

---

[430] Berthold (1993), S. 178.

[431] Vgl. ebd., S. 78.

122

entsprechend Vertrautheitserwartungen angepasst, Unbekanntes an Bekanntes assimiliert wird. Mit dieser Erkenntnis kommt nicht nur das kreative Moment von Wahrnehmung ins Spiel, sondern auch die bereits mehrfach angedeuteten Darstellungs- und Wahrnehmungsgewohnheiten sowie die zuletzt mit Dittmar bemerkte Konstruktion von Wirklichkeitsbedeutung.

Die vier Bausteine des rezipientenorientierten Authentizitätsbegriffs sind an diesem Punkt der Argumentation erarbeitet und je mit der tragenden Rolle des Rezipienten sowie mit der Signifikanz für die Filmbiografie verknüpft. Um den Aspekt der Rezipientenorientierung weiter zu verdeutlichen, setze ich mich im folgenden Kapitel mit der Rezeption an sich auseinander, ohne allerdings den sehr komplexen, interdisziplinären und bereits in zahlreichen Studien untersuchten Forschungszweig der Rezeptionstheorie mit all seinen Strömungen und Zielrichtungen im Detail zu erörtern.[432] Authentizität wird für die Zwecke meiner Arbeit als Effekt einer Darstellung, als Beobachterkonstruktion betrachtet, die aufgrund eines Medienpaktes zustande kommt. Klaus Kanzog spricht von zwei verschiedenen „Kräftezentren", von denen auszugehen ist:

> Auf der einen Seite löst die Beschaffenheit eines Objekts bestimmte Sinnesreize aus, die im Hinblick auf ihre Wirkung kalkuliert sind, auf der anderen Seite führen psychische und kognitive Dispositionen des Rezipienten zur Auswahl und Einordnung sowie zur Deutung dieser Reize. Der Aufbau einer Struktur im Bewußtsein des Rezipienten wird vom Objekt nahegelegt, doch ist dieser Aufbau entscheidend von den Rezeptionsbedingungen abhängig. Auf der Objektseite ist die Wahrnehmung von der Verweildauer und der Verständlichkeit einer Information abhängig, auf der Rezipientenseite müssen zunächst einmal Wahrnehmungsbereitschaft (Interesse) und Wahrnehmungsvermögen vorhanden sein. Die Relevanz der während des Filmablaufs vergebenen Informationen ergibt sich über Relevanzvermutungen und Relevanzhypothesen. Die Rezipienten-Merkmale sind zunächst individueller Natur, aber in dem Maße kommunikationsfähig, in dem anderen Rezipienten zu

---

[432] Vgl. auszugsweise Rainer Warning (Hg.): *Rezeptionsästhetik. Theorie und Praxis.* 4. Aufl. München 1994; Michael Charlton, Silvia Schneider (Hg.): *Rezeptionsforschung. Theorien und Untersuchungen zum Umgang mit Massenmedien.* Opladen 1997; Patrick Rössler, Uwe Hasebrink, Michael Jäckel (Hg.): *Theoretische Perspektiven der Rezeptionsforschung.* München 2001 (Angewandte Medienforschung, 17); Patrick Rössler, Susanne Kubisch, Volker Gehrau (Hg.): *Empirische Perspektiven der Rezeptionsforschung.* München 2002 (Angewandte Medienforschung, 23); Dorothee Kimmich, Bernd Stiegler (Hg.): *Zur Rezeption der Rezeptionstheorie.* Berlin 2003 (Studien des Frankreich-Zentrums der Albert-Ludwigs-Universität Freiburg, 12); Volker Gehrau, Helena Bilandzic, Jens Woelke (Hg.): *Rezeptionsstrategien und Rezeptionsmodalitäten.* München 2005 (Reihe Rezeptionsforschung, 7).

den gleichen Ergebnissen gelangen; dies vor allem bei der Verwendung und beim Erkennen von Konventionen, die im Filmsystem bzw. auch im Literatursystem gelten und deren Verbindlichkeitsgrad durch Regularitäten festgelegt ist.[433]

Interessant sind für mich demnach wesentliche Punkte der Medienrezeptionsforschung, die vor allem den Beobachter und den Kommunikationsaspekt in den Blick nehmen, also wie der Rezipient aufgrund eines Medienangebots Bedeutung konstruiert.

---

[433] Kanzog (1997), S. 14f.

Beim Film geht es nicht darum, wie Hans Jürgen Wulff bemerkt, über einzelne Produkte, über Objekte nachzudenken, sondern über Prozesse.[434] Bedeutung von Bildern entsteht immer in einem Vermittlungsprozess, doch anders als etwa eine einzelne Fotografie ist das Filmbild in Wahrnehmungskontexte eingebunden.[435] Ein Film ist eine Bilderfolge und wird deshalb oft analog zu Erzählungen behandelt.[436] Narrativität charakterisiert, wie oben erörtert, dieses Medium. So wurde auch im Laufe der Argumentation keine klare Trennlinie zwischen den Begrifflichkeiten „Bild", „Text" und „Film" gezogen, ein Umstand, der im Folgenden genauer erläutert wird. Nach einem Überblick zur Medienwirkungsforschung folgt eine Auseinandersetzung mit der Informationsverarbeitung bei der Filmwahrnehmung, die danach um relevante Aspekte der Medienfaszination ergänzt wird. Ziel der Argumentation ist, Rezeption als *kreativen Prozess* zu beschreiben und den Effekt von Authentizität als möglichen Teil dieses Prozesses zu begründen.   *möglich?*

6.1   Ein Überblick zur Medienrezeption

Mit der zunehmenden Dominanz der Neuen Medien hat sich der rezeptionstheoretische Blickpunkt, mit seinen Ursprüngen in der Rezeptionsästhetik der 60er Jahre, verstärkt in Richtung Medienwirkungsforschung verschoben. In zahlreichen Studien wird in jüngerer Zeit analytisch, theoretisch und empirisch den Fragen nachgegangen, wie Menschen mit Medien umgehen, wie Medien das alltägliche Leben beeinflussen etc.[437] Obwohl die Grenzen zwischen den involvierten Fachdisziplinen verschwimmen, sieht Michael Charlton paradigmatische Unterschiede in den Auffassungen über die Vorgänge bei der Leser-Text-Interaktion:

> In der Medien- und Sozialpsychologie wird ein kausalnomologisches Erklärungsmodell favorisiert, das sich weiterhin am Begriff der *Medienwirkung* orientiert. In der Kognitiven Psychologie, der konstruktivistischen Soziologie und in Teilen der Empirischen Li-

---

[434] Vgl. Hans Jürgen Wulff: *Das Bild in der Medien- und Filmwissenschaft.* In: Klaus Sachs-Hombach (Hg.): *Wege zur Bildwissenschaft. Interviews.* Köln 2004, S. 96–115, S. 111.

[435] Vgl. ebd., S. 104ff.

[436] Vgl. ebd., S. 104.

[437] Vgl. Charlton/Schneider (1997); Rössler/Hasebrink/Jäckel (2001); Rössler/Kubisch/Gehrau (2002); Gehrau/Bilandzic/Woelke (2005).

125

teraturwissenschaft und Linguistik wird ein konstruktivistisches Modell des Textverstehens erprobt.[438]

Zudem kommen zunehmend handlungstheoretische Modelle zur Anwendung, wie in der Diskursiven Psychologie, Empirischen Literaturwissenschaft, der soziologischen *cultural-studies*-Tradition und in neueren Arbeiten zum kommunikationswissenschaftlichen *uses and gratifications approach*.[439]

Um die einzelnen Positionen und dann meine eigene Fokussierung zu verdeutlichen, erläutere ich mit Michael Charlton kurz die verschiedenen Weisen, Rezeptionsforschung zu betreiben. *Kausalnomologisch* wird vom Modell des passiv indoktrinierbaren Zuschauers ausgegangen, eine Sichtweise, die heutzutage allerdings nicht mehr haltbar ist.[440] Die zweite, stärkere Position, die in meiner Arbeit bereits thematisiert wurde, ist die *kognitionswissenschaftliche*:

> Wahrnehmen und Verstehen werden von diesen Autoren […] als konstruktive und wissensbasierte Prozesse beschrieben, die simultan aufsteigend von der Reizgrundlage (*bottom up*) und absteigend von den im Langzeitgedächtnis gespeicherten Konzepten und Schemata *(top down)* verlaufen. Rezipienten konstruieren auf der Grundlage ihrer Lebenserfahrungen eine subjektive Lesart der Mediengeschichte. Sie erfüllen die Narration mit Leben, indem sie sich ein Situationsmodell entwerfen, in welchem die Medienakteure, ihre Lebensumstände, Handlungen und Handlungsabfolgen Platz haben.[441]

Methodologisch wird in der kognitionswissenschaftlichen Forschung nicht nach kausalen Erklärungen für Medieneinflüsse, sondern nach Algorithmen für den Konstruktionsprozess und der daran beteiligten Systeme wie Kurz- und Langzeitgedächtnis, Kontroll- und Steuersystem gesucht.[442]

> Eine Schwierigkeit bereitet hier die Tatsache, daß Textverstehen keine ausschließlich individuelle Angelegenheit ist, sondern in sozialen Zusammenhängen und auf der Basis von sozial geteiltem kulturellem Wissen stattfindet.[443]

---

[438] Michael Charlton: *Rezeptionsforschung als Aufgabe einer interdisziplinären Medienwissenschaft.* In: Michael Charlton, Silvia Schneider (Hg.): *Rezeptionsforschung. Theorien und Untersuchungen zum Umgang mit Massenmedien.* Opladen 1997, S. 16–39, S. 17 (Hervorhebung im Original).

[439] Vgl. ebd.

[440] Vgl. ebd., S. 17f.

[441] Ebd., S. 19f.

[442] Vgl. ebd., S. 20.

[443] Ebd.

In der Textverstehensforschung gilt der Rezipient als aktiver Konstrukteur von Sinn

> und nicht als Zielscheibe von Medienreizen. Kognitionswissenschaftler verstehen sich überwiegend als interaktive Konstruktivisten. Sie gehen von einer Wechselbeziehung zwischen äußerer Realität (sensorischer Input: Text, Bild, Handlung) und innerer Repräsentation (mentale Textbasis, mentale Modelle) aus.[444]

Eine Position, die von *konstruktivistischer Seite* nicht geteilt wird, wie Michael Charlton unter Bezug auf Niklas Luhmann weiter ausführt. Konstruktivistisch gesehen entstehen Informationen nur innerhalb von Systemen und sind nicht übertragbar auf andere Systeme.

> Der Kontakt zur Systemumwelt erzeugt im kognitiven System lediglich Irritationen, die dann unter Rückgriff auf die vorhandenen Wissensbestände als bemerkenswert und informativ oder als nicht informativ bewertet werden.[445]

Es ist aber nicht zu bezweifeln, dass das Individuum, wie Charlton unter Rückgriff auf die Überlegungen Siegfried J. Schmidts feststellt, sich für die eigenen Realitätsentwürfe aus den Beständen des kollektiven kulturellen Wissens bedienen kann und sogar muss.[446] So betont auch Hans Jürgen Wulff: „Kein kultureller Gegenstand – und Bilder und Filme gehören dazu – kann außerhalb des Symbol-, Wissens- und Kommunikationszusammenhangs einer jeweiligen Gesellschaft sinnvoll begriffen werden."[447] Eine Ergänzung um soziale Aspekte ist also unumgänglich, wie sie etwa die *handlungstheoretische Rezeptionsforschung* bietet.[448] Handlungstheoretisch wird davon ausgegangen, dass Rezeption aus der Alltagspraxis heraus entsteht, dass Rezipienten sich Medienthemen suchen, die mit ihrer eigenen Lebenssituation in Zusammenhang stehen.[449] Und so erkennt auch Klaus Kanzog:

> Suchbilder und Zielsetzungen, situative und dispositionelle Bedingungsgrößen, Vorurteile und bereits vorhandenes Wissen steuern die Bereitschaft zur Wahrnehmung filmischer Eindrücke. […] Für die Wahrnehmung filmischer Zeichen gilt, daß die Rezipienten-

---

[444] Charlton (1997), S. 20f.

[445] Ebd., S. 21.

[446] Vgl. ebd., S. 22. Charlton bezieht sich hier auf Siegfried J. Schmidt: *Kulturelle Wirklichkeiten*. In: Siegfried J. Schmidt, Brigitte Spieß (Hg.): *Werbung, Medien und Kultur*. Opladen 1995, S. 11–25, S. 15f.

[447] Wulff (2004), S. 98.

[448] Vgl. Charlton (1997), S. 22.

[449] Vgl. ebd. Vgl. auch Bernd Scheffer: *Interpretation und Lebensroman. Zu einer konstruktivistischen Literaturtheorie*. Frankfurt a. M. 1992.

Merkmale und die Material-Merkmale dynamisch aufeinander bezogen sind.[450]

Ausgehend von Charltons Unterscheidung zwischen kausalnomologischen, konstruktivistischen und handlungstheoretischen Erklärungsmodellen beschreibt Volker Gehrau drei Figuren in der Rezeptionsforschung: die Logik der Medienwirkung, die Logik der Textkonstruktion und die handlungstheoretische Logik.[451] Gehrau stellt dar, wie die schwer zu vereinbaren Positionen sich in der Praxis dennoch sehr nahe stehen und verschiedene Aspekte wechselseitig integrieren. Zudem verdeutlicht Gehrau in seiner Übersicht die kompensatorischen Ansätze, aber die dennoch auch verbleibenden Defizite anderer Forschungszweige wie des *uses-and-gratifications-approach*, *Symbolischen Interaktionismus* und der *cultural studies*. Im Zentrum meines Interesses stehen die beiden Seiten des Medienpaktes, das Produkt und der Rezipient. Für die Zwecke dieser Arbeit nehme ich entsprechend die von Gehrau erwähnte Verzahnung von Nutzungsforschung und Wirkungsforschung an.[452]

Ehe ich diese Beobachtungen weiter konkretisiere und den Bezug zu meinem Gegenstand Biopic herstelle, erörtere ich einen Punkt dieses Überblicks präziser, und zwar den der Erstellung eines Situationsmodells beziehungsweise die Informationsverarbeitung bei der Filmwahrnehmung. Dieser Zwischenschritt ist notwendig, da ich auf dem Grundprinzip des vorgestellten Prozessmodells eigene Überlegungen zur Entstehung von Authentizitätseffekten aufbaue.

6.2 Prozessmodell der Filmwahrnehmung

Das Konzept eines Situationsmodells erlaubt die Gleichbehandlung textuellen und bildlichen Inputs, da die kognitiven Leistungen, die zum Aufbau eines Situationsmodells notwendig sind, trotz der unterschiedlichen Reize, nicht mehr unterscheidbar sind.[453] Zwar argumentiert Bernd Scheffer nicht von einem Situationsmodell ausgehend, argumentiert aber in eine vergleichbare Richtung, indem er erkennt, „dass im Bewusstsein die lebenssteigernde Möglichkeit besteht, mediale Ausgangsdifferenzen aufzulösen, sogar zu ignorieren und statt dessen pansemiotische, ganzheitliche

---

[450] Kanzog (1997), S. 14.

[451] Volker Gehrau: *Eine Skizze der Rezeptionsforschung in Deutschland.* In: Patrick Rössler, Susanne Kubisch, Volker Gehrau (Hg.): *Empirische Perspektiven der Rezeptionsforschung.* München 2002 (Angewandte Medienforschung, 23), S. 9–47, S. 12.

[452] Vgl. ebd., S. 11.

[453] Vgl. Charlton (1997), S. 20.

Erfahrungen hervorzubringen."[454] Bei ihrem Entwurf eines allgemeinen Prozessmodells der Informationsverarbeitung narrativer Filme beziehen Ohler und Nieding sich auf das Situationsmodell, wie es von Teun van Dijk und Walter Kintsch beziehungsweise Philip N. Johnson-Laird für das Textverstehen beschrieben wurde:

> Der Organisationskern des Situationsmodells verknüpft die im audiovisuellen Text am stärksten im Vordergrund stehenden Protagonisten, Handlungsräume und Ereignisse. Die Repräsentation in Situationsmodellen wird dabei als analog zur Struktur der der Geschichte zu Grundeliegenden [sic] Sachverhalte aufgefasst [...]. Wir nehmen an, dass wie bei der Verarbeitung anderer Texte auch bei der Verarbeitung narrativer Filme Situationsmodelle aufgebaut werden, die von dem explizit präsentierten audiovisuellen Stimulusmaterial abweichen können.[455]

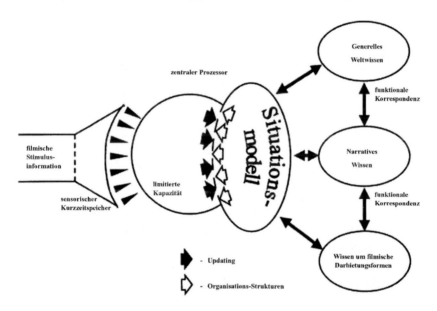

Abb. 9: Allgemeines Prozessmodell der Informationsverarbeitung narrativer Filme nach Ohler und Nieding

(Quelle: Ohler/Nieding [2002], S. 12)

---

[454] Scheffer (2012), S. 77.

[455] Peter Ohler, Gerhild Nieding: *Kognitive Filmpsychologie zwischen 1990 und 2000.* In: Jan Sellmer, Hans J. Wulff (Hg.): *Film und Psychologie – nach der kognitiven Phase?* Marburg 2002 (Schriftenreihe der Gesellschaft für Medienwissenschaft [GFM], 10), S. 9–40, S. 11f.

Ohler und Nieding gehen von einem permanenten Austausch zwischen zentralem Prozessor und Situationsmodell aus, wobei Letzteres permanent aktualisiert und Ersterer in seiner begrenzten Kapazität bei der Informationsverrechnung unterstützt wird.[456] Der Aufbau des Situationsmodells wird außerdem von den Wissensbeständen im Langzeitgedächtnis gestützt, die ihrerseits durch Erfahrungen und Filmrezeption erweitert und modifiziert werden: „Wir postulieren in diesem Zusammenhang drei analytisch unterscheidbare Wissensbestände, narratives Wissen, generelles Weltwissen und einen Wissensbestand über filmische Darbietungsformen."[457] Generelles Weltwissen und narratives Wissen sind (wie das Wissen um filmische Darbietungsformen und narratives Wissen) funktional miteinander verknüpft, sodass Schemata des einen oder anderen für die Erstellung des Situationsmodells genutzt werden können. Das Wissen um filmische Darbietungsformen dient dem Rezipienten im Verstehensprozess und bei der Bildung von Erwartungen.[458]

Ohler und Niedings Prozessmodell zeigt sehr anschaulich die Interdependenz von Wahrnehmung und Vorwissen bei der Informationsverarbeitung. Für meine Argumentation kann ich mit diesen Ausführungen zudem weitere Punkte gewinnen (neben dem bereits erwähnten von der ermöglichten Gleichbehandlung von Text- und (Film-)Bildwahrnehmung). Bei der Medienwahrnehmung geht es nicht mehr nur um den *aktiven*, sondern auch um den *kreativen* Rezipienten. So wie die „filmische Stimulationsinformation" das Situationsmodell beeinflusst, irritiert und formt dieses die Wahrnehmung im „zentralen Prozessor".[459] Die Erwartungshaltung formt also maßgeblich die Wahrnehmung, wie bereits im Kapitel 3.2 mit Klaus Sachs-Hombach zum Thema Bildwahrnehmung festgestellt.[460] Über Darstellungs- und Wahrnehmungsgewohnheiten ist nur ein Teil der Wahrnehmung berechenbar, die entstehende Erwartungshaltung ist subjektiv und kreativ. Bernd Scheffer spricht seinerseits von der „endlos autobiographischen Tätigkeit der Wahrnehmung":

> Bilder und Texte werden zwar meistens von außen angeregt, aber zusammengesetzt werden sie [...] ausschließlich intern, d.h. im Zusammenhang mit der jeweiligen Lebensgeschichte der jeweiligen Beobachterin, des jeweiligen Beobachters. Beobachter können immer nur das nehmen, was sie selber geben können und gerade auch geben wollen - im eigenen ‚Lebensroman', was sie selber an Gedan-

---

[456] Vgl. Ohler/Nieding (2002), S. 13.

[457] Ebd.

[458] Vgl. ebd.; vgl. hierzu auch Anm. 181; vgl. auch Kanzog (1997), S. 25. Nach Kanzog erfolgt das Sehen einen Filmes im Rahmen von Suchbildern.

[459] Vgl. hierzu auch Anm. 378.

[460] Vgl. hierzu auch Anm. 181.

ken, Gefühlen und Sprache und Sinneserfahrungen im eigenen Le-
bensentwurf schon haben, was sie aktualisieren und erweitern können und vor allem - emotional - auch erweitern wollen.[461]

So kommt Scheffer zu der Feststellung, Medienereignisse hätten eine
doppelte Urheberschaft, den Medienproduzenten und den Beobachter.[462]
Diese Erkenntnis stützt meine Ausgangsthese, wonach für den Effekt von
Authentizität einerseits das Produkt und andererseits der Rezipient notwendig beziehungsweise verantwortlich sind, kurz gesagt: ein Medienpakt.

Will man das komplexe Wechselspiel zwischen Rezipient, in seiner
individuellen wie kulturellen Involviertheit, und Produkt beschreiben,
empfiehlt sich eine interdisziplinäre Herangehensweise, wie auch Michael
Charlton und Silvia Schneider betonen.[463] Charltons Forderung nach einer
Erweiterung des kognitionswissenschaftlichen Zugangs um Aspekte der
Sozialität und Kulturgebundenheit des Mediengebrauchs[464] kommt beispielsweise Sven Strasen nach.[465] Zwar fokussiert sich Strasen in seiner
Arbeit auf den literarischen Text, doch seine ganzheitliche Herangehensweise an den Rezeptionsprozess erweist sich als höchst aufschlussreich
und anschlussfähig, weshalb ich seine Erkenntnisse im folgenden Kapitel
pointiert nachvollziehe und auf die Biopic-Rezeption übertrage.

6.3   (Film-)Rezeption als aktiver, strategischer Prozess

Sven Strasens Ziel ist die Entwicklung eines Modells literarischer Rezep-
tion, welches das Rezeptionsverhalten empirischer Leser in alltäglichen
literarischen Kommunikationsprozessen beschreibt. Als heuristisches
Hilfsmittel nutzt er wie Ohler und Nieding das erwähnte Basismodell des
Textverstehens nach Teun van Dijk und Walter Kintsch, dessen knappe
Auseinandersetzung nun in den wesentlichen Grundzügen nachgeholt

---

[461] Bernd Scheffer: *Zur Intermedialität des Bewusstseins.* In: Roger Lüdeke, Erika Greber
(Hg.): *Intermedium Literatur. Beiträge zu einer Medientheorie der Literaturwissenschaft.* Göttingen 2004 (Münchner Universitätsschriften. Münchner Komparatistische
Studien, 5), S. 103–122, S. 115. Vgl. auch Scheffer (1992). Scheffers Theorie von der
„endlos autobiographischen Tätigkeit der Wahrnehmung" erlaubt einen Brückenschlag
zu der in Kapitel 3.1 vorgestellten These Ferdinand Fellmanns von der Zuständlichkeit
der Bildwahrnehmung (vgl. Anm. 161).

[462] Vgl. Scheffer (2004), S. 115f.

[463] Vgl. Charlton/Schneider (1997) in ihrem Vorwort zu diesem Band, S. 7.

[464] Vgl. Charlton (1997), S. 31.

[465] Sven Strasen: *Rezeptionstheorien. Literatur-, sprach- und kulturwissenschaftliche Ansätze und kulturelle Modelle.* Trier 2008 (WVT-Handbücher zum literaturwissenschaftlichen Studium, 10).

werden soll.[466] Ausgangspunkt dieses Modells ist die grundsätzliche Annahme von der Begrenztheit menschlicher Ressourcen hinsichtlich Speicher- und Verarbeitungskapazität. Nach van Dijk und Kintsch geschieht das Textverstehen auf verschiedenen Ebenen, angefangen bei der *Oberflächenstruktur* des Textes, die in eine *Textbasis* überführt wird, die also das Produkt einer semantisch-syntaktischen Analyse und von Kohärenzprozessen ist. Für diese Kohärenzprozesse ist Wissen notwendig, und auf Basis dieses Wissens wird ein *Situationsmodell* erstellt. Denn alle *Wissensbestände* sind nicht durchsuchbar, die Situation ist entscheidend und Relevantes wird aktiviert. Schemata organisieren die Wissensstruktur, wodurch Speicher- und Prozessaufwand minimiert werden. Die Aktivierung von Schemata wird durch das *Kontrollsystem* gesteuert: „Das Konzept des Kontrollsystems geht davon aus, daß Textverstehen ein aktiver, strategischer Prozeß ist, in dem deshalb die Ziele der Rezipienten eine wichtige Rolle spielen."[467]

Diese fünf Ebenen nutzt Strasen, um bisherige Ansätze der Rezeptionstheorie zu prüfen, zu integrieren und zu ergänzen und um wichtige Erkenntnisse zum Rezeptionsprozess zu gewinnen, die sich auch für die Zwecke meiner Arbeit als sehr nützlich erweisen. Denn auch wenn Strasen von Textverstehen und literarischen Kommunikationsprozessen ausgeht, so lässt sich eine Übertragbarkeit seines Modells, vor allem ergänzt um das oben erörterte Prozessmodell nach Ohler und Nieding, auch auf filmische Kommunikation behaupten:

> Die Bedeutungsoffenheit literarischer Texte gründet in erster Linie in einem Phänomen, das kein ausschließlich literarisches ist, sondern in allen Formen von Kommunikation eine Rolle spielt: der Unbestimmtheit des bedeutungskonstituierenden Kontextes. Rezeptionstheorie ist deshalb in hohem Maße Kontextualisierungstheorie.[468]

Strasen wendet sich also besonders der Frage des Kontextes zu und identifiziert die Relevanztheorie als wichtigste Kontextualisierungstheorie, weniger die Sprechakttheorie, auf der zahlreiche literaturwissenschaftliche Rezeptionstheorien beruhen.[469] Basierend auf dem Gedanken, dass Kommunikationspartner vergleichsweise präzise Vorstellungen vom Wissensbestand ihres Gegenüber haben, lässt sich mit der Relevanztheorie Kon-

---

[466] Vgl. Strasen (2008), S. 27–41. Auf eine ausführliche Auseinandersetzung mit van Dijk und Kintsch wird auch an dieser Stelle verzichtet, da für meine Arbeit Strasens weiterführende Gedanken von wesentlicherem Interesse sind.

[467] Ebd., S. 39.

[468] Ebd., S. 351.

[469] Vgl. ebd., Kap. *4 Pragmatische Impulse für eine Theorie literarischer Rezeptionshandlung*, S. 129–194.

textualisierung schlüssig erklären.[470] Dabei wird von einer partiellen wechselseitigen Manifestheit der kognitiven Umwelten von Individuen und von effektiven, wechselseitig prognostizierbaren Suchstrategien im Wissensbestand ausgegangen.[471] Durch das Relevanzprinzip ergeben sich wesentliche Vorteile zu anderen Ansätzen, wie sie etwa von Grice und Searle vertreten werden, und so fallen zum Beispiel Codemodelle weg: „Jedes Zeichen kann jede Bedeutung annehmen, solange dem Rezipienten nur ein Kontext zugänglich ist, in dem dieses Zeichen in der betreffenden Bedeutung einen hinreichenden Grad an Relevanz hat."[472] So gesehen hat literarische Sprache keinen kategorisch anderen Status als andere Formen der Sprachverwendung.[473] Einen Unterschied macht das aktivierte Kontrollsystem, und so ist bei der Textrezeption von einem literarischen Kontrollsystem auszugehen, das die Aktivierung von Schemata und Suchroutinen steuert.[474]

Diese Erkenntnisse Strasens sind insofern von Bedeutung für meine Arbeit, da ich die Relevanz des Dargestellten als entscheidend für die Formulierung einer Aussageabsicht beschrieben habe, um so die notwendige Auswahl von Biographemen in der Filmbiografie zu verteidigen. Bislang gefehlt hat die Frage nach dem Kontext, vor dessen Hintergrund Relevantes ausgewählt und wahrgenommen wird, eine Lücke, die sich mit Strasens Auseinandersetzungen schließen lässt. Doch auch die Relevanztheorie stößt an die Grenzen ihrer Möglichkeiten, literarisches Textverstehen zu erklären. Denn auch wenn der Status literarischer Sprache mit anderen Formen der Sprachverwendung gleichzusetzen ist, so ist literarische Kommunikation beziehungsweise Massenkommunikation generell als weitaus komplexer einzustufen als die Kommunikation zwischen Individuen.[475] Zudem gibt die Relevanztheorie keine hinreichende Antwort auf die Frage, wie kognitive Umwelten kulturell koordiniert sind beziehungsweise auf die Frage nach den kognitiven Strukturen der Kommunikationspartner.[476]

> Es läßt sich also zusammenfassend konstatieren, daß die Relevanztheorie zwar einen plausiblen grundlegenden Mechanismus bei der Kontextkonstruktion unterstellt, sich aber in ihrer kognitionstheoretischen Argumentation auf einem so hohen Abstraktionsniveau

---

[470] Vgl. Strasen (2008), S. 24.

[471] Vgl. ebd., S. 160ff.

[472] Ebd., S. 157.

[473] Vgl. ebd.

[474] Vgl. ebd., S. 352.

[475] Vgl. ebd., S. 24.

[476] Vgl. ebd., S. 190.

bewegt, daß einige wichtige Details der unterstellten kognitiven Prozesse nicht hinreichend in den Fokus geraten.[477]

Diese Schlussfolgerung führt Sven Strasen zur Kognitionspsychologie, die zahlreiche offene Fragen mithilfe der klassischen symbolischen Schematheorie zu beantworten weiß. Laut der Kognitionspsychologie sind Wissensbestände keine Einzelinfos, sondern über Situationen und Handlungsabläufe zu Schemata zusammengefasst, die zum Teil sozial und kulturell codiert sind.[478] Über die konnektionistische Schematheorie gelangt Strasen zu einer plausiblen Erklärung für die kulturelle Koordination der Inhalte von Schemata. So sind Schemata nicht nur als rein innerpsychische Entitäten anzunehmen, sondern als „Abfallprodukt" der kognitiven Verarbeitung von sozial und kulturell überformten Erfahrungen.[479] Und *kulturelle Modelle* sind der Schnittpunkt der mentalen, sozialen und materialen Dimension von Kultur.[480] Kontextualisierungsleistungen von Rezipienten wären ohne kulturelle Modelle schwer verständlich, „wenn die je spezifischen kognitiven Modelle von Kommunikationspartnern den Ausgangspunkt für den Kontextualisierungsprozeß bilden würden."[481] Wie Strasen herausarbeitet, ähneln sich kognitive Modelle von Individuen strukturell, da sie schematisch organisiert sind:

> Dies erleichtert die Ermittlung des vom Sender vorausgesetzten Äußerungskontextes schon erheblich, weil die Systemlogik der schematischen Organisation des Wissensbestandes als wechselseitig manifest vorausgesetzt werden kann.[482]

Kognitive Universalien und kulturelle Einflüsse sind die Ursachen für die Übereinstimmung individueller kognitiver Modelle.[483]

Besonders interessant ist für mich der Hinweis, dass die Theorie der kulturellen Modelle nicht nur auf das Literatursystem beziehbar ist, sondern auf alle kulturellen Kontexte.[484] Und so nehme ich eine Übertragung der Erkenntnisse Strasens auf die Filmbiografie vor, analog zu seiner eigenen Anwendung auf den konkreten Lektüreprozess:

---

[477] Strasen (2008), S. 190.

[478] Vgl. ebd., S. 24 und ausführlich bei Strasen Kap. *5 Schematheorie und ihr Beitrag zu einer Theorie literarischer Rezeptionshandlung*, S. 195–269.

[479] Vgl. ebd., S. 265; vgl. auch S. 220.

[480] Vgl. ebd., Kap. 6 *Kognitive Modelle, kulturelle Modell und Diskursgemeinschaften: Ansätze zu einer kognitiven Diskursanalyse der Literatur*, S. 273–339.

[481] Ebd., S. 332.

[482] Ebd.

[483] Vgl. ebd., S. 334f.

[484] Vgl. ebd., S. 357.

Bei der Wahrnehmung repräsentierter Oberflächenstrukturen eines Textes nutzt der Leser Sprach- und Textschemata, um Weltschemata zu überprüfen und Textsorten zu unterscheiden.[485] Die Konstruktion der Oberflächenstruktur ist somit nicht nur wahrnehmungs-, sondern auch wissensgesteuert.[486] Gleiches gilt für den Film, bei dem die Wahrnehmung der Oberflächenstruktur eine erste Einordnung des Filmgenres geben kann (Dokumentarfilm, Spielfilm, experimenteller Film etc.). Die Oberflächenstruktur wird überführt in die Textbasis. „Zugleich aktivieren unter Umständen schon erste Merkmale der Oberflächenstruktur das literarische Kontrollsystem."[487] Analog dazu lässt sich ein filmbiografisches Kontrollsystem annehmen, das aktiviert wird. Betrachtet ein Rezipient einen Film mit dem Titel *Hitchcock*, dann erwartet er, etwas über Alfred Hitchcock zu erfahren. Erste Signale der Oberflächenstruktur können dies bestätigen oder widerlegen, den Film als Dokumentation, als Spielfilm, als Animationsfilm etc. kennzeichnen. Unterschiedliche Kommunikationsformen bedeuten unterschiedliche Kontrollsysteme, und diese unterschiedlichen Kontrollsysteme haben wiederum Einfluss auf die Suchroutinen bei Relevanz stiftenden Kontexten.[488] Bei Biopics wie *Shakespeare in Love* oder *Goethe!*, die nach dem biografistischen Prinzip erzählen, wird der sachkundige Zuschauer eher werkspezifische als historische Suchroutinen anstrengen, um über das Relevanzprinzip Kontexte zu generieren. Auch bei der Biopic-Rezeption wird die kognitive Umwelt nach Kontexten abgesucht, um die „Textbasis" zu kontextualisieren. Im Gegensatz zu einer direkten Kommunikationssituation entsteht bei der literarischen wie bei der filmbiografischen Kommunikation ein erheblicher Widerstand bei der Konstruktion eines notwendigen Situationsmodells, da durch den Einsatz des literarischen beziehungsweise filmbiografischen Kontrollsystems und durch die komplexe Struktur von Oberfläche und Textbasis eine intensive Suche im Wissensbestand und eine umfangreiche Kontextausweitung notwendig werden.[489] Die Bildung eines Situationsmodells ist erschwert durch die Suspendierung eines unmittelbaren Weltbezugs, folglich greifen Mechanismen des Relevanzkalküls, und dem fehlenden situativen Kontext wird mit kulturellen Modellen begegnet.[490]

Mit dem Begriff der *kulturellen Modelle* erfahren die des Öfteren erwähnten Darstellungs- und Wahrnehmungsgewohnheiten beim Biopic nun eine Präzisierung. Das heißt, der Rezipient einer Filmbiografie ver-

---

[485] Vgl. Strasen (2008), S. 348.

[486] Vgl. ebd., S. 30.

[487] Ebd., S. 353.

[488] Vgl. ebd., S. 349.

[489] Vgl. ebd., S. 353; vgl. auch S. 118f.

[490] Vgl. ebd., S. 346.

lässt sich so wie der Filmschaffende auf bestehende kognitive Universalien und kulturelle Themata.[491] Fest stehende Narrative, wie das der devianten Künstlerpersönlichkeit, erfüllen hierbei eine wichtige Funktion. Kontextualisierung ist der Austausch zwischen Textbasis, Situationsmodell und Wissensbestand, nach Strasen also der Kern der Rezeption.[492] Bei der Erstellung eines Situationsmodells erfolgt zur Kontextausweitung eine intensive Suche im Wissensbestand, der durch Schemata organisiert ist, die ihrerseits wiederum durch kulturelle Modelle zur Verfügung gestellt werden. Das Wissen um filmbiografische Konventionen[493] wird gleichermaßen aktiviert wie allgemeines Weltwissen sowie spezifisches Wissen um die biografierte Persönlichkeit.

Nimmt ein Rezipient also ein Biopic als authentisch wahr, durchsucht er bei der Erstellung des Situationsmodells (angeregt durch filmische Signale) die relevanten kulturell (im engeren Sinne: medial) wie individuell geprägten Wissensbestände, wobei entsprechende Schemata aktiviert werden. Da laut Strasen Rezeption als zielgerichteter, strategischer Prozess anzunehmen ist, wird der Rezipient eine Vielzahl an Authentizitätssignalen, die sich mit seinem Wissensbestand decken, finden. Dass der Rezeptionsmodus dabei nicht durchgängig authentisch sein muss, wurde zuletzt mit Berthold festgehalten. Aus handlungstheoretischer Perspektive *nutzt* der Rezipient Medieninhalte strategisch und zielgerichtet. Erwiesen ist an diesem Punkt der Argumentation also die wiederholt aufgestellte Behauptung, dass Medienwirkung, wie etwa der Effekt von Authentizität, das Resultat einer bestimmten Rezeptionsweise ist. Zu hinterfragen ist aber, ob ein Rezipient stets *zielgerichtet* an einen Rezeptionsprozess herangeht, eine bestimmte, strategische Absicht verfolgt und sich irgendeinen Nutzen verspricht.

Udo Göttlich begegnet dieser Frage, indem er die handlungstheoretische Perspektive am Kreativitätsbegriff orientiert, ausgehend vom Gedanken, dass die Aneignung von „Neuem" angesiedelt ist im Spannungsfeld von Routine und Widerstand.[494] Kreativität meint hierbei

> keineswegs eine bloße Analogie zum schöpferischen Prozeß der Kunst, sondern beschreibt eine *konstitutionelle Verfasstheit des Handelns* und der Wahrnehmung selbst, die in der *selbstreflexiven Steuerung* unseres Verhaltens in spezifischen Situationen besteht,

---

[491] Vgl. Strasen (2008), S. 334.

[492] Vgl. ebd., S. 352.

[493] Vergleichbar etwa mit dem Wissen um filmische Darbietungsformen, von dem Ohler und Nieding sprechen, vgl. Anm. 457.

[494] Vgl. Udo Göttlich: *Medienrezeption zwischen Routine und Widerstand: Zu einigen handlungstheoretischen Aspekten bei der Analyse von Rezeptionsmodalitäten.* In: Volker Gehrau, Helena Bilandzic, Jens Woelke (Hg.): *Rezeptionsstrategien und Rezeptionsmodalitäten.* München 2005 (Reihe Rezeptionsforschung, 7), S. 77–88.

die über die Erklärung durch zweckrational gerichtete Motive hinausweist.[495]

Die Aneignung von Neuem geschieht demnach nicht nur anhand der Abarbeitung von vorgängig gesetzten Verhaltens- und Handlungsweisen.[496]

> [E]s [gibt] zur Vermutung Anlaß […], dass auch die Zuwendung zu etwas Neuem zunächst aus der Haltung bewertet wird, dass das Angebot der subjektiven (routinisierten) Empfindung entgegenkommt und auch den erlernten Schemata entspricht, ehe bei einem Scheitern darüber hinaus zielende normative (d.h. auch widerständige) aber auch ästhetische Momente zur Einordnung des Neuen angelegt werden.[497]

Der Rezipient ist rekonstruierend (ästhetisch) kreativ. Wie Göttlich auch an anderer Stelle zeigt, ist Selektion der konstitutive Akt, der dem kreativen Charakter einer Handlung zugrunde liegt.[498] Die Selektion wird determiniert durch die Situation.[499] Und bei kreativer Rekonstruktion entsteht etwas Neues, der Medieninhalt wird *transformiert*.[500]

Diesen Aspekt der kreativen Transformation möchte ich im Folgenden vertiefen und (losgelöst von der Annahme eines etwa intentionalen oder selbstreflexiven Prozesses) erweitern um Martin Andrees Konzept von der Selbstüberschreitung von Medialität und Bernd Scheffers Konzept von der Inter- beziehungsweise Multimedialität der Wahrnehmung, ehe ich die gewonnenen Erkenntnisse zu einem ganzheitlichen Modell der Authentizitätskonstruktion zusammenführe.

6.4 Selbstüberschreitung von Medialität als kreatives Moment

Mit Hans Robert Jauß wurde erkannt, dass der Historiograf eine bestimmte Perspektive zu seinem Erzählgegenstand einnimmt, und aus dieser heraus setzt er, so wie der Biograf, einen Anfang und ein Ende und bereitet dazwischen Erzählenswertes entsprechend der gewünschten Aussageabsicht selektiv auf (Kapitel 5.1). In gleicher Weise argumentiert Albrecht Koschorke, wenn er von der Bildung von Sequenzen und Rahmung beim Erzählen spricht und erkennt, dass erst das Erzählen ein Ereignis

---

[495] Göttlich (2005), S. 79 (Hervorhebungen im Original).

[496] Vgl. ebd., S. 80.

[497] Ebd., S. 81.

[498] Vgl. Göttlich (2001), S. 132.

[499] Vgl. ebd., S. 130f.

[500] Vgl. hierzu auch Werner Früh: *Realitätsvermittlung durch Massenmedien. Die permanente Transformation der Wirklichkeit.* Opladen 1994.

zum Ereignis macht.[501] Ein Aspekt, den auch die Traumaforschung betont. So setzt sich etwa Eva Horn mit der These auseinander, dass „Ereignis" und „Erfahrung" (und somit auch das Trauma) eine Frage der Rekonstruktion sind:

> Wie ‚Erfahrung' gemacht wird, hängt nicht nur mit den Modalitäten der jeweiligen Situation zusammen, sondern auch mit den Strukturen, die vorgeben, was überhaupt erfahrbar und als Erfahrung vermittelbar ist. Erlebnis und Trauma sind in den Diskursen über die Kriegserfahrung ein untrennbares Begriffspaar: Das Trauma ist das verfehlte, gescheiterte Ereignis.[502]

Im Kapitel 5.1 war davon die Rede, dass erst die Nacherzählung Vergangenheit erfahrbar macht, und mit Eva Hohenberger wurde festgestellt, dass bereits Wahrnehmung narrativ organisiert sein kann.[503] Eva Horns Erkenntnis stellt hierzu eine interessante Ergänzung dar: Erfahrung bedarf einer Rekonstruktion, um zum Ereignis zu werden, und wie etwas erfahren wird ist strukturell vorgegeben. Und so erkennt auch Christian Klein, dass in der Entwicklung der Biografik das Leben zunehmend nicht nur etwas Gelebtes, sondern auch als etwas Gestaltetes betrachtet wurde.[504] Hierin zeigt sich erneut die These, dass Wirklichkeit an sich nichts aussagt, auch nicht die Wirklichkeit, die man unmittelbar erfährt. *Begreifen* lässt sich erst etwas (sei es die dargestellte Wirklichkeit in einem Dokumentarfilm, das nachvollzogene Leben einer historischen Persönlichkeit in einer Filmbiografie oder ein individuelles Erlebnis in der Realität) in der Rekonstruktion, und die ist zumeist narrativ organisiert.

Nach Albrecht Koschorke endet eine Erzählung nicht mit ihrem Schluss, eine Erzählung hört nicht einfach auf. Vor allem bei Erzählungen mit einem offenen beziehungsweise unbequemen Ende nimmt der Rezipient das Gefühl der Unabgeschlossenheit mit in die Alltagsrealität und sucht nach Anschlussmöglichkeiten: „Die diegetisch vorgeführte Lösung des Handlungsknotens muss außerhalb der Diegese ausagiert werden, um die über den glücklichen Ausgang hinauswirkende Unruhe zu bannen."[505] Durch diesen „transgressiven Effekt" wird die Barriere zwischen Imagination und Realität eingeebnet.[506]

---

[501] Vgl. Koschorke (2012), S. 61f.

[502] Eva Horn: *Erlebnis und Traum. Die narrative Konstruktion des Ereignisses in Psychiatrie und Kriegsroman.* In: Inka Mülder-Bach (Hg.): *Modernität und Trauma. Beiträge zum Zeitenbruch des Ersten Weltkrieges.* Wien 2000 (Edition Parabasen), S. 131–162, S. 134.

[503] Vgl. Anm. 343.

[504] Vgl. Klein (2002), S. 14.

[505] Koschorke (2012), S. 64.

[506] Vgl. ebd.

Dass Erzählungen sowohl offen als auch geschlossen sind, dass sie sich nie glatt in ihre Umrahmung fügen und durch eine Vielzahl von appellativen Funktionen über ihre Ränder hinausdrängen – durch Unabgegoltenheit eines Unrechts, als Fluch, aber auch als Demonstration, Lehre, Anleitung, Stimulans, Prophezeiung, Versprechen, Verheißung –, macht einen wichtigen Teil ihrer kulturellen Wirkmächtigkeit aus.[507]

Dieser transgressive Effekt ist ein Phänomen, das mit einer bedeutsamen Beobachtung Martin Andrees, die der *Selbstüberschreitung von Medialität*, weitergedacht werden soll.

> Die Überschreitung der Medialität hin zu einem *Realitätserlebnis* ist eine immer wiederkehrende Konstante in der Beschreibung der Medienwirkung, welche geradezu ein Beurteilungskriterium für die Qualität von Büchern, Bildern, Filmen ist [...].[508]

Andree widmet sich in seiner umfangreichen Studie der Faszination, die Medien von jeher auf die Menschen ausüben, ausgehend von der zentralen Fragestellung, *wie* Medien wirken. Denn schließlich wissen die Menschen seit der Antike,

> [...] daß die Zeichenwelt der Medien bloß ‚Schattenbilder‘ liefert. Genau dieser Tatbestand macht aber das Phänomen der Medienwirkung zu einer beunruhigenden Angelegenheit. Woher rührt die universale Faszination an Medien, die sich gegen die ganz offenkundige Evidenz durchsetzt, daß Bilder, Texte, Filme nie mehr sein können als bloße Zeichen?[509]

Andree unterscheidet zwischen zwei Umgangsweisen mit Medien, einer *neutralen* beziehungsweise *instrumentellen*, etwa beim Lesen von Zeitungsartikeln, und einer *intensiven* beziehungsweise *emphatischen*. Letztere nimmt Andree zum Ausgangspunkt seiner Untersuchung, da bei emphatischen Rezeptionsprozessen die gleiche Bandbreite emotionaler Reaktionen hervorgerufen werden kann wie im ‚wirklichen Leben‘.[510] Das Basistheorem Andrees dabei ist, dass Medienwirkung ein Resultat der Selbstüberschreitung von Medialität ist. Bei emphatischen Rezeptionserlebnissen zeige sich die erstaunliche Konstante, dass nicht nur von einer Dechiffrierung von Zeichenanordnungen die Rede sei:

> Die geradezu halluzinatorische Überschreitung der Medialität im Rezeptionsprozeß kann sogar so weit gehen, daß man Rezipienten geradezu erinnern muß: ‚Es ist doch nur ein Film.‘ Immer wieder

---

[507] Koschorke (2012), S. 66.

[508] Andree (2005), S. 12 (Hervorhebung im Original).

[509] Ebd., S. 14.

[510] Vgl. ebd., S. 9. Zum Begriff der „Emphase" bei Andree vgl. ebd., S. 20ff.

begegnet man dem Phantasma, daß Zuschauer oder Leser berichten, das Rezeptionserlebnis habe nicht mehr in der Sphäre des Mediums stattgefunden, sondern sei ‚wie wirklich‘ oder sogar ‚wirklicher‘ als die Realität selbst gewesen [...].[511]

Um dieser emphatischen Rezeptionsweise auf den Grund zu gehen, untersucht Andree fünf Kriterien beziehungsweise Programme, die emphatische Kommunikation generieren: Ähnlichkeit, Geheimnis, Unmittelbarkeit, Ursprung und Authentizität:[512] Durch *Ähnlichkeit* entsteht eine Simulation des Gegenstandes, wodurch die Illusion von Präsenz erzeugt wird. *Geheimnisse* werden nicht nur kommuniziert, sondern sie „überschreiten" die Möglichkeiten der Darstellung und „sprengen" damit die Kommunikation, denn die werden ausgesprochen und bleiben dennoch unaussprechlich. *Unmittelbare* Kommunikation kommuniziert dem Anschein nach ohne Medium (*im-mediatus*).[513] Ferner wird Kommunikation durch das *ursprüngliche* Zeichen in zeitlicher Hinsicht überschritten und schlussendlich profitiert das *authentische* Zeichen davon, nicht „gemacht" oder „hergestellt", sondern „echt" zu sein.[514] Mit Andree werden zentrale Begriffe meiner Arbeit wieder aufgerufen. Während Authentizität bei Andree im Kontext von Fälschung und Original behandelt wird, die Verwendungsweise hier also allenfalls streift, sind die Ansätze zu Unmittelbarkeit und Ähnlichkeit durchaus zu vereinbaren. Vor allem im Moment der Unmittelbarkeit sieht der Autor die Selbstüberschreitung der Medialität angesiedelt, denn hier liegt der Reiz des Erlebens zugrunde.[515] Ähnlichkeit untersucht Andree über den Bildbegriff und die Simulation, aber auch als eine Frage des Konsens und des Stils.[516] Ein Geheimnis erzeugt Spannung und Neugier. Zwar beschreibt Andree die Schrift als Leitmedium des Geheimnisses, dennoch angewandt auf das Biopic lässt sich behaupten, dass die Spannung hier im Versprechen liegt, Unbekanntes über die biografierte Persönlichkeit zu erfahren. Kommuniziert wird dabei nur eine Möglichkeit, das Geheimnisvolle bleibt bestehen. Jedes einzelne dieser Programme arbeitet Martin Andree in seiner Studie mediengeschichtlich fundiert auf und belegt deren Einfluss, *„unter welchen Bedingungen* man Kommunikation entweder der einen (‚emphatischen‘) oder der anderen (‚instrumentellen‘) Seite der Unterscheidung zuweist."[517] In Anlehnung an weitere und bereits zuvor erläuterte Erkennt-

---

[511] Andree (2005), S. 12.

[512] Vgl. ebd., S. 24f.

[513] Vgl. ebd., zudem S. 335.

[514] Vgl. ebd., S. 25.

[515] Vgl. ebd.

[516] Vgl. ebd., S. 52ff.

[517] Ebd., S. 501 (Hervorhebung im Original).

nisse Andrees spreche ich in meiner Arbeit von einer *empathischen* Rezeptionsweise,[518] da sich meines Erachtens mit dem Empathie-Begriff die Rezipientenorientierung meines Ansatzes, bei dem ich von einer aktiv-kreativen Rolle des Rezipienten ausgehe, deutlicher beschreiben lässt als mit dem der „Emphase".

Dieses Moment der Überschreitung halte ich für meine Argumentation fest, um damit die Theorie zu untermauern, dass ein Biopic eine Prozess auslösende Funktion erfüllt, ohne jedoch den Prozess selbst zu determinieren. Wirkung geht über das Produkt und seine Signale hinaus. Ein kurzer Exkurs in die Medienanthropologie soll diesen Sachverhalt verdeutlichen. Die Medienanthropologie hinterfragt evolutionsbiologisch, warum Medieninhalte Emotionen auslösen und begegnet dieser Tatsache unter anderem mit dem Vergleich von Medien als *Attrappen*.[519] Die Attrappentheorie geht davon aus, dass neben angeborenem das erworbene Verhalten steht, dessen Kernelemente der Schlüsselreiz und die Reaktion darstellen. Individuelle Erfahrung und Erinnerung spielen eine große Rolle sowie das innerhalb einer Gruppe Abgeschaute beziehungsweise Weitervermittelte. „Emotionen sind Interpretationen von Wahrnemungen und damit hochgradig abhängig vom wahrnehmenden Subjekt."[520] Um ein bestimmtes Verhalten auszulösen, etwa eine Emotion wie Trauer oder Furcht, müssen genügend Gemeinsamkeiten, man könnte auch sagen, relevante Merkmale, vorhanden sein, „Medien sind in dem gleichen Sinn Attrappen, wie Vogelscheuchen Attrappen für Vögel sind."[521] Die Darstellung muss glaubwürdig und wahrscheinlich sein, sonst entpuppt sich die Attrappe als Täuschung. Ein Rezipient akzeptiert Unrealistisches wie sprechende Ferkel und fliegende Teppiche, lässt sich sogar von Zeichentrickdarstellungen rühren oder belustigen.

> Medien sind somit keine Fenster zur Welt, sondern bieten Einblicke in konstruierte Vorstellungen. Massenmedien sprechen Auge und Ohr so an, dass die Inhalte als Repräsentationen von Realem – wie bei Non-Fiktion – oder als Modelle – bei Fiktion der Wirklichkeit wahrgenommen werden.[522]

Meist reicht nur ein einzelner Reiz aus, wie etwa das Knarren einer sich im Hintergrund langsam öffnenden Tür, um eine entsprechende Reaktion auszulösen. Es reichen wenige Merkmale, um ganze Schemata zu aktivie-

---

[518] Vgl. Kap. 2.3.2 meiner Arbeit.

[519] Vgl. Clemens Schwender: *Medien und Emotionen. Evolutionspsychologische Bausteine einer Medientheorie.* 2. Aufl. Wiesbaden 2001, S. 26ff.

[520] Ebd., S. 27.

[521] Ebd.

[522] Ebd., S. 27f.

ren (einen „Hof von Ahnungen"[523]) und ein Situationsmodell zu generieren. So wie die selektive Ansicht einer Fotografie für eine komplexe Vorstellung ausreicht (vgl. Kapitel 3.1).

Als Attrappe liefert ein Medium die Möglichkeit des *Probehandelns*, das (gefahrlose) Ausprobieren von hypothetischen Situationen.[524] Medieninhalte erlauben es dem Rezipienten, Situationen zu erleben, die der tatsächliche Lebensraum nicht (mehr) bietet. Über den Empathie-Begriff hinausgehend, arbeitet Clemens Schwender mit dem Begriff der *Theory of Mind*, bei dem es um die Fähigkeit geht, „sich vom geistigen Zustand eines anderen eine Vorstellung zu machen."[525] Ohne diese Fähigkeit ließen sich im Kino keine Emotionen auslösen. Die Wahrnehmung von Devianz und das Fremdschämen wären ohne *Theory of Mind* nicht möglich. Ein in aller Öffentlichkeit hilflos stotternder König würde nicht anders wahrgenommen als die Information, dass zweimal im Jahr die Uhren umgestellt werden. Außerdem ist die *Theory of Mind* eine fundamentale Voraussetzung, um sich auf fiktionale Geschichten einlassen zu können.[526]

Sicherlich ließe sich von medienanthropologischer Seite noch weit mehr zur Medienwirkung beitragen, doch ich beschränke mich auf die Begriffe der *Attrappe*, des *Probehandelns* und der *Theory of Mind*, weil ich hierin Momente der *Selbstüberschreitung von Medialität* sehe, kreative Momente, die zudem dazu beitragen können, die Faszinationskraft von Medien zu erklären. Außerdem sind sie zu vereinbaren mit den im vorhergehenden Kapitel erörterten Begrifflichkeiten *kulturelle Modelle*, *Schematheorie* und *Kontextualisierung*.

Erweitern möchte ich diese Beobachtungen um die Erkenntnisse Bernd Scheffers, der von der Intermedialität des Bewusstseins spricht:

> Medienproduktionen lassen sich zwar verhältnismäßig leicht hinsichtlich ihrer Monomedialität, Multimedialität bzw. Intermedialität bestimmen, hingegen ist die Rezeption aller Medien, ist also auch die Rezeption der sogenannten monomedialen Medien von vornherein multimedial bzw. intermedial.[527]

So werden durch schriftliche und mündliche Texte visuelle, akustische, haptische und olfaktorische Erfahrungen ermöglicht.[528] Ein Moment, das man als Selbstüberschreitung von Medialität bezeichnen kann. Die kreative Konstruktionsleistung des Rezipienten schließt demnach auch alle

---

[523] Vgl. Anm. 377.
[524] Vgl. Schwender (2001), S. 250.
[525] Ebd., S. 68.
[526] Vgl. ebd.
[527] Scheffer (2004), S. 103.
[528] Vgl. ebd.

Sinne mit ein. Burda und Maar stellen die These auf, Erinnerung geschähe in Standbildern.[529] Der umgekehrte Fall lässt sich für die Fotografie annehmen:

> Die Fotografie, die als zweidimensional und augenblickshaft gilt, kann im rezipierenden Bewusstsein durchaus und ganz leicht zur Vorstellung von Bewegungen im Raum und in der Zeit führen, gerade auch deshalb, weil wir die Bilder selbst nie als Momentaufnahme anhalten können, weil wir den Moment grundsätzlich und unvermeidlich in Zeit und Raum ausdehnen [...].[530]

Das Medium wird überschritten und das Dargestellte zu etwas Vorgestelltem, konstruiert und transformiert nach den eigenen (emotionalen) Erfahrungen, Wissensbeständen und vor allem Erwartungen. Hierin sehe ich die Kreativität des Rezeptionsprozesses. So gesehen bleibt an dem Medienprodukt nichts mehr so, wie es ursprünglich einmal war, eine Unterscheidung zwischen Multimedialität und Intermedialität ist nicht mehr konstitutiv.[531] Wenn also von „Medienwirkung" die Rede ist, dann wirkt da nicht direkt etwas,[532] es geht um einen Anstoß, den ein Produkt leistet. Allenfalls dringt es „übersetzt" ins Bewusstsein,

> und die Übersetzung verändert das Angebot total. [...] Texte, Bilder, Töne ermöglichen immer nur den ‚Start' eines Effekts, aber gerade nicht (und das ist das Kernargument) das ‚Erreichen' des Gesamt-Resultats einer Mediennutzung.[533]

Diese Erkenntnis unterstützt meine Ausgangsthese, wonach ein Biopic den Effekt von Authentizität durch entsprechende Signale anstößt, authentische Wirkung aber eine Konstruktionsleistung durch den Rezipienten ist. Diesen Konstruktionsprozess fasse ich im folgenden Kapitel unter Berücksichtigung der gewonnenen Erkenntnisse zusammen.

---

[529] Vgl. Christa Maar, Hubert Burda (Hg.): *Iconic Turn. Die neue Macht der Bilder.* Köln 2004, S. 10 in ihrem Vorwort zu diesem Band: „Unser Gehirn ist offensichtlich darauf trainiert, Einzelbilder, nicht jedoch fließende, bewegte Bilder zu speichern, wie Fernsehen und Film sie produzieren. Susan Sonntag [sic] gibt uns einen ersten konkreten Hinweis, wenn sie sagt: ‚Memory is a still'."

[530] Scheffer (2004), S. 104.

[531] Vgl. ebd., S. 103.

[532] Vgl. ebd., S. 107.

[533] Ebd., S. 111.

6.5 Der Effekt von Authentizität in der Filmbiografie – eine Konklusion

Ein Biopic strengt eine (mehr oder minder konsequent durchgehaltene) Authentizitätsstrategie an. Dabei werden für die Aussageabsicht relevante Informationen vermittelt (Relevanzaspekt). Dreh- und Angelpunkte für die authentische Wirkung ist die glaubwürdige Darstellung (Glaubwürdigkeitsaspekt). Darstellung kann wie Wahrnehmung aber immer auch anders ausfallen (Kontingenzaspekt), weswegen eine (Lebens-)Geschichte nie auserzählt ist. Die Nacherzählung eines vergangenen Lebens ist stets von fiktionalen Momenten durchwirkt, ein Biopic an sich ist ein fiktionaler Film. Entscheidend ist, wie wahrscheinlich das Dargestellte ist, um Glaubwürdigkeit zu vermitteln (Wahrscheinlichkeitsaspekt), welche gültige Relevanz das Dargestellte für den Rezipienten hat.

Der fundamentale Unterschied zwischen Medien- und Kohlenstoffrealität soll nicht aufgehoben, allerdings tief greifende transgressive Effekte im Sinne Albrecht Koschorkes angenommen werden. Medien, oder in diesem Anwendungsfall enger gefasst: Narrationen beeinflussen kulturelle und soziale Praxis. Und Wahrnehmung ist individuell wie kulturell (medial) geprägt. Die Wahrnehmung eines Biopics geschieht demnach in vorgegebenen – wenn auch nicht starren – Bahnen (filmbiografische Darbietungsformen). Der Rezipient sucht Anschlussmöglichkeiten, sowohl im eigenen (medial geprägten) Wissen als auch im kulturellen Weltverständnis und auch in der eigenen Biografie („Kann ich mir das vorstellen?"), allgemein gesprochen: in den Wissensbeständen. Er sucht nach Bestätigung und Vereinbarkeit, sucht nach Authentischem. Das Genre Film*biografie* signalisiert Wahrheit, erzeugt also eine Erwartungshaltung, die ihrerseits das Situationsmodell beeinflusst und die Entstehung von Authentizitätseffekten unterstützt. Was aber nicht heißt, dass das Dargestellte sich zwangsläufig als glaubwürdig oder wahrscheinlich entpuppt. Die authentische Lesart eines Biopics wird angestoßen beziehungsweise unterbunden durch entsprechende Signale des Films. Diese Signale werden kontextualisiert mithilfe der Wissensbestände, die durch Schemata organisiert sind, und entsprechend des Relevanzkalküls, um den Prozessaufwand zu minimieren. Das filmbiografische Kontrollsystem organisiert wie die kulturellen Modelle die Wissensbestände und beide tragen so ihrerseits zur Entstehung des Situationsmodells bei.

Die nachstehende Grafik vereint das Prozessverarbeitungsmodell von Ohler und Nieding mit Strasens Erkenntnissen und ist erweitert um meine eigenen Ergebnisse (Abb. 10). Hierin zeigt sich die Ansiedelung der vier Bausteine des Authentizitätsbegriffs und der Weg, den die Entstehung von Authentizitätseffekten im Wahrnehmungsprozess nach meinem Verständnis nimmt.

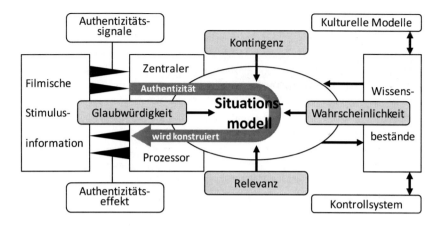

Abb. 10: Prozessmodell erweitert

Ein Film wie *Brothers Grimm*, dessen Fiktionalität durch die fantastischen Elemente geradezu zementiert wird, wird anders wahrgenommen als *Der Untergang*, *Shakespeare in Love* und *Die Eiserne Lady*. Die also zunächst authentische Lesart eines Biopics wird permanent (und keinesfalls immer bewusst) überprüft vor dem Hintergrund der Wissensbestände, und fällt nicht nur von Film zu Film, sondern auch innerhalb ein und derselben Narration anders aus. Sven Strasen zitiert Sperber und Wilson mit dem Hinweis, dass die menschliche Wahrnehmung darauf ausgerichtet ist, immer größeres Wissen über die Welt anzusammeln.[534] Bei der Wahrnehmung eines Biopics erwartet der Rezipient, Wahrheiten über die betreffende historische Persönlichkeit zu erfahren. Man könnte demnach sagen, er geht (wenn auch nicht unumstößlich) gutgläubig in den Rezeptionsprozess und auf die Suche nach Authentizität.

> Die Spannung, die Hörer oder Leser einer Geschichte empfinden, rührt nicht alleine daher, dass man wissen will ‚wie es weitergeht‘. Erzählungen in einem vollkommen offenen Möglichkeitshorizont, in denen zu jeder Zeit alles passieren könnte, sind nicht spannend. Spannung resultiert vielmehr daraus, ob und wie sich geweckte Erwartungen gemäß der jeweiligen Handlungslogik erfüllen.[535]

Und entsprechend der Erwartungshaltung, die aufgrund von Vorwissen um eine biografierte Persönlichkeit existiert. Ein Biopic über Vincent van Gogh muss zwangsläufig enttäuschen ohne das Biographem des abgeschnittenen Ohrs. Die Figurenzeichnung entsprechend des bestehenden Vorbilds und der Erwartungshaltung ist entscheidend. Der Film *Brothers*

---

[534] Vgl. Strasen (2008), S. 157f.

[535] Koschorke (2012), S. 50.

dann sind
aber Teile
glaubwürdig

Grimm gibt sich keine Mühe in Sachen Glaubwürdigkeit, es werden gerade so viele historische Details eingestreut, um die raumzeitliche Einordnung zu ermöglichen. Was die Grimmschen Brüder selbst angeht, nimmt sich der Film völlige Freiheit, sowohl was die Charakterisierung als auch was das Lebenswerk angeht. Glaubwürdigkeit war in diesem Film nie ein Anspruch. Entsprechend nicht-authentisch ist die Lesart durch den Rezipienten. Der Film *Amadeus* spielt mit dem Bekannten, mit den Fakten, wählt sie zweckmäßig aus und füllt die Leerräume geschickt mit eigenen Interpretationen. Dabei konterkariert er durch die unzuverlässige Erzählerinstanz Salieri die eigene Glaubwürdigkeit – und schafft doch eine vollkommen andere Form von Glaubwürdigkeit, indem er (wie in der nachfilmischen Realität also völlig zu Unrecht kritisiert) einen Punkt niemals antastet, sich im Gegenteil sogar davor verbeugt: den Mythos Mozart. Denn wenn der Rezipient der Erzählung selbst nicht so recht glauben mag, so kommt die Botschaft um Mozarts Genie unmissverständlich an und deckt sich mit dem bestehenden Bild. Die Filmbiografie *Die Eiserne Lady* konzentriert sich vornehmlich auf die private Person, behauptet, Einblicke in einen von Alzheimer gezeichneten Verstand geben zu können. Man kann dem Film vorwerfen, der umstrittenen Politik der Eisernen Lady zu wenig Raum zu geben.[536] Ehern ist diese Dame auf ihrem Weg, indem sie sich rücksichtslos in einer von Männern dominierten politischen Welt durchsetzt, das ist die Botschaft des Films. Hierfür ruft er bekannte Biographeme auf und zitiert glaubwürdig das bestehende öffentliche Bild Margaret Thatchers, um dies zu verknüpfen mit der eigenen enthüllenden Interpretation.

Die Person des Schauspielers, der die historische Persönlichkeit verkörpert, ist folglich (und leicht nachvollziehbar) von entscheidender Bedeutung für eine glaubwürdige Darstellung. Auffällig häufig werden biografierte Persönlichkeiten von Stars verkörpert, wie mit Morgan Freeman als Nelson Mandela, Meryl Streep als Maggie Thatcher und Anthony Hopkins als Richard Nixon und Alfred Hitchcock gesehen.[537] Ein Star bringt sein eigenes, glaubwürdiges Image mit in die Rolle und provoziert so beim Rezipienten höhere Akzeptanz. Anthony Hopkins ist nicht der einzige Schauspieler, der wiederholt in einem Biopic spielt, wie Henry M. Taylor erörtert, manche Schauspieler werden sogar mit dem filmbiografischen Genre gezielt assoziiert.[538] So hat etwa die Rolle des Mahatma Gan-

---

[536] Vgl. Terry Eagleton: *Domina der Gier. „Die Eiserne Lady": Warum der Film über Margaret Thatcher ein politisches Ärgernis ist*, übers. v. Michael Adrian. In: DIE ZEIT, N° 10, 01.03.2012, S. 43.

[537] Vgl. auch Taylor (2002), Kap. 3.4 *Starphänomen, Melodrama und die biographische Verkörperung*, S. 206–112; vgl. zudem Custen (1992), S. 193ff.

[538] Vgl. Taylor (2002), S. 112. Anderson und Lupo vollziehen nach, wie mit den 1990er Jahren zunehmend Biopics über schwarze historische Persönlichkeiten produziert wur-

dhi Ben Kingsley nicht nur die Karriere geebnet, sondern ihn auch zum Charakterdarsteller weiterer historischer Persönlichkeiten etabliert, unter anderem als Itzhak Stern in *Schindlers Liste*.[539] In *Amadeus* allerdings wird dem vergleichsweise bekannten Schauspieler F. Murray Abraham alias Antonio Salieri der bis dahin vollkommen unbekannte Tom Hulce als Mozart an die Seite beziehungsweise gegenübergestellt – ein Kunstgriff Miloš Formans, um den Rezipienten mit seiner Erwartungshaltung ins Ungewisse ziehen zu lassen und zu überraschen. Forman kann sich dies leisten, da es, abgesehen von wenigen Gemälden, kein fixes Bild von Mozart gibt. Vergleichbar haben Romy Schneider und Kirk Douglas die Vorstellungen von der Kaiserin Elisabeth und von van Gogh geprägt.[540] Durch einen berühmten Darsteller bejaht der Zuschauer sowohl die herausragende Rolle der biografierten Persönlichkeit leichter sowie er auch die Momente der Devianz intensiver, mitunter sogar als peinlicher empfindet.

Im Laufe der Arbeit wurden zahlreiche Filmbeispiele aufgerufen, um die erörterten Sachverhalte zu erläutern und den Gegenstandsbezug herzustellen. Das in der Einleitung nur in Grundzügen charakterisierte Genre Filmbiografie wurde so zunehmend und in Anlehnung an die thematischen Schwerpunkte der Arbeit ausführlicher skizziert. Im Folgenden setze ich mich mit drei Filmbeispielen auseinander, um die Inszenierung von Authentizität in der Filmbiografie entsprechend der zuvor ermittelten Ergebnisse zu untersuchen. Diese Analyse dient als Ergänzung zu den bereits geleisteten, ausschnittsweisen Filmbetrachtungen im bisherigen Text, indem drei Filme im Ganzen erörtert werden. Im Fokus steht dabei, wie das jeweilige Biopic Effekte von Glaubwürdigkeit und Wahrscheinlichkeit erzeugt, welche Aussageabsicht es mitunter verfolgt und entsprechend darstellt. Ziel ist nicht die normative Prägung eines Gütesiegels im Sinne von „authentisch" beziehungsweise „weniger authentisch". Authentizität in der Filmbiografie ist entsprechend meiner Leitthese eine Beobachterkonstruktion. Beschreibbar ist für mich an diesem Punkt, welche Signale die ausgewählten Filmbeispiele senden, wie also das Pendel in Bewegung versetzt wird, das dann in die eine oder andere Richtung ausschlägt.

---

den und wie v. a. Denzel Washington für entsprechende Rollen ausgewählt wurde, vgl. Anderson/Lupo (2006), S. 93ff.

[539] Vgl. Taylor (2002), S. 285.

[540] Vgl. ebd., S. 111.

Im nun folgenden Analyseteil konzentriere ich mich auf den Bereich der Künstlerfilmbiografie. Einen Künstler in einem Film darzustellen bedeutet immer auch, seine Kunst darzustellen, die Bedingungen, unter denen die der Nachwelt bekannte Kunst entstanden ist. Dabei bietet ein Biopic, wie Sigrid Nieberle in ihrer Arbeit zu literarhistorischen Filmbiografien bemerkt, mehr als nur einen Diskurs (also etwa den literarhistorischen) an, doch wird einer dieser Diskurse favorisiert und durch spezifische Narrative dominant gesetzt.[541] Dominantes Narrativ der hier nun behandelten Filmbeispiele *Pollock*, *La Vie en Rose* und *Céleste* ist der deviante Künstler. Auf sehr unterschiedliche Weise wird der Weg zum Ruhm beziehungsweise die Entstehung des Lebenswerks dargestellt, sowohl Ruhm als auch Lebenswerk unterschiedlich problematisiert. Die Filme gewähren Einblicke in die Schattenseiten der Künstler Jackson Pollock, Edith Piaf und Marcel Proust, ohne aber einen tatsächlichen Heldensturz zu vollziehen. Alle drei Produktionen zitieren bestehende Vorstellungen und wortwörtlich Bilder sowie Anekdoten, die, wie im Kapitel 3.4 zur Visualisierung festgestellt, einerseits fiktionalisieren, andererseits aber auch eine beglaubigende Funktion erfüllen. Der entscheidende Punkt ist, wie der Effekt von Authentizität je erzeugt wird, wie eine glaubwürdige und wahrscheinliche Darstellung gelingt.

Die Auswahl der Filmbeispiele geschah bewusst nach den Kriterien Kunst und Produktionsland. Über die unterschiedlichen Kunstformen Malerei, Musik und Literatur lassen sich die unterschiedlichen medialen Interferenzen deutlicher exemplifizieren als an ein und demselben künstlerischen Diskurs. Auf diese Weise lässt sich die Hybridität des Genres präziser darstellen. Mit der Entscheidung für eine amerikanische, eine französische und eine deutsche Produktion wird meine Arbeit dem international bestehenden Interesse an der Filmbiografie gerecht, das in eklatantem Missverhältnis zur gegenwärtigen Forschung steht. Der Zielsetzung meiner Arbeit geschuldet, bleibt die Auseinandersetzung mit den verschiedenen Kunstdiskursen im Biopic auf Kernaspekte fokussiert und selektiv.[542] Eine ausführliche Aufarbeitung der länderspezifischen Charak-

---

[541] Vgl. Nieberle (2008), S. 230.

[542] Vgl. hierzu u. a. Nieberle (2008) und Doris Berger: *Projizierte Kunstgeschichte. Mythen und Images in den Filmbiografien über Jackson Pollock und Jean-Michel Basquiat.* Bielefeld 2009, die sich literarhistorisch und kunstgeschichtlich mit dem Biopic auseinandersetzen. Vgl. auch allgemeiner den Tagungsband des Deutschen Kunsthistorikertages 1988 in Frankfurt a. M.: Helmut Korte, Johannes Zahlten (Hg.): *Kunst und Künstler im Film.* Hameln 1990. Dieser Band schließt die bis dahin bestehende Forschungslücke und diskutiert erstmals unterschiedliche Formate und eröffnet neue Forschungsfelder für die Kunstwissenschaft (dieser Hinweis findet sich bei Berger [2009], S. 13). Vgl. auch

teristika in der Filmbiografie erfolgt nicht, da der zu erprobende Authentizitätsbegriff unabhängig davon (zumindest was diese Produktionsländer angeht) und genrespezifisch besteht.

7.1   *Pollock* (Ed Harris, USA 2000)

7.1.1   Der Künstler und sein Image

Im Biopic *Pollock* wird der US-amerikanische expressionistische Maler Jackson Pollock (28.01.1912 – 11.08.1956) porträtiert, der durch die Stilrichtung des Drippings beziehungsweise Actionpaintings berühmt wurde und diese Stilrichtungen seinerseits bekannt machte. Die erzählte Zeit umfasst circa fünfzehn Jahre, 1941–1956, und zwar, wie fürs Genre charakteristisch, die Zeitspanne von Aufstieg bis Fall beziehungsweise Unfalltod. Doris Berger widmet sich in ihrer Studie ausführlich diesem Biopic, ausgehend von der Frage, wie Filmbiografien über Künstler populärkulturelle Kunstgeschichte beeinflussen, was der Rezipient von projizierter Kunstgeschichte lernen kann:

> Unter einer projizierten Kunstgeschichte wird in diesem Zusammenhang die filmische Verschmelzung von Bildern und Erzählungen verstanden, die eine mehrstufige Projektionskraft aufweisen: Von der Projektion der Filmbilder auf die Kinoleinwand, die sich auf bestimmte Vorbilder und Vorstellungen von Kunst und KünstlerInnentum beziehen, zu den projizierten Bildern in den Köpfen der BetrachterInnen, die an die filmische Erzählung anknüpfen und als Vorstellungsbilder wiederum auf die außerfilmische Realität im Sinne der Kunstrezeption rück-, ein- und weiterwirken.[543]

Wie im Kapitel 3.4 beschrieben, zitieren Filmbiografien bestehende Bilder, die ihrerseits wieder auf bestimmten Vorbildern beruhen. Medien zitieren immer Medien und nie den historischen Körper. Im Biopic *Pollock* wird ein bestimmtes Künstlerimage aufgerufen und weitergeschrieben.

> KünstlerIn und Werk bilden eine Einheit, sie sind verkannte Genies, Außenseiter ihrer Gesellschaft und/oder Leidende. Auch wenn die KünstlerInnen – wie in neueren Biopics – nicht mehr die

---

Jürgen Felix (Hg.): *Genie und Leidenschaft. Künstlerleben im Film*. St. Augustin 2000 (Filmstudien, 6).

[543] Berger (2009), S. 11.

,Verkannten', sondern die ,Erkannten' sind, hat der Erfolg künstlerischer Schaffenskraft immer einen hohen Preis.[544]

Dabei werden die Protagonisten, wie auch im Kapitel 3.4 unter Bezug auf
Vasari und Ernst Kris und Otto Kurz festgestellt,

> meist in ein enges Vorstellungskorsett über das KünstlerInnentum
> eingezwängt, deren visuelle und narrative Stereotypisierung auf
> Traditionen von KünstlerInnenmythen in Kunst- und Literaturge-
> schichte zurückgreifen.[545]

In *Pollock* wird Geniekult zelebriert, der Künstler mythologisiert.[546]
Nicht die abstrakte Kunst ist Gegenstand der Erzählung, sondern das
Image des Künstlers, „das als Rollenmodell für männliche Kreativität im
Hollywoodfilm fungierte."[547] Jackson Pollock wird als typisch amerikanischer Held dargestellt, der gegen die gesellschaftliche Ordnung rebelliert
und mit seinem genialen wie gleichermaßen tragisch-destruktiven Künstlertum permanent am Abgrund steht.

Dieses Bild zitiert der Film schon zu Beginn. Eingeführt wird der
Künstler im Moment seines großen Durchbruchs, ehe die Erzählung in
die Vergangenheit springt und den Weg dorthin nachvollzieht. Genau
genommen ist es das *Life Magazine*, das die Eingangsszene beherrscht, das
eine Frau im Arm hält und Pollock während einer Ausstellung zum Si-
gnieren reicht. Jackson Pollock wurde der breiten Öffentlichkeit durch
den Artikel in diesem Magazin bekannt und der Film knüpft mit dieser
ersten Szene direkt an das Vorwissen des Rezipienten an.[548] Als Nächstes
sind farbverschmierte Hände zu sehen, die eine Unterschrift in das Magazin setzen, und erst als der Name auf dem Artikel steht, der „feste Designator" (vgl. Kapitel 1.3.1) die Identität verbürgt, schwenkt die Kamera
zu Jackson Pollocks Gesicht (Abb. 11). Sein unheilvoller Blick ist in den
Raum gerichtet, und erst später, wenn die Erzählung wieder an diesem
Punkt angekommen ist, wird der Rezipient erkennen, dass es Pollocks
Ehefrau Lee Krasner ist, die diesen Blick auffängt und erwidert. Erst dann
versteht der Rezipient diesen beklemmenden Blickwechsel, doch von

---

[544] Berger (2009), S. 23.

[545] Ebd.

[546] Vgl. ebd., S. 27.

[547] Ebd., S. 34f.

[548] Naifeh und White Smith beschreiben in ihrer Biografie, die die Grundlage des Biopics
ist, wie der Artikel im *Life Magazine* Pollocks Image etablierte („the Hemingwayesque
persona of contradictions"), vgl. Steven Naifeh, Gregory White Smith: *Jackson Pollock.
An American Saga.* New York 1989, S. 596. Vgl. hierzu auch Berger (2009), S. 36–41
und zur erörterten Eingangsszene Berger (2009), S. 58–61.

vorneherein gibt diese „einleitende Präambel"[549] die unheilvolle Leseweise des Biopics vor.

Nach dieser Eingangsszene erfolgt der erwähnte Zeitsprung um neun Jahre in die Vergangenheit, unmittelbar vor Jackson Pollocks Aufstieg, der mit dem

Abb. 11: Standbild aus *Pollock,* **Blick (DVD, 00:02:07)** [550]

Kennenlernen seiner späteren Ehefrau, der Malerin Lee Krasner, zusammenfällt. Pollock wird schwer betrunken von seinem Bruder Sande nach Hause gebracht, der kaum in der Lage ist, ihn das Treppenhaus zur Wohnung hinaufzubugsieren. Pollock schreit: „Scheiß auf Picasso. Dieser Scheißkerl ist uns immer zehn Schritte voraus!"[551] Doris Berger sieht hierin den Biopic-typischen Topos der Künstlerrivalität angedeutet,[552] der vor allem der Darstellung Pollocks als eines Künstlers dient, der den eigenen Ansprüchen nicht genügt: „Ich bin einen Scheißdreck wert! Meine Arbeit ist Schrott, Sande!" (ab 00:02:50 bis 00:03:20) Pollock ist hilfebedürftig, voller Selbstzweifel und stark alkoholisiert. Damit erfährt die Figurenzeichnung eine grundlegende Charakterisierung, die mit dem unheilvollen Blick aus der Eingangsszene, mit dem Moment des künstlerischen Durchbruchs korrespondiert. Und damit ist auch das Narrativ der Devianz vorgegeben, das als Erzählmuster den Film organisiert.

7.1.2 Die Devianz und die Dauer ihrer Darstellung

Von Anfang an wird mit Jackson Pollock das Bild eines zerrissenen, depressiven und alkoholkranken Künstlers gezeichnet, der nicht nur nicht den eigenen Erwartungen gerecht werden kann, sondern zudem auch im gesellschaftlichen Rahmen immer wieder aus der Rolle fällt. Deutlich wird dies erstmalig in einer Szene, in der er mit Lee Krasner, seiner Mutter und seinem Bruder samt dessen Ehefrau und Kind beim Essen am Tisch sitzt. Der Bruder Sande erzählt, dass er einen Job in der Rüstungsindustrie

---

[549] Vgl. Taylor (2002), S. 250.

[550] Die folgenden Standbilder sind im Zusammenhang dieser Arbeit von mir gewählte Bilder aus dem Film *Pollock* (Rg.: Ed Harris, USA 2000, DVD 2003, 119 min., München: Sony Pictures Home Entertainment GmbH). Es handelt sich nicht um öffentlich kursierende Filmstills, die für Werbezwecke eingesetzt werden.

[551] Vgl. zu dieser Szene auch Berger (2009), S. 63f.

[552] Vgl. ebd., S. 64f.

angenommen hat und deswegen wegziehen muss, worauf Pollock verärgert reagiert. Als Sandes Ehefrau schnippisch einwirft, dass nicht jeder für militäruntauglich erklärt werden kann, und ganz offensichtlich Pollock damit meint, entgleist die Situation. Pollock dreht die Musik lauter und klopft lautstark den Takt an Tisch und Geschirr mit, ohne sich beruhigen zu lassen (ab 00:14:03 bis 00:16:21). Die Szene endet mit einem harten Schnitt, danach sieht man Pollock in einem Sanatorium liegen, wo Lee Krasner und Sande Pollock ihn abholen kommen (Abb. 12). Pollock klammert sich an seinen Bruder und heult und schreit wie ein hilfloses Kind.

Abb. 12: Standbild aus *Pollock*, Sanatorium (DVD, 00:16:43)

In einer späteren Szene steht Jackson Pollock nach der Fertigstellung seines Auftragswerks *Mural* für Peggy Guggenheim während deren Silvesterparty am Kamin und uriniert ins Feuer, „seinem zukünftigen Image als ‚Jack the Dripper‘ gerecht werdend.“[553] Anschließend torkelt er durch den Raum und fällt auf die Gäste (ab 00:34:44 bis 00:35:27). Die Szenen des Kontrollverlusts stehen in deutlichem Kontrast zu denen der Kreativität. Wenn Jackson Pollock malt, ist er souverän, ausgeglichen und konzentriert. In solchen künstlerischen Schaffensphasen ist er nie betrunken.[554]

Die dritte zu erwähnende Szene, die gleichzeitig den Wendepunkt markiert und den Absturz einleitet, ereignet sich während eines großen Essens zu Thanksgiving im Hause Krasner/Pollock. Frustriert durch die Filmaufnahmen für eine Dokumentation über ihn, auf die ich weiter unten noch genauer eingehe, greift Pollock nach zwei Jahren Abstinenz wieder zur Flasche. Lee und alle Anwesenden, bemüht um Smalltalk und Gelassenheit, beobachten ihn, man fühlt die Eskalation nahen. Pollock verfolgt den Filmemacher Hans Namuth durch den Raum und murmelt ihm immer wieder ins Ohr: „Nicht ich bin der Betrüger, du bist der Betrüger.“ Die Szene eskaliert schließlich, als Pollock die gesamte Thanksgiving-Tafel umstößt (ab 01:28:16 bis 01:30:57).

Danach erfolgt wieder ein harter Schnitt und in der nächsten Szene wandert die Kamera, und mit ihr der Blick des Rezipienten, durch die (noch menschenleere) Betty Parsons Gallery, in der Pollocks Kunstwerke hängen. Die visuelle Stille der Szene und die beeindruckend kunstvollen

---

[553] Berger (S. 2009), S. 66.

[554] Vgl. hierzu auch ebd., S. 65.

Gemälde stehen in eklatantem Kontrast zum Chaos der vorangegangenen Szene. In der nächsten Szene ist die Ausstellung voller Leben und Jackson Pollock mitten drin, das *Life Magazine* kommt ins Bild und der Filmanfang ist eingeholt. Pollock ist auf dem Höhepunkt seines Erfolgs angekommen, doch sein unheilvoller Blick zeugt von einer Ahnung, die der Rezipient mit Gewissheit teilt: Jackson Pollocks Leben wird tragisch enden.

Signifikant an den Szenen der dargestellten Devianz ist die Anwesenheit von Beobachtern, die erfolglos versuchen, der Situation Herr zu werden, die die Peinlichkeit der Ausraster Jackson Pollocks wahrnehmen. In diesem intradiegetischen Publikum spiegelt sich der Rezipient des Biopics, das Publikum wird, wie im Kapitel 4.4.1 beschrieben, verdoppelt. Jackson Pollock kommt sich vor „wie eine Muschel ohne Schale" (01:26:21) und so nimmt der Rezipient ihn wahr. Der Topos Genie und Wahnsinn findet seine Ausprägung im Motiv des leidenden Künstlers, der Ruhe und Balance nur in der Abgeschiedenheit findet, wenn er mit seiner Kunst alleine ist. Das Narrativ der Devianz zeigt sich in der Alkoholsucht und in den wiederholten Entgleisungen in gesellschaftlichen Zusammenkünften. Wie in Kapitel 2.3.2 beschrieben, erklärt sich nach Sigrid Nieberle Wahnsinn aus der Differenz der Ähnlichkeiten. Den „ver-rückten" Künstlern werden etablierte Existenzen kontrastiv gegenübergestellt. Die Anwesenheit „normaler" Menschen ist also sowohl für die Verifizierung von Genialität als auch für die Wahrnehmung devianter Momente entscheidend (vgl. Kapitel 4.4.1). Erstmals im familiären Kontext, wo Jackson Pollock angesichts des gutbürgerlichen Lebensentwurfs seines Bruders mit Ehefrau, Kind und festem Beruf die Kontrolle verliert, über den Durchbruch, den das *Mural* bedeutet, bis hin zum Zenit seines Erfolgs, den Freunde, Gönner und Kritiker mit ihm feiern wollen, wird Pollock als unangepasst und orientierungslos dargestellt. Dabei nimmt sich der Film sehr viel Zeit. Die Peinlichkeit der Szenen rührt nicht nur von ihrer schonungslosen Ehrlichkeit, sondern auch von der Dauer der Einstellungen. Der Rezipient möchte betreten den Blick abwenden, wünscht sich einen Szenenwechsel, angesichts der Intimität, derer er Zeuge wird, doch die Dauer nötigt ihn zur Detailwahrnehmung. Und dieser dauerhafte Blick aufs Detail, auf Intimes und auf die Devianz, so die These, erzeugt Glaubwürdigkeit und fördert so den Effekt von Authentizität.[555]

Ein weiterer Topos, der hier verarbeitet ist und das Narrativ der Devianz mitbegründet, ist der von der Unmöglichkeit der Liebe. Lee Krasner

---

[555] So erkennt auch Manfred Hattendorf für den Dokumentarfilm: „Soll durch den Film phänomenologisch der Eindruck von Unmittelbarkeit erzeugt werden, können lange, ungeschnittene (inszenierte) Einstellungen das Moment der Inszeniertheit zugunsten einer Teilnahme des Zuschauers als Augenzeuge der gezeigten Ereignisse zurücktreten lassen." Vgl. Hattendorf (1994), S. 73.

ist nicht nur eine Künstlerkollegin, sie ist Weggefahrtin und stabile Stütze, doch auch sie steht Pollocks Absturz machtlos gegenüber. Der Künstler kann in der Ehe keinen dauerhaften Halt finden, und mit seiner jungen Geliebten Ruth Kligman fährt er am Ende in den Tod.

7.1.3   Nebenfiguren und Subplots

Mit Lee Krasner ist das Motiv der starken Ehefrau verwirklicht, die der gebeutelten Künstlerexistenz zur Seite steht. Zudem bietet sie als Künstlerin, vergleichbar mit Antonio Salieri in *Amadeus*, eine kompetente Instanz, die Pollocks Genie beurteilen kann und für den Rezipient beglaubigt. Sie dient aber auch als Kontrastfolie, denn sie ist eine klassische Künstlerin, die im Gegensatz zu Pollock mit Pinsel und Schürze arbeitet, ihr künstlerisches Fachwissen in Bemerkungen zu Pollocks Werken zum Ausdruck bringt.[556] Pollocks Arbeiten wirkt weniger reflektiert, er malt einfach („Ich bin die Natur", 00:23:28) und ist in seiner Unangepasstheit ungleich viel erfolgreicher.[557]

Doch in der Nebenfigur Lee Krasner wird nicht nur der Topos der starken Ehefrau und Künstlerkollegin realisiert, sie macht dabei einen eigenen Diskurs auf: Die Künstlerin tritt hinter den Künstler zurück (womit der Film der tatsächlichen Künstlerin Lee Krasner aber nicht gerecht wird).[558] Als Pollock Krasners Atelier betritt, fällt sein Blick auf ein Zitat von Arthur Rimbaud, das dort an die Wand geschrieben steht, das er leise und Krasner laut liest (Abb. 13).

To whom should I hire myself out?

What beast must I adore?

What holy image is attacked?

What hearts shall I break?

What lie I maintain? In what blood treat?

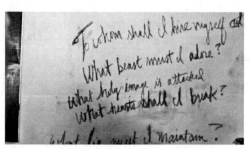

Abb. 13: Standbild aus *Pollock*, Schrift (DVD, 00:09:21)

Das Gedicht stammt aus dem Gedichtband *A Season in Hell* (frz. *Une saison en enfer*) und wirft ein prophetisches Licht auf Lee Krasners Zu-

---

[556]   Vgl. Berger (2009), S. 114f.

[557]   Vgl. hierzu auch ebd., S. 71f.

[558]   Vgl. ebd., S. 99–121.

kunft mit Jackson Pollock.[559] Wie im Biopic *Invictus* kommt es zu einer medialen Interferenz, zu einem Medienwechsel, hier allerdings weniger pathetisch als unheildrohend. Ihre eigene Kunst opfert Krasner auf, sie verhilft Pollock zum Durchbruch und bleibt unermüdlich an seiner Seite. Selbst dann noch, als die Ehe so gut wie gescheitert ist, Pollocks Geliebte im Haus weilt und Krasner selbst sich in Europa aufhält.

Mit Lee Krasner wird zudem ein klassischer Künstlerinnentopos im Biopic aufgerufen, die Unvereinbarkeit von Kreativität und Mutterschaft.[560] Während einer friedlichen und schöpferischen Phase, Krasner und Pollock leben abgeschieden auf dem Land, schlägt Pollock vor, dass sie ein Baby haben sollten. Lee wehrt sich heftig mit den Worten, dass sie Künstler seien und keine Familie ernähren könnten (ab 00:54:48 bis 00:56:38). Der Topos verknüpft sich mit dem der Künstlerin, die hinter dem Künstler zurücktritt: Lee Krasner ist mit Pollock als Ehemann bereits bis an ihre Grenzen ausgelastet.

Neben Jackson Pollock ist Lee Krasner die komplexeste Figur des Films, doch als Nebenfigur dient sie vor allem der Charakterisierung der Hauptfigur. Die anderen Nebenfiguren bleiben flach und referenziell, etwa der Bruder Sande, der über den filmischen Text hinaus auf die soziohistorische Wirklichkeit verweist, in die er verankert ist.[561] Er verkörpert das bürgerliche Leben, das das Ehepaar Krasner/Pollock nicht führt. Diese Sichtweise auf das Künstlerleben gipfelt in der Szene, als alle Brüder Pollocks samt Ehefrauen und Kindern sowie die Mutter Stella Pollock zu einem großen Familienfest zu Besuch kommen. Pollock hat den Durchbruch geschafft, er ist ein erfolgreicher, namhafter Künstler, wird als solcher von seiner Familie aber kaum gewürdigt, vielmehr abgekanzelt. Egal, in welcher Phase seines Lebens Pollock sich befindet, immer wieder sieht er sich mit fehlender Anerkennung und seinem Ungenügen konfrontiert (ab 01:20:23 bis 01:22:10).

Rein funktional tritt auch der Kunstkritiker Clement Greenberg auf, der einerseits Freund, andererseits unantastbarer Schiedsrichter ist.[562] Peggy Guggenheim verkörpert die ökonomische Seite des Künstlerlebens, sie ist Mäzenin, Galeristin und Sammlerin und Geschäftsfrau.[563] Mit Greenberg und Guggenheim sind die Abhängigkeiten dargestellt, in denen sich ein Künstler befindet. Doch so wie der Subplot um die Künstlerin in einer von Männern dominierten Kunstszene bleibt auch dieser Aspekt nur angedeutet. Im Mittelpunkt steht der getriebene Künstler, der trotz der

---

[559] Vgl. Berger (2009), S. 109ff.

[560] Vgl. auch ebd., S. 116.

[561] Vgl. Taylor (2002), S. 163, Anm. 3.

[562] Vgl. Berger (2009), S. 124–130.

[563] Vgl. ebd., S. 130.

Unterstützung von allen Seiten, trotz des Erfolgs zerbricht. Ed Harris'
Interpretation zufolge, tragen die Medien daran einen entscheidenden
Beitrag, wie im Folgenden eingehender auseinandergesetzt wird.

7.1.4   Massenmedien als Entfremdungsmaschinerie

Mit zunehmendem Erfolg treten die Medien in Jackson Pollocks Leben.
Die Erzählung gelangt schließlich an den Punkt, an dem der entscheidende Artikel für das *Life Magazine* entsteht. Eine Journalistin und eine
Fotografin begleiten Pollock und Krasner bei einem Spaziergang und Lee
ergänzt die stockenden Antworten ihres Mannes. Während des Interviews
unterbrechen die geschossenen Schwarz-Weiß-Fotografien die filmische
Diegese, es findet also ein kurzzeitiger Medienwechsel statt. Wenig später
steht Pollock ungelenk Rede und Antwort in einem Radiointerview.[564]
Befremdet schiebt er das Mikrofon immer wieder zurück zum Moderator
und fühlt sich sichtlich unwohl in seiner Haut. Die Medialisierung gipfelt
schließlich in der Entstehung des elfminütigen Dokumentarfilms durch
Hans Namuth, in der Pollock angeleitet wird, wie er seine Kunst am besten inszenieren soll. Der Künstler ist gezwungen, die Regie über sein
Schaffen abzugeben, er wird zum Darsteller seiner selbst („Ich komme
mir vor wie ein Betrüger", 01:25:34).[565] Die Kamera und das Tageslicht
entscheiden, wann es an der Zeit ist, aufzuhören, und nicht etwa er selbst.
Voller Frustration greift Pollock nach Abschluss der Dreharbeiten wieder
zur Flasche und läutet damit den eigenen Niedergang ein.

Das Biopic konstruiert hier eine eigene Aussage, es behauptet eine
zunehmende Entfremdung und Entäußerung Jackson Pollocks von seiner
Kunst durch die gesteigerte Medialisierung.[566] Einerseits bedingen die
Massenmedien den Ruhm und das Image, andererseits zerstören sie diese
wieder.[567] Sicherlich ließe sich Ed Harris' Interpretation auf Faktualität
hinterfragen.[568] Doch die Darstellung ist glaubwürdig und das Kernthema

---

[564] Das Interview ist in voller Länge abgedruckt in Helen A. Harrison (Hg.): *Such despera-*
       te joy. Imagining Jackson Pollock. New York 2000, S. 24–28. Dort ist auch Pollocks
       berühmtes Zitat nachzulesen: „I don't use the accident – 'cause I deny accident." Vgl.
       ebd., S. 27.

[565] Vgl. Berger (2009), S. 143.

[566] Vgl. ebd., S. 95.

[567] Vgl. ebd., S. 96.

[568] Die direkte Verbindung zwischen den Filmaufnahmen und dem Rückfall in die Alkohol-
       sucht entnimmt der Regisseur Harris der Buchvorlage, vgl. Naifeh/White Smith (1989),
       S. 651f., und dehnt die destruktive Wirkung der Medialisierung auf andere Medien aus.
       Hans Namuth selbst spricht von einer sehr harmonischen Zusammenarbeit mit Jackson
       Pollock und von der gemeinsamen Freude über den Abschluss der Dreharbeiten, wo-
       raufhin Pollock seine Erleichterung mit einem Drink ausdrücken wollte, bei dem es

ist vermittelt: Jackson Pollock entfremdet sich zunehmend von seiner Kunst und versinkt immer tiefer in der Alkoholsucht.

Über Jackson Pollock gibt es reichlich authentisches Bildmaterial, doch Ed Harris verwendete dieses nicht für seinen Film. Die Fotoserie, die den Artikel über Jackson Pollock im *Life Magazine* illustriert, ist nachgestellt, so wie auch der Namuth-Film.

> Auf die Frage, warum diese Fotografien nachgestellt, aber dennoch als Fotografien in dokumentarischem Sinne im Film sichtbar gemacht wurden, antwortet Ed Harris: ‚Because it is a film: I am Pollock and Marcia Gay is Lee. So, if I suddenly show pictures of Pollock and Lee, it would be more of a semi-documentary comment. I was trying to make a narrative film.'[569]

Eine Kompilation mit authentischem Material hätte einen (durchaus legitimen) narrativen Bruch bedeutet und den Rezipienten auf eine metafiktionale Ebene gezwungen, die der Regisseur offenbar vermeiden wollte. Der Effekt von Authentizität sollte in diesem Film nicht auf einer Metaebene entstehen.

Pollock wird in dieser Filmbiografie beschrieben, interviewt, fotografiert und gefilmt, er wird visuell und akustisch dokumentiert. Das Bild des Künstlers wird auf allen erdenklichen medialen Ebenen (re)konstruiert. Und damit zeigt das Biopic, was es zwangsläufig immer macht: zitieren und rekonstruieren, selbstreflexiv und hybrid. Diese Autoreflexion des Genres wird besonders während der Dreharbeiten des Dokumentarfilms deutlich, als der Rezipient des Biopics vorübergehend die Perspektive des Kameramanns, also Hans Namuths, einnimmt und selbst zum Filmemacher und Augenzeugen wird. Dies ist ein selbstreferenzieller Moment, der durch Pollocks direkten Blick in die Kamera verstärkt wird (Abb. 14).

Kurz bevor Pollock (regelrecht eruptiv) das Gemälde *Mural* malt, wird die leere Leinwand in einem Point-of-View-Shot gezeigt, sie nimmt das gesamte Filmbild

Abb. 14: Standbild aus *Pollock*, Kamera (DVD, 01:23:08)

---

dann aber nicht blieb, vgl. Hans Namuth: *Photographing Pollock*. In: Helen A. Harrison (Hg.): *Such desperate joy. Imagining Jackson Pollock*. New York 2000, S. 260–272, S. 269f.

[569] Berger (2009), S. 78f. Doris Berger führte im Zuge der Recherchen für ihre Arbeit ein persönliches Interview mit Ed Harris.

(die *cadrage*) ein, das so ebenfalls zu einer weißen, leeren Wand wird. Kurz zuvor schreitet Pollock die Wand ab und wirft seinen Schatten darauf – das Bild (des Künstlers) ist im Begriff zu entstehen (ab 00:30:18 bis 00:34:42).[570] Weitere selbstreflexive Momente entstehen, wenn Personen im Film vor Pollocks Gemälden stehen. Sie sind Bildbetrachter und werden ihrerseits im selben Moment vom Rezipienten des Biopics beim Betrachten beobachtet (Abb. 15). Hierin zeigt sich ganz besonders die dem Genre typische Verdopplung des Publikums (vgl. Kapitel 4.4.1).

Abb. 15: Standbild aus *Pollock*, Bildbetrachter (DVD, 01:15:13)

Auf die mediale Interferenz bezüglich des Rimbaud-Zitats, das eine prophetische Aussage über Lee Krasners Leben mit Jackson Pollock trifft, bin ich oben schon eingegangen. Ergänzen möchte ich diese Beobachtung um eine weitere Interferenz, die die Hybridität des Mediums Film unterstreicht. Gegen Ende des Films lässt Pollock seiner Frau Rosen schicken, während sie in Europa (und Ruth Kligman im Haus) ist, und Lee schickt ihm einen Brief, in dem sie von den Rosen und von ihren Eindrücken in Europa erzählt. Während Pollock den Brief in der herabhängenden Hand hält und schwankend vor sich hin starrt, ertönt Krasners Stimme aus dem Off und verliest den Brief. Das Geschriebene wird in dieser Szene auditiv wiedergegeben, die Wirkung der Worte visuell dargestellt. Die Schrift wird nicht gezeigt, sie wird ersetzt durch den Ton. Aber die Sprecherin beziehungsweise Schreiberin ist nicht im Bild. Dass es sich um die Wiedergabe eines Briefes handelt, zeigt das Bild des verloren im Grünen stehenden Pollocks, aber er wird nicht lesend dargestellt (ab 01:41:17 bis 01:42:00). Dreierlei Medien charakterisieren in dieser Szene eine Situation, kumulieren zu einer Aussage über die tiefe Verbundenheit zwischen Lee Krasner und Jackson Pollock. Ich nehme diese Szene als Beispiel dafür, dass das Biopic zwar ein fiktionales Genre ist und Teilaspekte arrangiert, um eine eigene Perspektive darzustellen, aber mit seinen (inter-) medialen Möglichkeiten die biografierte (kontingente) Wirklichkeit glaubwürdig vermittelt.

das ist doch gar keie Frage!

Wie erzeugt das A?

---

[570] Vgl. zu dieser Szene auch Berger (2009), S. 73f.

7.1.5 Exkurs: Der Tod im Biopic

Auch wenn die biografierte Person zur Entstehungszeit des Filmes nicht mehr lebt, endet ein Biopic nicht zwangsläufig mit deren Tod.

> Findet sich am Ende kein Hinweis auf einen biologischen oder symbolischen Tod, so hat die abschließende Szene oftmals öffentlichen Charakter und markiert [...] den im Kollektiv aufgehenden Körper der biographischen Figur.[571]

Auf diese Weise kann signalisiert werden, dass der Erneuerungsprozess noch nicht abgeschlossen, der gesellschaftliche Widerspruch noch nicht gelöst ist.[572] Oder es entsteht ein Hinweis auf die noch andauernde Bedeutung, auf das symbolische Fortbestehen.[573] Der Film *Lincoln* endet zwar mit dem Tod des Präsidenten, doch nach der Feststellung des Todes richtet sich das Bild auf eine Kerze in Großaufnahme und im Zentrum der Flamme erfolgt eine symbolträchtige Überblendung mit dem lebendigen Abraham Lincoln, der eine flammende Rede hält, und zwar die zu seiner Amtseinführung nach der Wiederwahl. Vor allem die Reden Lincolns sind es, die das Bild des sechzehnten US-Präsidenten bis heute prägen. Am Anfang des Biopics sieht man Lincoln im Gespräch mit schwarzen und weißen Soldaten. Schließlich rezitiert erst ein weißer Soldat die berühmte Gettysburg-Rede, dann fügt ein schwarzer den Schluss hinzu (symbolträchtig sind Schwarze und Weiße im gesprochenen Wort Lincolns vereint). Der Film endet dann wie beschrieben nicht mit dem Tod des Präsidenten, sondern wieder mit einer entscheidenden Rede. Diese letzte Einstellung mit der überblendeten Kerzenflamme sagt aus: Lincoln mag tot sein, doch das Licht ist bereits in der Welt. Ein durchaus christlich-heilsbotschaftliches Bild.

Das Ende eines Biopics ist auch abhängig von der Erzählweise. Filme wie *Shakespeare in Love*, *Becoming Jane* und *Goethe!*, die im biografistischen Modus erzählen, verzichten meist auf ein tragisches Ende. Ihnen haftet etwas Märchenhaftes an, im oft sehr erbaulichen Ende schwingt ein „Und wenn sie nicht gestorben sind ..." mit.[574] Der (tragische) Tod des Protagonisten würde die märchenhafte Leseweise des Filmes irritieren. Außerdem steht je im Erzählmittelpunkt die Entstehung des berühmtesten Werkes, so wie auch in *Hitchcock*, mit dem das Leben nicht geendet

---

[571] Taylor (2002), S. 263.

[572] Vgl. ebd.

[573] Vgl. ebd., S. 266.

[574] Auch hier tritt der Film *Brothers Grimm,* das klassische Märchenende parodierend, aus der Reihe: Am Schluss des Films wird der Teilsatz „Bis ans Ende ihrer Tage.", der das Wissen des Rezipienten um den Wortlaut des vollständigen Satzes voraussetzt, ergänzt um: „... Na ja, vielleicht auch nicht." (01:46:13)

hat. Diese Werke wirken bis heute, sie sind lebendig und unsterblich. In manchen Fällen wird der Tod recht drastisch dargestellt, wie etwa in *Amadeus*. Passend zum Sujet ist das Sterben Mozarts opernhaft in die Länge gezogen und tragisch-feierlich inszeniert.[575]

Ob nun drastisch oder nicht, stirbt der Protagonist am Ende des Films, so ist auffällig, dass in der Regel nie der eigentliche Moment des Todes festgehalten wird, wie Sigrid Nieberle für den Protagonisten der literarhistorischen Filmbiografie feststellt und wie auch auf andere Film-biografien übertragbar:

> Würde das Publikum seinen letzten Atemzug zu sehen bekommen, wäre die Rückkehr auf die Leinwand als filmische Wiedergeburt womöglich verwehrt. Deshalb wird rechtzeitig geschnitten, so dass der biographisch notwendige Tod im narrativen *Off* des Films ge-bannt ist. Denn der Autor stirbt auf andere Weise und jedes Mal aufs Neue: nicht in der inszenierten Repräsentation, sondern im filmischen Verschwinden seiner transitorischen Projektion, um dann – bei erneuter Vorführung oder auch in einer gänzlich neuen Version seines Lebens – wieder zu erscheinen.[576]

So ist beispielsweise auch in *Lincoln* die eigentliche Ermordung des Präsi-denten ausgespart. Während einer Theatervorführung stürzt ein Bote auf die Bühne und berichtet dem anwesenden Publikum vom Attentat. Diese Szene spiegelt die Rezeptionssituation des Biopics: Während eines Schau-spiels erfolgt ein Botenbericht – Medien zitieren Medien. Den Tod nicht einfach ganz wegzulassen, ist nur konsequent, schließlich ist der Märty-rertod das Narrativ, das am stärksten dazu geeignet ist, Mythen zu stiften.

Wie mit *Amadeus* angesprochen, ist zumeist eine Stilisierung des Sterbens passend zum Leben zu beobachten. Und so stirbt auch Jackson Pollock entsprechend seines Images als tragischer Held der modernen Kunst Amerikas mit 44 Jahren den modernen Heldentod:[577] Volltrunken kommt er mit seinem Wagen von der Straße ab, mit im Auto sitzen seine Geliebte Ruth Kligman und deren Freundin Edith Metzger, Erstere über-lebt, Letztere kommt mit Pollock um. Das tragische Ende kommt dras-tisch und abrupt, das Unheil, das zu Beginn des Films angekündigt war, nimmt seinen Lauf.

---

[575] Vgl. hierzu auch Taylor (2002), S. 265.

[576] Nieberle (2008), S. 22.

[577] Vgl. Berger (2009), S. 61.

7.1.6   Fazit

Das Biopic *Pollock* erzählt entlang dominanter Narrative das klassische Storyschema *rise and decline* einer Künstlerexistenz. Neben der Stilisierung als typisch amerikanischer Nationalmythos (sensibles Raubein in Jeans und mit Zigarette),[578] wird mit Jackson Pollock der althergebrachte Künstlermythos des leidenden Helden zitiert. Das Narrativ der Devianz findet Ausgestaltung in der Alkoholsucht und im damit einhergehenden Kontrollverlust im gesellschaftlichen Rahmen. Als Topoi der Erzählung von Genie und Wahnsinn (vgl. Kapitel 2.3.2) werden zudem die „topographische Ver-rückung der Figur" aufgerufen, etwa wenn Pollock verwahrlost und frierend auf der Straße liegend gezeigt wird (ab 00:39:26 bis 00:40:14), und die Kontrastierung zu etablierten Existenzen hergestellt. Das entstehende Bild knüpft an das Vorwissen und somit an die Erwartungshaltung des Publikums an. Die Darstellung besitzt, vor allem durch die unverhohlene Ehrlichkeit und durch die Dauer der Einstellungen, einen hohen Grad an *Glaubwürdigkeit.*

Darüber hinaus nimmt der Film eine eigene Interpretation vor hinsichtlich der destruktiven Wirkung der gesteigerten Medialisierung in Jackson Pollocks Leben (*Kontingenz*). Eine Filmbiografie ist eine Rekonstruktion, und mitunter eine Darstellung mit Gegenwartsbezug.[579] Der Regisseur Ed Harris nimmt eine bestimmte Perspektive gegenüber seinem Erzählgegenstand ein und für die gewünschte Aussageabsicht nutzt er das Motiv der destruktiven Medialisierung (*Relevanz*). Wie im Kapitel 5.1 festgestellt, ist eine dabei mit einhergehende Verschmelzung von Fakt und Fiktion unvermeidlich. Wahrheitswirkung ist eine Frage der Lesererwartung (vgl. Kapitel 5.3) und die Darstellung Pollocks erfüllt in hohem Maße die Forderung nach *Wahrscheinlichkeit.*

Glaubwürdigkeit, als Dreh- und Angelpunkt des entwickelten Authentizitätsbegriffs, wird in *Pollock* auch auf verschiedenen anderen Ebenen hergestellt, etwa durch das Aufrufen nachprüfbarer Biographeme, die durch Orts- und Zeitangaben Objektivität vermitteln (vgl. Kapitel 4.1). Zudem werden bekannte Text-, Bild-, Ton- und Filmdokumente zitiert. Die Narrative und ausgewählten Biographeme, die Nachstellung bekannter dokumentierender Medien erfüllen insgesamt ihre kommunikative Funktion hinsichtlich Ed Harris' Aussageabsicht. Entscheidenden Anteil an der glaubwürdigen Darstellung trägt Harris auch als Hauptdarsteller durch seine schauspielerische Leistung und physiognomische Ähnlichkeit. Zudem bringt Ed Harris das eigene glaubwürdige Image als ernsthafter

---

[578]   Vgl. Berger (2009), S. 47.

[579]   Zu Ed Harris' persönlichem Pessimismus hinsichtlich der Massenmedien vgl. Berger (2009), S. 95f.

und erfolgreicher Schauspieler mit in die Rolle (der auch für die Verkörperung ambivalenter Charaktere bekannt ist[580]).

Pollock ist kein Film mit starker Narration. Er besticht durch die Mise en scène und Schauspielleistung.[581] Wie viele Biopics tendiert *Pollock* zu der in Kapitel 4.4.2 mit Taylor beschriebenen Episodenhaftigkeit und zudem zur Linearität: „Die lineare Form neigt zu einer Reduktion der Komplexität sowie narrativer Schwäche und erzeugt dadurch eine starke Betonung der Zeitachse."[582] Anders als in anderen Biopics dieses Typs wird die Handlung nicht durch einen starken Subplot aufgewertet. Die Hauptfigur ist und bleibt passiv. Für *Pollock* gilt, was Taylor treffend für viele Biopics formuliert hat: Der Weg ist das Ziel.[583] Biografisches, kunsthistorisches und medienwissenschaftliches Wissen wird verbunden, darüber hinaus wird großer Wert auf den künstlerischen Schaffensprozess gelegt, was in Biopics oft ausgespart bleibt.[584] Doch schließlich gilt Jackson Pollock als Actionpainter, also musste auch gemalt werden.[585]

Durch die zitierten Medien Text (Zeitungsartikel, Lyrik, Brief) beziehungsweise (Unter-)Schrift, Bild (Gemälde, Fotografie), Radio (Sprache, Ton) und (Dokumentar)Film markiert das Genre die ihm eigene Hybridität und Selbstreflexivität. Hybrid erscheint das Biopic auch durch die Verdopplung, die historische Persönlichkeit wie auch ihr Publikum betreffend. Nebenfiguren, hier vor allem die Ehefrau, motivieren nicht nur Subplots, sie verkörpern auch ein internes Publikum, das das externe spiegelt und gleichermaßen als *(Künstler-)Bildbetrachter* auftritt.

Der Film bricht mit den Vorstellungen vom klassischen Hollywood, nicht nur durch das Ausbleiben eines Happy Ends (das sujetbedingt nicht infrage kommt),[586] sondern auch durch die lange Dauer der Einstellungen in Nahaufnahme. Wie ein interner Beobachter kann sich der Rezipient des Biopics der Intimität des Dargestellten nicht entziehen. Wie im Kapitel 3.3 festgestellt, atomisiert ein Foto, es ermöglicht ein Verharren im Augenblick. Lange Momentaufnahmen im Film ermöglichen beziehungsweise erzwingen geradezu eine entsprechende Detailansicht, durch die der Eindruck von Objektivität entsteht. Darstellungs- und Wahrnehmungsgewohnheiten, die in Filmen von schnellen Schnitten und Bildwechseln in

---

[580] So spielt er beispielsweise in *A Beautiful Mind* die bedrohliche Figur und Wahnvorstellung William Parcher, die John Nash verfolgt und immer wieder für strenggeheime Regierungsaufträge gewinnen will.

[581] Vgl. Berger (2009), S. 147.

[582] Taylor (2002), S. 120.

[583] Vgl. Anm. 333.

[584] Vgl. Berger (2009), S. 57 und S. 152.

[585] Vgl. ebd., S. 286.

[586] Vgl. Taylor (2002), S. 262.

einer mehr oder minder stark ausgeprägten Narration ausgehen, werden an diesem Punkt aufgebrochen. Das Biopic *Pollock* nimmt sich Zeit, um überzeugend Lebenszeit darzustellen. Vor allem nimmt er sich Zeit, den psychischen Schmerz des Künstlers darzustellen. Wie mit Martin Andree in Kapitel 2.3.2 gesehen, begünstigt Schmerz als „Radikal der Unmittelbarkeit" eine empathische Rezeptionsweise und schlägt so eine emotionale Brücke in die außerfilmische Vorstellungswelt des Rezipienten (vgl. Kapitel 6.4).

Abschließend und ergänzend füge ich noch einige Beobachtungen zum Filmtitel an. Im Kapitel 1.3.1 wurde der Name als „fester Designator" charakterisiert, er verbürgt die Identität des Trägers. Nicht zwangsläufig, aber sehr oft ist der Name der biografierten Person der Biopic-Titel oder zumindest ein Teil davon (vgl. *Sophie Scholl – Die letzten Tage*, *Marie Antoinette* etc.), häufig, wie auch in *Pollock*, nur der Vor- oder Nachname (vgl. *Elizabeth*, *Hitchcock*, *Lincoln* etc.).[587] Wie oben bereits beschrieben, sieht man gleich zu Beginn des Films *Pollock* den Künstler das *Life Magazine* unterschreiben, und in diesem Moment findet wieder eine und diesmal sehr eigentümliche Form von Verdopplung statt. Denn es ist auch der Regisseur Ed Harris, der unterschreibt, der sich für seinen Film verbürgt, indem er ein historisch authentisches Dokument, das unmittelbar mit dem dargestellten Künstler Jackson Pollock in Beziehung steht, unterzeichnet. Der Regisseur und Schauspieler schreibt sich gewissermaßen in die dargestellte Figur ein. Die farbverschmierten Hände unterstreichen den authentifizierenden Charakter dieser Szene zusätzlich.[588] Später im Film signiert er als Jackson Pollock eines der tatsächlich von ihm (mithilfe eines Painting Coachs[589]) gemalten Bilder: „Pollocks künstlerischer Aufstieg wird damit eingeläutet."[590] Höhepunkt findet dieses authentifizierende und Identität verbürgende Moment, als Pollock die Dripping-Methode entwickelt hat und nicht mehr unterschreibt, sondern seine mit Farbe bedeckten Handflächen auf den Gemälden abdrückt.[591]

> Der Künstler macht am Höhepunkt der Abstraktion seine Autorschaft durch die konkrete Spur der Handabdrücke im Bild sichtbar – eine durchaus symbolische Verbildlichung der körperlichen Beziehung zwischen Künstler und Werk.[592]

---

[587] Zu den Möglichkeiten und Bedeutungen der unterschiedlichen Titel im Biopic vgl. Taylor (2002), S. 294–299.

[588] Vgl. hierzu auch Berger (2009), S. 140.

[589] Vgl. ebd., S. 75, Anm. 136.

[590] Ebd., S. 141.

[591] Vgl. hierzu auch ebd., S. 142.

[592] Ebd.

Visualisierung spielt in *Pollock* eine zentrale Rolle: Visualisierung von Bildern, Kunst, künstlerischem Schaffen, Multimedialität, Bildwahrnehmung und nicht zuletzt die Visualisierung des Künstlers und seines Leidens. Damit zusammenhängend ist Performance nach Taylor ein charakteristisches Merkmal des Biopics, „[d]as Intime selbst wird zum Gegenstand der Performance."[593] Performance spielt besonders im nächsten Analysebeispiel eine entscheidende Rolle, denn hierbei geht es um eine Performer-Biografie.

7.2   *La Vie en Rose* (Olivier Dahan, F 2007)

La Vie en Rose erzählt die Lebensgeschichte der französischen Sängerin Edith Piaf (19.12.1915 – 10.10.1963) und stellt einen der seltenen Fälle dar, in denen (nahezu) das ganze Leben porträtiert wird.[594] Die Diegese springt dabei innerhalb vierer Zeitebenen, die für sich je chronologisch ablaufen.[595] Orts- und Zeitangaben erleichtern die Orientierung. Die erste Ebene beschreibt die Kindheit der geborenen Edith Giovanna Gassion, die schon früh von ihrer Mutter vernachlässigt und von ihrem Vater vorübergehend zu dessen Mutter, die Leiterin eines Bordells, gebracht wird. Die Geborgenheit, die Edith dort erfährt, währt nur kurz, denn schon bald nimmt der Vater sie mit in den Zirkus, ehe er sie auch dort wieder herausreißt, um sich auf der Straße als Schlangenmensch ein armseliges Auskommen zu verdienen. Die Gosse ist dann auch der Ort, an dem das Mädchen zu singen beginnt.

Die zweite Zeitebene erzählt von Ediths Aufstieg, wie sie im Alter von zwanzig Jahren von Louis Leplée auf der Straße entdeckt wird und erste Erfolge in dessen Cabaret *Le Gerny's* als „La môme Piaf" feiert. Sie lernt den Dichter und Sänger Raymond Asso kennen, der sie nach Louis Leplées Ermordung unter seine Fittiche nimmt, sie zu richtigem Gesangsunterricht nötigt und ihr als „Edith Piaf" zum großen Durchbruch verhilft. Etappenweise werden die verschiedenen Stationen ihrer Karriere, ihr ausschweifender Lebensstil und die Schicksalsschläge dargestellt. Zu ihren langjährigen Wegbegleitern gehört von Anfang an auch der Alkohol.

Die dritte Zeitebene beschreibt den Absturz. Edith Piaf bricht mehrmals bei Konzerten auf der Bühne zusammen, rappelt sich wieder auf, gestützt von Freunden und Medikamenten. Gezeichnet von einer nicht näher definierten schweren Lebererkrankung und vom Rheuma, ist

---

[593] Taylor (2002), S. 374.

[594] Vgl. hierzu auch Taylor (2002), S. 93.

[595] Die Einteilung in Zeitebenen erfolgt in dieser Übersicht biografisch und nicht entsprechend der filmischen Chronologie.

sie kaum in der Lage, sich um sich selbst zu kümmern, ist schließlich hochgradig abhängig von Schmerzmitteln, die sie sich mehrmals täglich spritzt und später spritzen lässt. Sie glaubt unermüdlich an ein Comeback, steht damit aber alleine da.

Die vierte Ebene ist plakativ mit dem Paratext „Letzter Tag" beziehungsweise „Letzte Nacht" versehen. Die große Chanteuse ist ein Schatten ihrer selbst, grantig, hilflos, gezeichnet, sterbend.

7.2.1   Diegetischer Aufbau: Lebensgeschichte als Puzzle

Das Biopic beginnt mit einem Zusammenbruch auf der Bühne. Edith Piaf singt bei einem Konzert in New York im Februar 1959 symbolträchtig den Song *Heaven have Mercy*, als sie beim Refrain stürzt und bewusst-

Abb. 16: Standbild aus *La Vie en Rose*, Filmanfang (DVD, 00:01:41)[596]

los liegen bleibt (Abb. 16). Aus dem Off hört man ihre Stimme, die zur Heiligen Thérèse vom Jesukind betet und um Wiederauferstehung bittet. Wie bei *Pollock* knüpft diese „einleitende Präambel"[597] direkt an das Wissen des Rezipienten an, gibt die Lesart des Biopics vor und entspricht beziehungsweise provoziert eine bestimmte Erwartungshaltung. Es geht hier nicht darum, eine Ikone des Chansons zu feiern. Jedenfalls nicht nur.

Von dieser dritten Zeitebene springt der Film in der nächsten Szene in die erste Zeitebene, in Edith Piafs Kindheit. In dichter Verschachtelung wird so in häufigen Zeitsprüngen das Leben Piafs wie ein großes Puzzle rekonstruiert. Die expositorisch fast jeden Zeitsprung begleitenden Paratexte mit Orts- und Zeitangaben situieren die Szenen historisch und signalisieren Authentizität, indem sie Objektivität durch die Überprüfbarkeit vermitteln. Zudem entsteht aber auch der Eindruck eines Countdowns, der besonders durch die Inserts „Letzter Tag" beziehungsweise „Letzte Nacht" den Spannungsbogen erzeugt.

---

[596]   Die folgenden Standbilder sind im Zusammenhang dieser Arbeit von mir gewählte Bilder aus dem Film *La Vie en Rose* (Rg.: Olivier Dahan, F 2007, DVD 2007, 135 min., München: Constantin Film). Es handelt sich nicht um öffentlich kursierende Filmstills, die für Werbezwecke eingesetzt werden.

[597]   Vgl. Anm. 549.

Im Gegensatz zu *Pollock* liegen hier eine starke Narration und ein dominanter Karriereplot vor. Entsprechend schwach fallen Subplots und Nebenfiguren aus. Der Film ruft zahlreiche Biographeme auf, die die Diegese prall und satt machen, allerdings auch – und zwangsläufig – nur als Auswahl, wenn nicht sogar nur als flüchtige Andeutungen. Namen, Orte, Ereignisse werden gestreift und stehen gelassen, sind *faits divers*, die einen Zweck erfüllen und Schnelllebigkeit signalisieren. Henry M. Taylor spricht von Overflow-Effekten, also von

> Übertragungseffekten von der Welt der filmischen Geschichte und der Handlungsfunktion des Protagonisten auf den narrativen Stil [...]. Oder als Frage formuliert: Inwieweit versucht die Narration eine Performance zu bewerkstelligen?[598]

Als Beispiel führt Taylor das Vincent-van-Gogh-Biopic *Lust for Life* an, in dem sich das Thema Malerei im Einsatz kinematografischer Techniken und Parameter spiegelt und damit einen, in der Forschung kritisierten, engen Bezug zwischen Werk und Künstlerleben herstellt.[599] Ein ähnlicher Overflow-Effekt ist bei *Amadeus* zu beobachten, wenn auch nicht mit dem Thema Malerei. Das Mozart-Biopic erscheint wie eine tragisch-schöne Oper voller Opulenz und Pathos, Intriganz und Missgunst, aber auch voller Humor und Ironie.

Während *Pollock* schlicht, linear und wie gesehen mit viel Zeit erzählt, zertrümmert *La Vie en Rose* die Lebensgeschichte und präsentiert sie in Bruchstücken. Die Narration spiegelt dabei das exzessive Leben der Protagonistin. Auf der *Performance* liegt die Konzentration, auf dem Wie des Lebenslaufs. So analogisiert die Kamerafahrt Edith Piafs Irren durch die Wohnung, als sie vermeintlich von ihrer großen Liebe, dem Boxer Marcel Cerdan, geweckt wird, ihm Kaffee serviert und auf ihre bestürzten Assistentinnen trifft, auf ihren Manager Louis Barriere, der ihr schließlich mitteilt, dass Marcels Flugzeug abgestürzt ist. Edith muss erkennen, dass sie seine Ankunft nur imaginiert hat und irrt schreiend durch die Wohnung, läuft einen Korridor entlang (Abb. 17), aus dem Off begleitet von *L'hymne á l'amour.* Ihre Freunde bleiben schließlich zurück und Edith taumelt alleine durch einen Vorhang, direkt auf

Abb. 17: Standbild aus *La Vie en Rose,* Korridor (DVD, 01:46:04)

---

[598] Vgl. Taylor (2002), S. 320.

[599] Vgl. ebd., S. 320f.

166

eine Bühne, wo sie das Chanson vor einem großen Publikum singt (ab
01:42:21 bis 01:46:54).

Stärksten Overflow-Effekt des Films betrifft die Musik, die original
von Edith Piaf gesungen eingespielt wird. Dadurch entsteht der Eindruck,
als hätte die Sängerin den Soundtrack ihres eigenen Lebens interpretiert.
Angefangen bei *Heaven have Mercy* zu Beginn des Films über *Milord*,
womit das Treiben im Bordell der Großmutter untermalt wird, von *La
foule* zum Zeitpunkt ihres großen Durchbruchs bis hin zu *La vie en rose*,
ein Chanson, das mit Marcel Cerdan in ihr Leben tritt und die rosarote
Brille beschreibt, durch die Liebende das Leben sehen.[600] Unvermeidlich
darf auch *Je ne regrette rien* nicht fehlen. Auf den besonderen Einsatz
dieses Chansons gehe ich weiter unten genauer ein.

Durch die entstehende Intertextualität und durch die filmstilistische
Performance rückt das Biopic, entsprechend seines Charakters als hybri-
des Genre, in die Nähe eines Musicals. Entscheidenden Anteil an dieser
Beobachtung haben auch die vielen dargestellten Konzerte, wie ich im
Folgenden zeige.

7.2.2   Die Sängerin auf der Bühne

Im Kapitel 4.4.1 wurde das Konzept der *trial scene* beschrieben, also die
öffentliche Unterbeweisstellung der besonderen Leistung der biografierten Person. In *Lincoln* geschieht dies vor allem in der finalen Szene des
Films, in der der Präsident seine Rede vor dem intra- und extradiegeti-
schen Publikum hält. Die öffentliche Präsentation von Jackson Pollocks
Kunst geschieht in *Pollock* nie unproblematisch. Bei seiner ersten Ausstellung erfährt er harte Kritik, und den großen Erfolg der anderen im
Film dargestellten Ausstellung, während der er das *Life Magazine* unterschreibt, unterwandern sein eigener Blick, der den nahenden Untergang
ankündigt. Öffentlichkeit wird nicht zuletzt durch die diese herstellenden
Medien prekär. Edith Piaf hingegen lebt für die Bühne. Der Rezipient
verfolgt die Metamorphose vom unsicheren Mädchen bis hin zum gefeier-
ten Star mit. Er ist ein ebensolcher Wegbegleiter wie die Jugendfreundin
Simone Berteaut, die Komponistin Marguerite Monnot, die Assistentinnen Ginneau und Jeanne sowie die Impresari Raymond Asso und Louis
Barriere. Ihre Sorge ist die des Rezipienten, wenn Edith Piaf auf der Bühne zusammenbricht, ebenso ihr Jubel bei Erfolgen und ihre Trauer bei
Rückschlägen. Durch die Musik, ein „Nicht-mehr-Medium",[601] das laut

---

[600] In ihrer Edith Piaf-Biografie analysiert Joëlle Monserrat erstmalig ausführlich die Chanson, vgl. Joëlle Monserrat: *Edith Piaf. „Non, je ne regrette rien",* übers. v. Theo Scherrer.
München 1992.

[601] Vgl. Anm. 111.

Martin Andree wie der Schmerz als ein „Radikal der Unmittelbarkeit" zu betrachten ist und Medialität überschreitet, erfährt der Rezipient *Be-Rührung*.[602] Er teilt die Empathie der Nebenfiguren und die Rolle der Kontrastfolie bezüglich der Normalität, vor der sich das außergewöhnliche Talent, das exzessive Leben und die große Fallhöhe einer Edith Piaf abheben.

An dieser Stelle erscheint eine genderspezifische Untersuchung von *La Vie en Rose* angebracht, gibt es doch signifikante Unterschiede bei der Darstellung von Frauen und Männern im Biopic:

> Female biopics play on tensions between a woman's public achievements and woman's traditional orientation to home, marriage and motherhood. In consequence, female biopics often find suffering (and therefore) drama in a public woman's very inability to make her decisions and discover her own destiny.[603]

Weiter schreibt Dennis Bingham: „Madness, hysteria, sexual dependences, the male gaze, and a patriarchal authorship: that is the classical female biopic."[604] Und so beschreibt auch Beatrix Borchard die charakteristische Darstellung von Künstlerinnenleben als gescheiterte Frauenleben.[605] Mit der Weiterentwicklung des Genres, wie sie vor allem an modernen Frauen-Biopics des 21. Jahrhunderts zu verzeichnen ist, also auch an *La Vie en Rose*, verschiebt sich diese Sichtweise.[606] Das Geschlecht wird weniger problematisiert, Kreativität und Scheitern zunehmend davon abgekoppelt.[607] In *La Vie en Rose* geht es nicht um ein typisches Künstler*innen*-schicksal. Edith Piaf wird auch nicht als klassische Diva dargestellt, wenngleich Ansätze nicht zu leugnen sind. Elisabeth Bronfen nennt die Diva, egal ob männlich oder weiblich, einen Unfall im mythischen System des Stars, denn Diven sind Stars, die an der Grenze gehen und stehen.[608] Ein

---

[602] Vgl. Anm. 112.

[603] Bingham (2010), S. 213. Bingham konzentriert sich im zweiten Buch seiner Untersuchung auf das Thema Frauenbiopics.

[604] Ebd., S. 310.

[605] Vgl. Beatrix Borchard: *Lücken schreiben. Oder: Montage als biographisches Verfahren.* In: Hans Erich Bödeker (Hg.): *Biographie schreiben.* Göttingen 2003 (Göttinger Gespräche zur Geschichtswissenschaft, 18), S. 211–241, S. 224. Vgl. hierzu auch Anderson (1988), S. 336.

[606] Vgl. Bingham (2010), Kap. 17 *Twenty-First-Century Women*, S. 348–376.

[607] Zugunsten meiner thematischen Konzentration soll es hier nur bei einem Hinweis bleiben. Vgl. für einen genaueren Überblick zum Thema Gender und Film Heike Klippel: *Feministische Filmtheorie.* In: Jürgen Felix (Hg.): *Moderne Film Theorie.* 3. Aufl. Mainz 2007 (Filmforschung, 3), S. 168–185. Frauen im Biopic haben neben Bingham auch Berger (2009), S. 20–23 und Custen (1992), S. 102–107 thematisiert.

[608] Vgl. Elisabeth Bronfen: *Zwischen Himmel und Hölle – Maria Callas und Marilyn Monroe.* In: Elisabeth Bronfen, Barbara Straumann (Hg.): *Die Diva. Eine Geschichte der Bewunderung.* München 2002, S. 42–68, S. 46.

Star schaltet um vom Star-Image auf Privatperson, bei der Diva gibt es keine Trennung, Diven verausgaben sich.[609] Eine Charakterisierung der klassischen Diva, wie sie Bronfen beispielsweise anhand von Maria Callas, Marilyn Monroe und Elvis Presley vornimmt, trifft bei der Darstellung Edith Piafs in *La Vie en Rose* nur teilweise zu.

> Werden Stars für ihre Hybris bestraft, Ruhm um jeden Preis für sich in Anspruch zu nehmen, erfährt die Diva im Leid ihre Apo-theose und wird dadurch zur vergöttlichten Gestalt. Im Gegensatz zum Star kann die Diva nämlich ihren Schmerz transformieren. Er bedeutet keinen Abfall vom Star-Image, sondern wird Teil da-von.[610]

Edith Piaf identifiziert sich nicht mit ihrem Leid, sie ist diesem (selbstzer-störerisch) ausgeliefert. Die Diva kultiviert ein bestimmtes Image, was die Authentizität der Person und die Authentizität der Rolle zusammenfallen lässt.[611] Das Ungestüme und Laute, auch Herzlich-Naive, durch das Edith Piaf charakterisiert wird, soll die kindliche Authentizität der Figur beto-nen und nicht eine anverwandelte Rolle. Wenn überhaupt, dann ist die Wahrhaftigkeit ihrer infantilen Persönlichkeit (wie es auch schon der Künstlername „Piaf" signalisiert) das Image, das der Film pflegt. Es lassen sich also durchaus Parallelen herstellen zwischen der Diva und Edith Piaf, nicht zuletzt durch das Spannungsfeld zwischen Lebensbejahung und Todestrieb.[612] Dennoch bleibt unter dem Blickwinkel dieser Arbeit fest-zuhalten, dass diese Parallelen weniger der Stilisierung eines bestimmten Images als vielmehr der Herstellung von Glaubwürdigkeit dienen. Edith Piaf soll weniger als typische Frau und Künstlerin im Biopic, sondern vielmehr als typisch tragische/r Held/in charakterisiert werden, deren glaubwürdige Darstellung den Effekt von Authentizität hervorruft. Dass Edith Piaf tatsächlich jung Mutter gewesen ist, die Tochter aber mit nur zwei Jahren an einer Meningitis verstorben ist, gehört zu den vielen *faits divers*, zu den beiläufigen Biographemen, die eingestreut, aber nicht wei-ter thematisiert werden. Die Unvereinbarkeit von Mutterschaft und Krea-tivität als klassischer Künstlerinnentopos, wie er in Bezug auf Lee Krasner beschrieben wurde (und dort übrigens genauso gut auf Jackson Pollocks potenzielle Vaterschaft angewendet werden könnte), wird in *La Vie en Rose* nicht thematisiert. Zum Tragen kommt vielmehr der (Geschlechter übergreifende) Topos von der Unvereinbarkeit von Kunst und Liebe be-ziehungsweise die Liebesmelancholie, die, wie gesehen, ein wesentlicher Topos ist bei der Erzählung von Genie und Wahnsinn.

---

[609] Vgl. Bronfen (2002), S. 46.

[610] Ebd.

[611] Vgl. ebd., S. 49.

[612] Vgl. ebd., S. 63.

7.2.3 Tod und Wiederauferstehung

Der Film *La Vie en Rose* macht von Anfang an klar, dass es um das Leben und Sterben der Protagonistin geht, doch der eigentliche Tod bleibt auch hier ausgespart. Am Ende der vierten Zeitebene („Letzte Nacht") liegt Edith Piaf leichenblass, aufgedunsen und schweißbedeckt im Bett, doch der letzte Atemzug wird nicht gezeigt. Im Gegenteil, die verschachtelte Erzählung endet mit dem gelungenen Comeback. Edith Piaf feiert einen letzten großen Erfolg mit dem Chanson *Je ne regrette rien* und darf die Wiederauferstehung, um die sie zu Beginn des Films gebeten hat, erleben. Damit markiert diese Filmbiografie die dem Genre eigentümliche Möglichkeit, wiederzubeleben und den Künstler vor dem „zweiten Tod", dem Vergessen (vgl. Kapitel 3.4), zu bewahren.

> Für das biographische Film-Ende von besonderer Relevanz ist die imaginäre Natur des kinematographischen Signifikanten. Biopics operieren auf der Basis der Doppelung von Präsenz und Abwesenheit und potenzieren sie: Sie schlagen dem Tod in der außerfilmischen Vergangenheit, der Abwesenheit ein Schnippchen, erwecken eine Persönlichkeit der Geschichte sicht- und hörbar wieder zum Leben und insistieren dabei – zumindest punktuell und selbstreflexiv – auf der Absenz dieser Figur. Aus dieser Spannung zwischen Leben und Tod beziehen Filmbiographien ihre grundlegende Attraktivität.[613]

Edith Piaf steht in dieser Schlussszene auf der Bühne der Konzerthalle *L'Olympia* in Paris, vor einem großen Publikum (ab 02:02:46 bis 02:09:16). Für die Dauer dieses letzten Auftritts sind alle Zeitebenen des Films, wieder fragmentiert und verschachtelt, vereint. Neben sterbend im Bett wird sie strickend am Strand von Kalifornien gezeigt, wo sie einer Journalistin ein Interview gibt. Sie wirkt aufgeräumt und zufrieden, bis ein verklärender Kameraschwenk über das Meer diese friedliche Szene verlässt. Sie wird noch einmal als kleines Kind gezeigt und bei dieser Einstellung kommt es zum einzigen visuellen metafiktionalen Bruch, denn die kleine Edith blickt direkt in die Kamera. Sie wendet sich unmittelbar an den Rezipienten, der sich endgültig seines Status als Beobachter bewusst und in die Diegese geholt wird. Mit dem Wissen um den Leidensweg und den nahen Tod empfindet der Rezipient des Films die gleiche Rührung angesichts dieses letzten Triumphs wie die anwesenden, zu Tränen gerührten Weggefährten, Förderer und Freunde (Abb. 18, Abb. 19).

---

[613] Taylor (2002), S. 260.

So ist er nicht nur Filmbetrachter, sondern auch mitwissender Wegbegleiter und intradiegetisches Publikum gleichermaßen, wie Einstellungen aus der Ferne mit Blick auf die Bühne über die Köpfe des Konzertpublikums hinweg signalisieren. Die Rührung und der Triumph sind „echt" und die Darstellung glaubwürdig.

Abb. 18: Standbild aus *La Vie en Rose*, Freunde (DVD, 02:08:37)

Die Filmbiografie *La Vie en Rose* beschönigt nichts

Abb. 19: Standbild aus *La Vie en Rose*, Wegbegleiter (DVD, 02:08:45)

(wenngleich sie deutlich mythologisiert), doch die Botschaft am Ende des Filmes ist, dass es auch nichts zu bereuen gibt. Auch hier passt das Ende zum dargestellten Leben.

7.2.4   Narrative und Anekdoten

Das klassische Storyschema *rise and decline* wird durch die verschachtelte Erzählweise und durch das Ende des Films aufgebrochen. Erzählt wird hier vielmehr nach dem Schema des Künstlers beziehungsweise der Künstlerin, die nichts hatte und alles erreichte, die wortwörtlich aus der Gosse kam und es zu Weltruhm brachte. Verzichtet wird dabei auf klassische Subplots wie der Widerstand der Gesellschaft oder der Familie. Edith Piafs Talent wird unmissverständlich erkannt und sie muss sich auch nicht gegen Rivalen durchsetzen. Die Konzentration liegt allein auf der Protagonistin, auf den Höhen und Tiefen ihrer Karriere. Sie ist ihr ganzes Leben lang laut, ungestüm, starrköpfig und auf Hilfe angewiesen. Der Regisseur Olivier Dahan beschreibt in einem Interview, dass er in diesem Biopic Edith Piaf als das Kind darstellen wollte, das sie lebenslang blieb.[614] Folgerichtig lautet der Originaltitel *La Môme*, zitiert also den Spitznamen, unter dem Edith Piaf auch heute noch in Frankreich berühmt ist.

---

[614] Vgl. Interview mit Regisseur Olivier Dahan, in: *La Vie en Rose*, DVD, 135 min., München: Constantin Film 2007, Extra-Material.

Ein Ansatz, den der deutsche Titel *La Vie en Rose* verfehlt, wie er überhaupt den Film verfehlt, denn es geht ja gerade nicht, wie im titelgebenden Chanson, um die rosarote Brille, durch die Liebende das Leben sehen. Im Gegenteil ist der filmbiografische Blick auf Edith Piafs Leben alles andere als „en rose".

Durchgängiges Leitmotiv ist die Einsamkeit, die Edith Piaf trotz der treuen Weggefährten und trotz des Erfolgskurses immer begleitet. Sie führt ein wurzelloses Dasein, wird vom Schicksal und vom Erfolg durch die Welt geweht und steht auch auf der Bühne immer alleine. Ihr Talent ist ein wortwörtliches *Allein*stellungsmerkmal. Als sie vom Tod ihrer großen Liebe Marcel erfährt, irrt sie alleine den Korridor entlang bis auf die Bühne. Am Ende ihres Lebens liegt sie allein sterbend im Bett. Die Journalistin, der sie am Schluss des Films am Strand von Kalifornien ein Interview gibt, fragt sie: „Wenn Sie nicht mehr singen könnten?" „Oh, dann würde ich nicht mehr leben." (02:03:51) Sie sitzt dabei am Meer, eine friedliche und verklärende Situation, wobei das Meer darüber hinaus aber auch Weite, Tiefe und Einsamkeit signalisiert. Edith Piaf findet allein in der Musik Erfüllung, doch dafür bezahlt sie einen hohen Preis.[615] Um auf der Bühne stehen zu können, nimmt sie Schmerzmittel und ruiniert ihre Gesundheit. Das Narratem Suchtkrankheit charakterisiert die Devianz der Protagonistin, neben der Liebesmelancholie. Ihre große Liebe Marcel ist verheiratet und hat Kinder, die er auch für Edith Piaf nicht verlässt, bis er schließlich tragisch ums Leben kommt.

Der Film ruft zahlreiche Anekdoten aus dem Leben der Sängerin auf, beispielsweise die vom nicht fertig gewordenen Kleid bei ihrem ersten Auftritt in Louis Leplées Cabaret. Aus der Not eine Tugend machend, wird der fehlende Ärmel kurzerhand durch ein Tuch ersetzt, was die Erscheinung des Straßenmädchens, des rohen Diamanten kunstvoll auf die Bühne bringt (von 00:43:40 bis 00:46:58).[616] Eine weitere Anekdote betrifft die beste Freundin, Simone Berteaut, die sich als Edith Piafs Halbschwester ausgegeben hat.[617] Der Film, in dem Simone nicht halb so zwielichtig wie in den literarischen Biografien wegkommt, nimmt darauf Bezug, indem Simone bei Ediths erstem Auftritt den Zuhörern um sich herum zuraunt, Edith wäre fast wie eine Schwester (00:45:50). Als kleines Kind hat Edith Piaf an einer Kreatitis, einer Hornhautentzündung gelitten

---

[615] Vgl. Anm. 544.

[616] Vgl. Monserrat (1992), S. 21.

[617] Vgl. Simone Berteaut: *Ich hab' gelebt, Mylord. Das unglaubliche Leben der Edith Piaf*, übers. v. Margaret Carroux. Bern u. a. 1973, S. 9. Diese Behauptung wird beispielsweise von Matthias Henke in seiner Edith Piaf-Biografie unreflektiert übernommen, vgl. Matthias Henke: *„Süchtig nach der Sehnsucht". Edith Piaf*. München 1998, 36f. Zu einem kritischeren Umgang mit dieser Behauptung vgl. Monserrat (1992), S. 12f.; vgl. auch Carolyn Burke: *No regrets. The life of Edith Piaf*. New York 2011, S. 25.

und der Film zitiert die Anekdote, wonach ihre Heilung unmittelbar nach einer Pilgerreise zum Grab der Heiligen Thérèse erfolgte (von 00:16:02 bis 00:19:24). Tatsächlich besuchte Edith das Grab *nach* ihrer Heilung.[618] Wie in Kapitel 3.4 beschrieben, stiften Anekdoten Schemata und Narrative, sie organisieren Vorstellung und Wahrnehmung. Unabhängig vom Wahrheitsgehalt, der stets hinterfragbar ist und mitunter widerlegbar wäre, füllen sie die leere Hülle des Eigennamens, und sind aus diesem Grund, so eine der Thesen meiner Arbeit, trotz allen fiktionalisierenden Potenzials zu rechtfertigen. Denn sie erzeugen Glaubwürdigkeit und fördern so beim Rezipienten bei seiner Suche nach Bekanntem den Effekt von Authentizität.

7.2.5 Fazit

Carolyn Burke bedauert in ihrer Edith Piaf-Biografie, dass üblicherweise, und so auch in *La Vie en Rose*, die Schattenseiten von Edith Piafs Leben, die Selbstzerstörung beschrieben würden, dass meist das gängige Schema vom Künstlerleben, „the trajectory from rags to riches"[619], dargelegt würde. Es stimmt, *La Vie en Rose* hat keinen Raum für Edith Piafs Engagement und Mut während des Zweiten Weltkriegs. Dass sie zahlreiche ihrer Chansons selbst geschrieben hat, bleibt ebenso unerwähnt wie ihr Einsatz für junge Talente, deren Karrieren sie angestoßen hat. Dies lässt sich mit der vom Regisseur eingenommenen Perspektive und Aussageabsicht erklären und rechtfertigen: Es geht um „La Môme" und nicht um die reife Künstlerin (*Relevanzaspekt*). Die Orts- und Zeitangaben verleihen der Erzählung einen dokumentarischen, objektiven Charakter, doch im Gegensatz zum Genre Dokumentarfilm zeichnet sich dieses Biopic durch starke Overflow-Effekte aus, wodurch die enge Verflechtung von Kunst und Leben ausgedrückt, also fiktionalisiert wird,[620] und somit Sachlichkeit verloren geht (*Kontingenzaspekt*). Wie im Kapitel 5 erörtert, muss eine auch starke Fiktionalisierung Authentizitätseffekten nicht entgegenstehen, wenn sie sich im Rahmen der Wahrscheinlichkeit bewegt (*Wahrscheinlichkeitsaspekt*). Die Intertextualität von Leben und Musik mag fernab jeder (?) Faktentreue liegen, doch sie befördert die empathische Rezeptionsweise.[621] Dem Rezipienten sind vor allem die Chanson Edith

---

[618] Vgl. Monserrat (1992), S. 11 und Burke (2011), S. 10.

[619] Burke (2011), S. 14 der Einleitung.

[620] Im Interview gibt Dahan zu verstehen, dass er genau dies beabsichtigt hat, vgl. Interview mit Regisseur Olivier Dahan, in: *La Vie en Rose*, DVD, 135 min., München: Constantin Film 2007, Extra-Material.

[621] Die Wirkung von Musik im Film habe ich hier nicht weiter beachtet, obwohl sich eine nähere Betrachtung sicherlich lohnt. Vgl. für einen ersten Überblick Josef Kloppenburg

Piafs vertraut, ihre Stimme. Indem auf Neuaufnahmen, also Reinszenie-
rung der Chansons verzichtet und die originale Musik verwendet wurde,
suggeriert der Film die Präsenz der abwesenden Künstlerin. Musik als
„Nicht-mehr-Medium", das im Sinne von Unmittelbarkeit direkt berührt,
überschreitet die Medialität des Films, so wie der Blick des kleinen Mädchens Edith am Ende des Films die Grenzen des Mediums überwindet
und den Rezipienten als Beobachter erkennt. Ich nehme Authentizität im
Biopic als das Ergebnis eines Medienpaktes, eines Wahrnehmungsvertrags
zwischen Film und Rezipient an. Mit dem Blickkontakt wird an diesen
Pakt und an die Konstruktion einer jeden Wahrnehmung erinnert.

Entscheidend für die Beobachterkonstruktion von Authentizität ist
auch hier die auf vielerlei Weise hergestellte Glaubwürdigkeit der Darstellung (*Glaubwürdigkeitsaspekt*). Diese entsteht neben den Orts- und Zeitangaben durch bekannte Biographeme und Anekdoten, die in großer Zahl
aufgerufen und zur gewünschten Aussage aneinandergefügt werden. Zudem werden die Schattenseiten des Ruhms glaubwürdig dargestellt. Edith
Piafs körperlicher Verfall wird ebenso unverblümt gezeigt wie der des-
truktive, einsame Weg dorthin. Im Gegensatz zu *Pollock* zeichnet sich
der Film durch rasante Kamerafahrten und schnelle Schnitte aus. Er analogisiert die Sprunghaftigkeit seiner Protagonistin und nimmt sich nur an
wenigen Stellen Zeit für genaue Beobachtungen, so zum Beispiel in den
Szenen der vierten Zeitebene „Letzter Tag"/„Letzte Nacht". Devianz ist
hier ein Symptom, das genauso zum Leben der Protagonistin gehört wie
die Lebendigkeit und die Musik. Der Verfall erscheint so als eine notwendige Konsequenz. Ohne ihn wäre der Mythos Edith Piaf mit seiner Un-
sterblichkeit nicht zu haben.

La Vie en Rose ist ein Performer-Biopic, entsprechend aussagekräftig
(sowohl für den Aufstieg als auch für den Fall) sind die Bühnenauftritte.
Zu Performer-Filmbiografien bemerkt Henry M. Taylor:

> Diese ‚autonomen' Darbietungen haben ausgesprochenen Num-
> merncharakter und sprengen die Geschichte insofern, als sie relativ
> wenig Information für die Entwicklung der Geschichte enthalten
> und primär dem visuellen und akustischen Vergnügen des Publi-
> kums dienen, selbst wenn gerade klassische Biopics in der Regel
> bemüht sind, die Showeinlagen zu diegetisieren, auf die Geschichte
> zurückzubeziehen.[622]

Bei *La Vie en Rose* kann eine Mischung beobachtet werden. Einerseits
gibt es Auftritte, die als autonome Showeinlage erscheinen, um den Erfolg

---

(Hg.): *Das Handbuch der Filmmusik. Geschichte – Ästhetik – Funktionalität.* Laaber
2012. Für meine Zwecke betrachte ich Musik als ein Hilfsmedium, das die Entstehung
von Authentizitätseffekten unterstützt.

[622] Taylor (2002), S. 275. Zur ungewöhnlichen Performativität des Malprozesses in *Pollock*
vgl. Berger (2009), S. 73ff.

darzustellen, wie etwa Edith Piafs Konzert in New York 1947, wo sie nach ihrem Auftritt von Marlene Dietrich angesprochen und aufrichtig gelobt wird (ab 01:22:34 bis 01:23:31). Dies ist eine der Szenen, die zu den vielen Biographemen zählen, die nicht weiter thematisiert werden, geschweige denn, dass weiter vertieft würde, dass Marlene Dietrich und Edith Piaf nach ihrem Kennenlernen eine jahrelange und tiefe Freundschaft verband, dass die Dietrich sogar Piafs Trauzeugin bei ihrer ersten Ehe mit Jacques Pills gewesen ist.[623] Darüber hinaus ist an diesem Zusammentreffen charakteristisch, dass sich hier keine zwei Größen auf Augenhöhe treffen. Edith Piaf ist wie ein tollpatschiges Kind von der Begegnung überwältigt, Marlene Dietrichs Lob kommt einer Adelung gleich, die die junge Sängerin kaum zu fassen vermag. Abgesehen von dieser Szene erfolgt in *La Vie en Rose*, anders als in anderen Künstlerbiopics, keine Kontrastierung mit anderen (etablierten) Künstlerexistenzen. Das Wissen um Edith Piafs Talent und Ruhm wird vorausgesetzt, um eine eigene Sichtweise auf denselben und ihre Persönlichkeit zu entwerfen. Kontrastierung (oder auch Parallelisierung) erlebt der Rezipient so nur mit sich selbst. Und auch die Begegnung mit Marlene Dietrich dient hier einmal mehr der Darstellung des kleinen Mädchens, das Edith Piaf nach Aussage des Films zeit ihres Lebens blieb.

Neben solchen Auftritten als autonome Showeinlagen sind zum anderen auch zahlreiche Auftritte zu sehen, die jenseits jedes Nummerncharakters bewusst Teil der Diegese sind, wie etwa der finale Auftritt mit *Je ne regrette rien* – eine Beobachtung, die eng verknüpft ist mit den beschriebenen Erkenntnissen zur Intertextualität beziehungsweise zur Nähe des Biopics zum Musical.

Bei den Bühnenauftritten wird auch die Verdopplungsthematik signifikant, zum einen die Protagonistin, der die Originalstimme Edith Piafs in den Mund gelegt wird, zum anderen das Publikum betreffend, in dem sich das Publikum spiegelt. Im Zuge dieser Verdopplung wird die empathische Leseweise des Films gefördert und der Effekt von Glaubwürdigkeit und somit der Authentizität verstärkt und zudem die Hybridität des Genres markiert.

Zu einem neuen, modernen Typ von Frauen-Biopic gehörend, erzählt *La Vie en Rose* von einer willensstarken Frau, die ihren Weg geht und Karriere macht, sich mit Alkohol und Drogen schließlich selbst zerstört. Nicht die Gesellschaft, nicht die Familie, nicht die Liebesmelancholie sind Ursachen für die Devianz. Plakative und genderspezifische Erklärungsmodelle und Schubladen bleiben aus. Diese Betrachtungsweise entspricht dem modernen Blickwinkel (und damit der Erwartungshaltung) des Rezi-

[handschriftliche Randnotiz: A durch Verdopplung ?]

---

[623] Vgl. Monserrat (1992), S. 142.

pienten auf berühmte Künstlerinnen der Gegenwart und fördert die Glaubwürdigkeit der Darstellung.

Auch in diesem Biopic wurde auf größtmögliche Ähnlichkeit zwischen der darstellenden Marion Cotillard und der dargestellten Edith Piaf geachtet, der Alterungsprozess und das Erscheinungsbild auf der Bühne durch Maske und Make-up sorgfältig nachvollzogen, das bestehende Bild also genau zitiert. Im Gegensatz zu Ed Harris bringt Marion Cotillard, die zum Entstehungszeitpunkt des Biopics noch recht unbekannt war, kein eigenes Image mit in die Rolle.[624] Auf diese Weise erscheint die Verwandlung des unbekannten Mädchens zum dann (mithilfe von Make-up und Maske) bekannten Gesicht um so glaubwürdiger. Der Ruhm ist nicht von vorneherein in diesem „unverbrauchten" Gesicht angelegt, das erst entdeckt und geformt und mit einem Künstlernamen versehen wird.

Durch die (Inszenierung von) Musik entsteht auf einer weiteren Ebene die erörterte genretypische Hybridität. Zusätzliche mediale Interferenzen ergeben sich aus Einblendungen von Zeitungsausschnitten und Magazintitelseiten, die Aufstieg und Ruhm der Protagonistin dokumentieren, sowie durch eine kurze Schwarz-Weiß-Filmsequenz. Stellvertretend für den Rezipienten stellt die Journalistin am Ende des Films persönliche Fragen, erfährt kleine, unwesentliche Details wie die Lieblingsspeise, die die Sängerin nahbar und menschlich machen.[625] Ihre Antworten ertönen dabei teilweise aus dem Off, so wie die Stimme am Anfang des Films, die um Wiederauferstehung bittet, und die wie eine Stimme aus dem Jenseits erscheint. Auch durch Schrift wird mediale Interferenz erzeugt, die den engen Bezug zwischen Kunst und Leben belegt, und zwar in einer Szene, in der Edith Piaf einen Brief an Marcel Cerdan schreibt (Abb. 20):

Si un jour, la vie t'arrache à moi,

Si tu meurs, que tu sois loin de moi,

Peu m'importe si tu m'aimes,

Car moi je mourrais aussi.

Abb. 20: Standbild aus *La Vie en Rose*, Text (DVD, 01:37:07)

---

[624] Ihr stehen vergleichsweise berühmte SchauspielerInnen zur Seite: Gerard Depardieu als Louis Leplée, Sylvie Testud als Simone, Emmanuelle Seigner als Prostituierte Titine und Pascal Greggory als Louis Barrier.

[625] Die Fragen sind ein Auszug aus einem Fragebogen, in dem Edith Piaf über sich selbst Auskunft gibt und der 1960 im Magazin *Music-Hall* (Nr. 59) veröffentlicht wurde, vgl. Monserrat (1992), S. 304ff.

Diese Zeilen entsprechen einer Strophe aus dem Chanson *L'hymne à l'amour*. Wenn überhaupt das eigene Verfassen von Chansons im Film angedeutet wird, dann nur in dieser Szene. Wie oben beschrieben, ertönt dieses Lied im Off, als Edith Piaf von Cerdans Tod erfährt und alleine den Korridor entlangtaumelt und schließlich auf einer Bühne stehen bleibt, wo sie das Lied singt. Wie bei *Pollock* das Rimbaud-Zitat, so trifft auch diese Textpassage eine prophetische Aussage.

In *La Vie en Rose* wird der Lauf eines Lebens in Bruchstücken und verschachtelt präsentiert. Erinnerung vollzieht sich schließlich nicht immer beziehungsweise kaum jemals chronologisch. Im dritten Filmbeispiel wird dieses Erzählprinzip auf die Spitze getrieben und der dargestellte Lebensabschnitt Marcel Prousts vollständig fragmentarisiert.

7.3 *Céleste* (Percy Adlon, BRD 1981)

7.3.1 Dezentriert: Die Hauptfigur betrachten

Céleste ist eine Filmbiografie über Marcel Proust (10.07.1871 – 18.11.1922), erzählt aus der Perspektive seiner Haushälterin Céleste Albaret. Die junge Frau hat den Romancier die letzten neun Jahre seines Lebens aufopferungsvoll gepflegt und beim Verfassen seines monumentalen Werks *A la recherche du temps perdu*[626] unterstützt. Grundlage des Biopics bildet Céleste Albarets Autobiografie über diese Zeit, die sie rund fünfzig Jahre nach Prousts Tod dem Journalisten Georges Belmont diktierte.[627] Dieser in jeder Beziehung unkonventionelle und an ein Kammerspiel erinnernde Film[628] dezentriert die biografierte Person (vgl. Kapitel 4.4.1) und rückt seine Nebenfigur konsequent in den narrativen Mittelpunkt, die so zur eigentlich primären Hauptfigur wird. Radikal reduziert, was Personal, Erzählraum und Handlung angeht, wird in Fragmenten dargestellt, wie Célestes Leben im Haushalt Marcel Prousts ausgesehen hat. Die Erzählung setzt im Jahr 1922 ein, wenige Monate vor Prousts Tod, und in Rückblicken nimmt Céleste den Rezipienten mit in ihre Erinnerungen. Anders als in *La Vie en Rose* erleichtern dabei keine Zeitangaben die Orientierung. Die Fragmente werden wie Assoziationsketten aneinandergefügt und ineinandergeschachtelt. Sie kennzeichnen so, ähnlich wie in *La Vie en Rose*, nur radikaler, wie Erinnerung tatsächlich funktioniert: unchronologisch und in Bruchstücken, frei assoziiert.

---

[626] Im Folgenden mit *Recherche* abgekürzt.

[627] Céleste Albaret: *Monsieur Proust*, aufgezeichnet v. Georges Belmont, übers. v. Margret Carroux. München 1974.

[628] Vgl. Taylor (2002), S. 201.

Der Film beginnt mit einer langen Einstellung, die Céleste wartend und in der Küche sitzend zeigt, gefilmt aus einem Nebenzimmer (Abb. 21). Die diesen *establishing shot* beglei-tende Musik wird immer wieder durch ein Husten unterbrochen, das im Hintergrund zu hören ist. Ebenfalls im Hinter-grund tickt eine Uhr. Auch diese Eingangs-szene dient als „einlei-tende Präambel", die die Leseweise des Films vor-

Abb. 21: Standbild aus *Céleste*, Eingangsszene (DVD, 00:00:03)[629]

gibt: Die Kamera nimmt sich Zeit, Céleste beim Warten zu begleiten und zu beobachten. Sie ist es, die im Mittelpunkt steht. Der biografierte Künstler ist nur akustisch im Bild, so wie über weite Strecken des Films. Die Musik wird vom Husten unterbrochen, so wie Marcel Proust in sei-nem künstlerischen Schaffen von der Krankheit unterbrochen wird. Die tickende Uhr, die während des ganzen Films vor allem akustisch präsent ist, charakterisiert das Lebensthema Marcel Prousts: die Zeit, darüber hinaus aber auch die ablaufende Lebenszeit des Autors. Das erste gespro-chene Wort richtet sich (nach etwas mehr als fünf Minuten) direkt an den Rezipienten des Biopics, Céleste spricht in die Kamera und berichtet von ihrer Arbeit. Dieser vielleicht stärkste Tabubruch des Films, das Durch-brechen der „vierten Wand", verleiht dem Dargestellten einen dokumen-tarischen Charakter und macht den Rezipienten zum Mitwisser und Au-genzeugen. Auf die Metafiktionalität dieses Momentes gehe ich weiter unten noch detaillierter ein.

Gezeigt werden Céleste und Proust ausschließlich in den Innenräu-men der Wohnung. Der Rezipient erhält genaue Einblicke in die alltäg-lichsten Verrichtungen Célestes, was Haushalt und Pflege angeht, also einen ungleich viel intimeren Eindruck als im Biopic üblich (und noch intimer als in *Pollock*). Jenseits dieser privaten Sphäre wird kein öffentli-cher Blick auf die berühmte Person geworfen. Ruhm ist etwas, das in diesem Innenleben keine Rolle spielt. Wesentlich ist Prousts Überlebens-kampf, wie er seinem kranken Körper Seite um Seite seines monumenta-len Werkes abtrotzt und somit kostbare Lebenszeit. Lediglich das kurze Auftauchen von Verleger und Lektoren, die Proust davon berichten

---

[629] Die folgenden Standbilder sind im Zusammenhang dieser Arbeit von mir gewählte Bilder aus dem Film *Céleste* (Rg.: Percy Adlon, BRD 1981, DVD 2010, 102 min., Leip-zig: Kinowelt GmbH). Es handelt sich nicht um öffentlich kursierende Filmstills, die für Werbezwecke eingesetzt werden.

möchten, dass er der erste Preisträger des Prix Goncourt nach dem Krieg ist, bringt so etwas wie Öffentlichkeit in die Wohnung (ab 01:09:05 bis 01:11:07). Doch das drängende und nervöse Verhalten der Herren, die der Romancier zunächst nicht zu empfangen wünscht, wirkt befremdlich und fehl am Platz, die Auszeichnung wie eine Randnotiz. Wie auf einen Spannungs- oder Handlungsbogen wird somit auf *trial scenes* verzichtet. Es gibt keine öffentlichen Lobeshymnen, keinen Publikumsapplaus. Der Rezipient soll Marcel Proust nicht bewundern und beklatschen, er soll ganz genau hinschauen. Dies ermöglicht der Film durch eine Nahsicht, wie sie sonst eben nur einer Kammerzofe gewährt wird.

7.3.2 Narrative Zeit, Devianz, Tod

Im Gegensatz zu anderen Biopics lässt sich *Céleste* nicht in Haupt- und Subplot unterteilen, es gibt schlichtweg keinen Karriereplot, weder einen schwachen noch einen dominanten. Auch Kategorien wie starke oder schwache Narration, aktive oder passive Hauptfigur beziehungsweise Nebenfigur, wie sie an *Pollock* und *La Vie en Rose* gezeigt werden konnten, verfehlen hier ihre Deutungshoheit. Célestes Erinnerungen werden meist als innerer Monolog wiedergegeben, der wie die Erinnerung an Gespräche mit „Monsieur" oder dessen Belehrungen aus dem Off ertönen. Hin und wieder begleiten Bilder den Wortlaut, etwa wenn Céleste von den zu Mauern aufgeschichteten Steinplatten in ihrem Heimatdorf in Auxillac in der Auvergne erzählt (00:49:23) oder sich an die Reise nach Cabourg erinnert, auf die sie Proust kurz nach Ausbruch des Kriegs im September 1914 begleitet hat (00:21:01). Der Strand mit dem Hotel in Cabourg, Célestes Heimatdorf sowie die Häuser und Straßen von Paris sind die einzigen Außenaufnahmen des Films. Sie wirken statisch und sind immer menschenleer. Ihnen wohnt die gleiche akustische wie visuelle Stille inne, die auch die Innenaufnahmen charakterisiert. Das Biopic zeichnet sich nicht durch Schaueffekte aus, vielmehr durch Detailansicht. Die Dauer der Einstellungen entschleunigt den an schnelle Wahrnehmungsprozesse und Schnitte gewöhnten Rezipienten. Célestes Erinnerungen gefrieren nahezu zu Standbildern.[630] Mit der Fragmentierung, den elliptischen Sprüngen und der ungewohnt langen Verweildauer des Blicks auf Alltäglichem bildet das Motiv der Zeit einen starken narrativen Overflow-Effekt, was Marcel Prousts Werk und die filmische Darstellung betrifft.[631] Die *Recherche* ist ein Erinnerungsroman, der über Assoziations-

---

[630] Vgl. Anm. 529.
[631] Vgl. Taylor (2002), S. 202.

ketten funktioniert. Insofern ist Peter Buchka zuzustimmen, der Regisseur Percy Adlon setze auf „déjà lu".[632]

Die langen Einstellungen und die Monotonie der Bilder verstärken den Eindruck von Unmittelbarkeit. Vergleichbar mit einer Fotografie dekontextualisieren und entfiktionalisieren sie das Dargestellte. Zusätzlich befördert durch Célestes Voice-over-Kommentar, entsteht ein hoher Grad an Glaubwürdigkeit. Das Dargestellte ist kaum infrage zu stellen, die Wahrscheinlichkeit nicht anzuzweifeln. Es wird ja kaum eine anfechtbare Aussageabsicht formuliert. Der Film wirft den Rezipienten drastisch auf das zurück, was er ist: ein Beobachter, so wie Céleste. Und durch ihren „verbotenen Blick" in die Kamera verschmelzen Konzepte wie externer und interner Beobachter beziehungsweise externes und internes Publikum.

Das Narrativ der Zeit wird in diesem Biopic zu einem übergeordneten Erzählprinzip und auf mehreren Ebenen verhandelt. Direkt damit zusammen hängt das Narrativ des devianten Künstlers. Die Hauptfigur bleibt lange Zeit im Hintergrund, wortwörtlich im Dunkeln. Céleste serviert den Milchkaffee, Prousts Gesicht liegt im Halbdunkel, er hebt lediglich die Hand, um seine Dankbarkeit auszudrücken. Die Düsternis in seinem Zimmer und die Detailaufnahme seiner Augen verleihen seiner Person etwas Unheimliches und Befremdliches. Wie bei *Pollock* und *La Vie en Rose* hat der erste Auftritt und in diesem Fall auch die verzögerte Exposition paradigmatischen Charakter.[633] Das erste Mal in Gänze und in vollem Licht erlebt der Rezipient Proust bei einem akuten Asthmaanfall, wo er mit hervorquellenden Augen, schweißgebadet und in höchster Atemnot um Luft ringt (ab 00:13:58 bis 00:15:52). Über diesen offensichtlich sehr schlechten Gesundheitszustand hinaus macht die Devianz der Hauptfigur eine Reihe weiterer pathologischer Eigentümlichkeiten aus.[634] Proust lebt in einem umgekehrten Tag-Nacht-Rhythmus und in einem stets abgedunkelten, mit Korkplatten abgedichteten Zimmer. Er ist hypersensibel gegen feuchte Tücher und Lärm, gibt einen exakt einzuhaltenden Tagesablauf vor, putzt exzessiv Zähne und friert leicht. Kleidung zum Ausgehen wird vor dem Anlegen im Ofen aufgewärmt, Post wird vor dem Öffnen desinfiziert und die Zubereitung des Milchkaffees entspricht strikten Regeln. Proust lebt mit Céleste nicht nur ein Einsiedlerleben, sondern in völliger Weltabgeschiedenheit. In Gesellschaft begibt er sich nur, wenn er Inspiration zum Schreiben sucht. Liegt er einmal nicht im Bett, haben seine Handlungsschübe einen fast manischen Charakter.[635]

---

[632] Vgl. Peter Buchka: *Jagdhund des Monsieur Proust. Percy Adlons erster Kinofilm „Céleste".* In: Süddeutsche Zeitung, 23.04.1982, o. S.

[633] Vgl. Taylor (2002), S. 254f.

[634] Vgl. ebd., S. 204.

[635] Vgl. ebd., S. 206.

Die langen Kameraeinstellungen auf den dahinsiechenden Körper und das Ellipsenhafte der Erzählung erzwingen noch viel intensiver als bei *Pollock* die Wahrnehmung der dargestellten Devianz.

Offensichtlich ist über die Jahre ein liebevolles Verhältnis zwischen Proust und Céleste gewachsen. Sie ist ein einfaches Mädchen vom Land und wird von ihm zu Beginn ihres Arbeitsverhältnisses auch so behandelt und entsprechend belehrt. Dem Außergewöhnlichen seiner Person wird das Alltägliche der ihren gegenübergestellt. Prousts Extravaganz kontrastiert mit der Normalität Célestes und ihres Mannes Odilon, der teilweise funktional angelegt ist, aber auch als Einkupplungsfigur dient, schließlich ist er es, der Céleste in den Haushalt einführt.[636] Wobei von „Normalität" im eigentlichen Sinne kaum zu sprechen ist, bedenkt man den eigentümlichen Lebensstil, zu dem Proust seine Angestellte nötigt, und die unterschiedlichen Rollen, die sie für ihn einnimmt: Dienerin, Krankenschwester, Mutter, Kind. „[T]rotz allen sozialen, kulturellen und intellektuellen Unterschieden sind sich Proust und Céleste Seelenverwandte, wie dies nur im Imaginären eines poetischen Textes realisierbar ist."[637] Sie leben in einer fast schon symbiotisch anmutenden Lebensgemeinschaft. Beide sind erfüllt von einer Aufgabe. Céleste ist süchtig danach, wie sie selbst sagt, ihren Pflichten nachzukommen, und legt dabei einen vergleichbar pedantischen Eifer an den Tag.[638] Eilfertig erfüllt sie seine teilweise recht kapriziösen Wünsche und absolviert Botengänge, immer dann, wenn „Monsieur" auf der Suche nach Vorbildern für eine Romanfigur ist. „Er ist der Jäger und ich sein Jagdhund. Ich stöbere ihm sein Bild auf und er – *peng!*" (00:26:54) Noch einige wenige Male verwandelt in den Dandy von einst, wildert er in den Kreisen der Epoche, deren Sterben er in der *Recherche* nicht nur beschreibt, sondern selbst auch spiegelt.

Auch bei diesem Künstler ist der Topos von der Unmöglichkeit der Liebe verwirklicht. Doch hier ist es nicht die Karriere, die der Liebe im Weg steht, oder die Gesellschaft, die die Partnerwahl missbilligt. In einem Leben, wie Marcel Proust es führt, ist kein Platz für romantische Liebe. Das Thema kommt ein einziges Mal zur Sprache, indem Céleste fragt: „Wie kommt es eigentlich, Monsieur, dass Sie nicht verheiratet sind?" Und Proust antwortet: „Ich müsste eine Frau haben, die mich versteht. Und da ich nur eine solche auf der Welt kenne, hätte ich nur Sie heiraten können." „Donnerwetter, Monsieur. Das ist jetzt aber eine Idee." „Aber Sie eignen sich viel besser dazu, Mama bei mir zu ersetzen." (ab 00:52:17 bis 00:52:54)

---

[636] Vgl. Taylor (2002), S. 204.

[637] Ebd.

[638] Vgl. ebd., S. 206.

Die Instrumentenmetapher, die Sigrid Nieberle als dritten Topos veritabler Erzählungen über Genie und Wahnsinn im Biopic anführt (vgl. Kapitel 2.3.2), erscheint hier weniger in Dissonanzen, die sich „aus den ‚falsch gestimmten‘ und gespannten Nervensaiten des Künstlers generieren".[639] Missklang entsteht vielmehr, wie beschrieben, durch das Husten, das am Anfang des Films die Musik unterbricht.

Mit dem Thema Zeit, mit dem fast schon penetranten Ticken der Uhr, und der fragilen gesundheitlichen Verfassung der biografierten Person läuft der Tod im gesamten Film als Subtext mit. Während des schweren Asthmaanfalls zu Beginn erinnert Céleste sich an Prousts Worte: „Wenn ich tot bin, werden Sie immer an den kleinen Marcel denken, denn einen Menschen wie ihn werden Sie nie wieder finden." (00:14:39) Rund um die Uhr brennt eine Kerze vor Prousts Zimmer, um im Bedarfsfall das Pulver zu entzünden, dessen Rauch das Atmen erleichtert. Céleste kümmert sich um diese Kerze, so wie sie das Lebenslicht Marcel Prousts hegt und pflegt. Als Proust ungewöhnlich lange Zeit nicht klingelt und Céleste unter der strikten Anweisung leidet, das Zimmer keinesfalls zu betreten, kommt sie nicht umhin, sich seine Todesagonie vorzustellen. Dies ist die einzige Szene, die in Zeitlupe gedreht ist. In ihrer Vorstellung gelangt Céleste wie in einem Albtraum nur langsam in Prousts Zimmer, um zu helfen. Durch die Zeitlupe werden Erzählzeit und Handlungsablauf maximal gedehnt. Der Rezipient teilt Célestes Erschöpfung, als der Romancier endlich klingelt und somit das Signal für das Servieren seines gewohnten Milchkaffees gibt. Um vom Sterben schreiben zu können, hatte er es sich vorstellen, eine Ahnung davon erhalten müssen. Deswegen sein langes Schweigen, ungeachtet dessen, was er Céleste damit zumutet (ab 00:54:44 bis 01:09:03). In diesem Augenblick erscheint Marcel Proust tatsächlich monströs.[640]

Der Film endet mit Marcel Prousts Tod, doch wie im Biopic üblich, bleibt der eigentliche Moment des Sterbens auch hier ausgespart. Mit Céleste begleitet der Rezipient den Schriftsteller während seiner letzten Tage, erlebt die zunehmende Schwäche und den Verfall mit, das Halluzinieren und die Besuche des Arztes sowie des Bruders Robert. Proust stirbt im Stillen, so wie er die beschriebenen Jahre gelebt hat. Céleste sammelt die letzten Manuskriptzusätze zusammen, die über das Bett verstreut liegen, schneidet für den Bruder und sich selbst eine Haarsträhne Prousts ab, und die letzte Kameraeinstellung ruht auf ihrem Gesicht in Nahaufnahme. Henry M. Taylor zieht bei dieser Einstellung die Parallele zu einem berühmten Gemälde: „Das Enigmatische geht [...] auf Céleste

---

[639] Nieberle (2008), S. 277f.

[640] Vgl. Taylor (2002), Kap. 3.3 *Die biographische Figur: Exemplums und Monstrum*, S. 104ff.

über, deren abschließendes, mit Chiaroscuro ausgeleuchtetes Lächeln an jenes der Mona Lisa gemahnt."[641]

7.3.3 Hybridität, mediale Interferenzen und Metafiktionalität

Der Begriff „Kino" stammt vom altgriechischen *kinesis* ab, und *Bewegung* ist die Eigenschaft, die das Filmbild neben den Aspekten Zeitlichkeit und Narrativität charakterisiert. In *Céleste* sind alle drei Kategorien radikal herunterreduziert. Der Film erzählt, wie beschrieben, häufig in fast statischen Bildern, die an Fotografien erinnern, und erscheint so beinahe wie eine große Fotocollage. Nicht nur Marcel Proust ist wie ein Jäger auf der Suche nach (Vor-)Bildern, die Céleste ihm aufstöbert („[...] und er – *peng*!"), sondern auch die Kamera. Der Film markiert also sehr deutlich die dem Genre eigentümliche Hybridität, und dies vor allem durch mediale Interferenzen. *Céleste* ist eine Filmbiografie über einen Autor, doch das Werk, der Text ist vor allem auf der beschriebenen Metaebene der filmischen Machart präsent. Proust arbeitet fast rund um die Uhr, er opfert sich auf für seine Kunst, doch das Schreiben an sich wird vor allem anhand einer Anekdote thematisiert. Der Schriftsteller ergänzt sein Manuskript immer wieder durch Zusätze und droht den Überblick zu verlieren, bis Céleste auf die Idee kommt, die einzelnen nummerierten Zettel und Papierbögen aneinander und ins Manuskript zu kleben. Auf diese Weise entstehen regelrechte Ziehharmonikaseiten (ab 00:15:52 bis 00:18:20). Prousts Erinnerungsroman entsteht in Fragmenten, so wie das Biopic.

Hybrid erscheint *Céleste* aber vor allen Dingen durch den dokumentarischen Charakter der Darstellung, der besonders durch die metafiktionalen Momente hervorgerufen wird, die auf verschiedenen Ebenen entstehen.

> Biopics zeichnen sich durch ein für Spielfilme überdurchschnittliches Maß an enunziativer Markierung aus. Dies hängt einerseits mit der epischen Tendenz der Gattung zusammen, mit der Schwierigkeit, eine Lebensgeschichte in limitierter Leinwandzeit zu erzählen und gleichwohl umfangsüberschreitende Verweise miteinzubeziehen.[642]

Andererseits entsteht durch Enunziation, also durch das Deutlichwerden der aussagenden Instanz, eine indirekte Außenreferenz, ein extradiegetisches Moment.[643] In *Céleste* wird dies vor allem über den Voice-over-

---

[641] Taylor (2002), S. 206.

[642] Ebd., S. 294.

[643] Vgl. ebd.

Kommentar, die Overflow-Effekte und ganz besonders durch die direkte Adressierung der Kamera erzielt. „Dieser in der klassischen Fiktion ‚verbotene Blick' [...] bricht den Fiktionsvertrag mit dem Publikum und wirft es auf sich selbst und seine eigene Schaulust zurück."[644] Henry M. Taylor verweist in dieser Passage unter anderem auf Karsten Witte, der von einem „ultrafilmischen Blick" spricht, welcher vor allem bei Kindern, Amateuren und Sterbenden zu beobachten ist.[645] Jackson Pollock blickt nur in die Kamera, als diese die Position des Filmemachers Hans Namuth einnimmt, von dem er unmittelbar zurechtgewiesen wird, *nicht* in die Kamera zu sehen. Das kleine Mädchen Edith Piaf kündigt am Ende des Films (wo sie selbst doch noch am Anfang ihres Lebens steht) durch ihren „ultrafilmischen Blick" den Fiktionsvertrag auf und signalisiert, dass sie sich ihrer Beobachter bewusst ist, für die ihre Geschichte erzählt wird.

> Der ultrafilmische Blick sieht auf den Blick, der auf ihn gerichtet war. Wo unilaterale sichere Beobachtung im Dunkeln herrschte, herrscht nun bilateral gleichzeitige Simulation von außerfilmischer und realer Kommunikation. Genau darin besteht der kommunikationstheoretische Aspekt der Beunruhigung, wenn der Blick von der Leinwand auf uns zurückfällt. Denn dieser ultrafilmische Blick ertappt und beunruhigt den im Urvertrauen erstarrten Blick.[646]

Céleste geht einen Schritt weiter, indem die Erzählerin nicht nur Blickkontakt mit dem Rezipienten herstellt, sondern ihn auch noch direkt anspricht. Die „vierte Wand" verschwindet und der Rezipient wird zum Teilnehmenden. So wird die Fiktionalität des Dargestellten von Anfang an verleugnet, die Entstehung eines Fiktionsvertrags bewusst unterwandert zugunsten eines dokumentarischen, authentischen Eindrucks. Auch direkt an die Kamera gerichtet, aber ohne die vierte Wand tatsächlich zu durchbrechen, wird die Szene des Kennenlernens zwischen Marcel Proust und Céleste Albaret gezeigt (und während des Films mehrfach wiederholt). Die Kamera nimmt Célestes Perspektive ein, wodurch der Eindruck entsteht, der Romancier stelle sich nicht nur ihr, sondern auch dem Rezipienten vor, als er gut gelaunt und mit den Worten auf die Kamera zu geht: „Madame, ich stelle Ihnen Marcel Proust vor, im Negligé und ungekämmt." (Abb. 22) Die vierte Wand wird hier durch den Point-of-View-Shot nicht durchbrochen, wohingegen Céleste tatsächlich niemand anderen als den Betrachter des Films anspricht.

---

[644] Taylor (2002), S. 252f.

[645] Vgl. Karsten Witte: *Was haben Kinder, Amateure, Sterbende gemeinsam? Sie blicken zurück. Traversen zum Tod im Film.* In: Ernst Karpf, Doron Kiesel, Karsten Visarius (Hg.): *Kino und Tod. Zur filmischen Inszenierung von Vergänglichkeit.* Marburg 1993, S. 25–51.

[646] Ebd., S. 29.

Auch auf Ebene der Nebenfiguren entstehen metafiktionale Eindrücke. Neben dem noch vergleichsweise komplex angelegten Ehemann Odilon Albaret tritt eine überschaubare Reihe weiterer Nebenfiguren auf, die rein funktional angelegt sind, wie etwa der Barbier, der Arzt

Abb. 22: Standbild aus *Céleste*, „im Negligé" (DVD, 00:15:27)

und der Bruder. Die Gruppe aus Verleger und Lektoren kennzeichnet darüber hinaus auch ein metafiktionales Moment, denn sie stellen wie oben beschrieben durch das Sprechen über den Erfolg der *Recherche* einen Realitäts- und Zeitbezug her. Sie wirken entfiktionalisiert beziehungsweise entfiktionalisierend.[647] Gleichermaßen funktional und entfiktionalisierend tritt das Streichquartett am Ende des Films auf. Henry M. Taylor spricht von der „Diegetisierung von eigentlich nichtdiegetischem Filmpersonal" beziehungsweise von der „unassimilierten Integration nichtfiktionalen Personals", wodurch Metafiktionalität entsteht.[648] Denn augenscheinlich handelt es sich hier nicht um Schauspieler, sondern um echte Musiker, die nicht nur Marcel Proust, sondern auch dem Rezipienten die Szenen aus César Francks Stück vorspielen, die der Romancier zu hören und zu verstehen lernen wünscht.[649]

Als die Musiker zu spielen beginnen, lugt der Rezipient über Célestes Schulter in den Raum, der Blick fällt auf einen Spiegel, in dem Proust zu sehen ist (Abb. 23). Diese kurze Einstellung trifft eine signifikante Aussage über den Film und über das Genre allgemein: Mit

Abb. 23: Standbild aus *Céleste*, Spiegel (DVD, 01:15:49)

Céleste betrachten wir ein Bild, aber nicht den echten Marcel Proust. Zudem lässt sich im Spiegel das Gespiegelte immer nur als *Verkehrung*

---

[647] Vgl. Taylor (2002), S. 207.

[648] Vgl. ebd., S. 313.

[649] Vgl. ebd., S. 207.

185

wahrnehmen, niemals so, wie es tatsächlich ist.[650] Die Rahmung durch den Spiegel erzeugt einen selbstreflexiven Verweis auf das Medium Film.[651] „Im Medium Film verkehren sich multiple Spiegelbilder in ihr Gegenteil, in das Film-Bild als Bild, das sich ‚von dem, was es zeigt, zeiträumlich emanzipiert und Darstellung wird'."[652]

Als der Romancier bemerkt, dass er beobachtet wird, steht er auf, öffnet die Tür ein Stück weiter und führt Céleste (und mit ihr den Rezipienten) in den Raum. Und in diesem Raum kommt es zu einer weiteren medialen Interferenz: Musik, die der Rezipient bis dahin als Filmmusik wahrgenommen hat, also als extradiegetisch, wird mit diesem metafiktional anmutenden Quartett diegetisiert. Zudem verdichtet sich noch einmal die nahezu statische Bildhaftigkeit der Einstellungen, indem sowohl Céleste als auch Marcel Proust still dasitzen und lauschen, und Jürgen Arndt durch seine Körperhaltung als *tableau vivant* eine bekannte Marcel-Proust-Pose einnimmt und zitiert (Abb. 24).[653]

Abb. 24: Standbild aus *Céleste,* tableau vivant (DVD, 01:17:36)

Lange, ruhige Kameraeinstellungen erinnern auch an das Medium des Porträts, und signifikanterweise hängt zwischen Proust und Céleste an der Wand das bekannte Marcel-Proust-Porträt von Jacques-Émile Blanche (Abb. 25). Diese Konstellation kann als Hinweis darauf verstanden werden, dass der Film mit seinen beiden Hauptdarstellern eine Brücke schlagen möchte zum historischen Marcel Proust, der doch immer nur als Bild und als Zitat anwesend sein kann und unerreichbar über der Darstellung schwebt. Biopics produzieren eine Gewesenheit, der sie nicht entkommen können.[654]

---

[650] Vgl. auch Meyer (2000), S. 84.

[651] Vgl. ebd., S. 83.

[652] Taylor (2002), S. 85. Meyer verweist an dieser Stelle auf Ralf Konersmann: *Spiegel.* In: Joachim Ritter, Karlfried Gründer (Hg.): *Historisches Wörterbuch der Philosophie.* Bd. 9. Basel 1995, S. 1379–1383, S. 1379.

[653] In Bezug auf den Film *Young Mr Lincoln* beschreibt Henry M. Taylor die für das klassische Biopic ungewöhnliche Reglosigkeit des Protagonisten in zahlreichen Einstellungen, die so an Fotografien erinnern, wodurch der Fluss der Bewegungsbilder im Sinne *transtextueller Interpunktion* unterbrochen wird, vgl. Taylor (2002), S. 366. Von „transtextuellen Interpunktionen" lässt sich auch bei den langen Kameraeinstellungen in *Pollock* und *Céleste* sprechen.

[654] Vgl. Taylor (2002), S. 261.

Und so ist auch in dieser Szene das Thema Tod mit anwesend: „César Franck hat das wenige Monate vor seinem Tode komponiert, nicht wahr? Welch schöne Gedanken vor dem Sterben." (01:22:54) Bei diesen Worten ist Prousts wissender, visionärer Blick ins Off gerichtet, wie er

Abb. 25: Standbild aus *Céleste*, Porträt (DVD, 01:23:46)

biografischen Figuren häufig eigen ist (vgl. Jackson Pollocks wissenden und unheilschwangeren Blick).[655]

7.3.4 Fazit

Der Titel *Céleste* macht deutlich, wer im Erzählmittelpunkt des Biopics steht. Der Film ist ebenso ein Film über Céleste Albarets Leben, auch wenn davon auszugehen ist, dass sie ohne die Nähe zu Marcel Proust nie bekannt geworden wäre.[656] Obwohl die Erzählperspektive immer bei Céleste bleibt,[657] ist die eigentlich biografierte Person immer anwesend, wenn nicht visuell oder akustisch, so doch als Präsenz im Hintergrund, wie ein Geist im Off. Célestes ganzes Tun, ihr ganzes Denken ist auf den großen Romancier ausgerichtet. Diese Außenansicht, der Blick durch die Augen einer dritten Person, ist vielleicht die ehrlichste Form der Biografie (vgl. Kapitel 4.4.1).

> Obwohl die ‚periphere' historische Persönlichkeit nicht als Standardfall begriffen werden kann, ist dieses Phänomen gleichwohl symptomatisch für das Unterfangen zahlreicher modernistischer oder postmoderner Lebensverfilmungen, eine nichtfiktionale Persönlichkeit innerhalb eines Spielfilm-Kontextes zu integrieren. Insofern kann man dieses Vorgehen, das häufig mit einer partiellen Entfiktionalisierung einhergeht und in einigen der überzeugendsten Filmporträts zum Einsatz kommt, als spezifischen Lösungsversuch der biographischen Problematik verstehen.[658]

---

[655] Vgl. Taylor (2002), Kap. 2.9 *Der tote, der starre, der visionäre Blick und das „Wissen im Realen"*, S. 289–292.

[656] Vgl. ebd., S. 43.

[657] Nur in zwei Szenen am Schluss ist sie nicht anwesend, wenn Marcel Proust mit dem Arzt und kurz darauf mit seinem Bruder alleine spricht.

[658] Vgl. Taylor (2002), S. 199.

Céleste dient als Einkupplungsfigur, sie lenkt den Blick immer auf Proust. Sie erinnert sich für den Rezipienten an ihr Leben mit ihm und formuliert so ihre eigene Suche.[659] Deutlich wird hierbei, dass eine (Film-)Biografie immer nur ein Medienzitat sein kann. Der Film beruht auf Céleste Albarets (Auto-)Biografie, ein Text, dem ihr mündliches Diktat zugrunde liegt. Ihre Erinnerungen erfuhren also eine mehrfache Transformation und mediale Fixierung (Stichwort *Kontingenz*).

Mit der Brüchigkeit von Erinnerungen spielt dann auch das Biopic, das alle filmischen Möglichkeiten ausschöpft, um Zeitlichkeit darzustellen: Montage und Ellipsen, Zeitlupe, Standbilder und Wiederholungen. Das Werk wird hier nicht im Leben verankert, sondern zum filmischen Äquivalent, um eine Aussage über das biografierte Leben (die biografierte Realität) zu treffen (Stichwort *Relevanz*). Im Zuge dessen werden alle darstellenden Bildmedien zitiert: Malerei, Fotografie, Film. Auf Spannungs- und Handlungsbögen verzichtend, wird auch nicht nach dem klassischen Story-Schema *rise and decline* erzählt, wie etwa in *Pollock* zu beobachten. Vielmehr geht es um das mythische Schema der Suche, also um *das* Proust-Thema schlechthin. Wie mit Henry M. Taylor festgestellt und bei *Pollock* und *La Vie en Rose* bereits thematisiert, neigt das Genre zur Linearität, zum Anekdotenhaften und zur Episodenhaftigkeit. Während *Pollock* weitestgehend dieser Form entspricht, *La Vie en Rose* zwar episoden- und anekdotenhaft, aber keinesfalls linear erzählt, wird in *Céleste* mit jeder gewohnten Form gebrochen. Erinnerung läuft nicht nach Formen ab, sie hat keine Konvention, so die Aussage des Films. Damit bricht der Film mit jeder Publikumserwartung. Fordert *La Vie en Rose* vom Rezipienten durch die vielen Zeitsprünge, durch die rasanten Entwicklungen und durch das umfangreiche Personal große Aufmerksamkeit, so bremst *Céleste* den Wahrnehmungsprozess ungewohnt aus. Gleichermaßen ungewohnt ist die Darstellung der biografierten Person, die aus der subjektiven Perspektive der Erzählinstanz resultiert. Céleste Albaret nimmt Proust nicht als erfolgreichen Schriftsteller wahr (wenngleich aber durchaus als herausragende Persönlichkeit), ihre Sicht ist auf die Intimität seines Privatlebens reduziert. Die Devianz seiner Person resultiert aus seiner schweren Asthmaerkrankung, die ihn in ständiger Lebensgefahr schweben lässt, und aus seiner exzentrischen Lebensweise. Er ist ein Pedant mit ausgesucht höflichen Umgangsformen. Die Offenheit und Ehrlichkeit der Darstellung, der ungeschminkte Blick aufs Krankenlager und die geforderte Geduld fürs Detail nehmen dem Rezipienten jede Distanz und wirken gerade deshalb glaubwürdig und wahrscheinlich.

---

[659] Vgl. den treffenden Titel des Artikels von Manfred Kreckel: *Suche nach der vergangenen Zeit mit Proust. Percy Adlons Film „Céleste".* In: FAZ, 07.06.1982, o. S.

Biopics neigen zu bühnenhaften Situationen.[660] Wo dies in *La Vie en Rose* selbstverständlich anmutet, erscheint es in *Céleste* auffällig, ist es doch ein schwerer Vorhang, der erst zur Seite geschoben werden muss, ehe man Prousts Zimmer betreten kann. Die Kammerspielartigkeit des Films wurde zu Beginn des Kapitels bereits angesprochen. *Céleste* beweist also dramaturgische Nähe zur darstellenden Kunst des Theaters (um noch ein weiteres darstellendes Medium ins Portfolio zu nehmen). Dass dieser Spielfilm zudem im Gewand des Dokumentarischen daherkommt,[661] wurde anhand der zahlreichen metaleptischen Brüche erörtert. Somit ist *Céleste* durch hohe Hybridität ausgezeichnet, erscheint wie ein Querschnitt durch die Mediengeschichte. Bemerkenswerterweise (und konsequenterweise) werden innerfilmisch keine dokumentierenden Medien gezeigt. Der Film ist und bleibt, was er sein möchte: eine Erinnerung Célestes. Zum einen ist die Erzählung genau deswegen hinsichtlich Zuverlässigkeit mit Vorsicht zu behandeln, noch dazu da sie erst etwa fünfzig Jahre nach dem Erleben aufgezeichnet (und mehrfach medial transformiert) wurde. Zum anderen schafft Céleste Albarets Augenzeugenschaft aber auch ein hohes Maß an Glaubwürdigkeit. Es dürfte keine Person Marcel Proust in den letzten Jahren seines Lebens besser gekannt haben. Der Film vollzieht diese Beziehung nach, indem er maximale Nähe herstellt. Vergleichbar formuliert Manfred Hattendorf für den Dokumentarfilm:

> Die Nähe zum abgebildeten Ereignis fördert das Wiedererkennen beim Zuschauer: sie kann das Abgebildete durch Größe und Länge der Einstellung ebenso beglaubigen, wie durch einen langen Beobachtungszeitraum [...]. Doch auch verfremdende und distanzierende Mittel der filmischen Gestaltung können einen dokumentierten Vorfall in kritischer Weise authentisieren.[662]

Wenn schon in jeglicher Hinsicht unkonventionell, so wurde doch auch in diesem Biopic auf größtmögliche physiognomische Ähnlichkeit zwischen Darsteller und Dargestelltem geachtet. So gewährleistet diese in Verbindung mit zitierten Posen und Bildern die Wiedererkennung und kommt der Erwartungshaltung des Rezipienten entgegen. Die herausragende Leistung, deretwegen Marcel Proust in die (Literatur-)Geschichte einging, wird lediglich anzitiert und als bekannt vorausgesetzt, um ihr die Banalität, aber auch Vertrautheit des Alltäglichen jenseits der Kunst gegenüberzustellen. Céleste wird in aller Ausführlichkeit beim Kaffeekochen, Bettenmachen und Warten gezeigt, Proust in seiner Hilflosigkeit und fast schon Lebensuntüchtigkeit. Auf diese Weise bietet der Film auch die

---

[660] Vgl. Taylor (2002), S. 374.

[661] Percy Adlon ist v. a. für seine TV-Dokumentarfilme bekannt.

[662] Hattendorf (1994), S. 70.

Leseweise an, dass es kaum verständlich ist, wie ein solchermaßen kranker Mensch ein solches Werk verfassen konnte. Insofern stellt *Céleste* eine Form der Monumentalisierung dar, die allerdings auf den Rezipienten mit seinem Vorwissen angewiesen ist.

Ein Punkt, der sich an dieser Stelle auch hinterfragen ließe und einen tieferen Blick lohnt, betrifft menschliche Kreativität und wie der Film bzw. wie das Genre Biopic im Allgemeinen dieses Thema verhandelt. Das fruchtbare Narrativ von Genie und Wahnsinn ist letztlich nur eine Schablone, die sich vor dieses viel größere Geheimnis schiebt, dieses erzählbar macht, ohne es aber tatsächlich zu enthüllen. Von den drei hier näher betrachteten Filmbeispielen ist es vor allem *Pollock*, an dem sich zeigen ließe, wie menschliche Kreativität dargestellt wird, wie sie sich vollzieht. Und mit dieser Darstellung wird eine Erklärung, wie sie funktioniert, „woher sie kommt", suggeriert. Doch letztlich bleibt auch dies nur eine Verheißung. Denn während Lee Krasner systematisch und im geschulten Sinne malt (was Kreativität und Genialität nicht ausschließt), malt Jackson Pollock offenbar unreflektiert und aus sich heraus, seine Werke entstehen wie durch ein Wunder. Kreativität bleibt ein Geheimnis, ihre Darstellung ein Versprechen – eines der vielen Versprechen des Genres Filmbiografie, die deren besonderen Reiz und den Grund ausmachen, warum wir uns immer wieder auf das Leben anderer einlassen.

Schwerpunkt in 7. eher auf Biopics als auf A

Lebensgeschichten haben die Menschen von je her fasziniert. Die Gründe, sich mit solchen Geschichten auseinanderzusetzen, mögen unterschiedlicher Natur sein, aus Verehrung, Abgrenzung, Vorbildnahme, Zeitkritik, Kompensation oder einfach nur aus Neugier, Voyeurismus und zum Unterhaltungszweck. Ein Biopic birgt das Versprechen von Enthüllung in sich, irgendetwas ist „wahr" an der Geschichte, wenn nicht sogar „authentisch".

Ausgangspunkt meiner Arbeit war die Frage nach der Vereinbarkeit des Begriffs „Authentizität" mit der Filmbiografie. Dem Wesen nach ist das Biopic ein fiktionales Genre, ein Spielfilm. Eine Vereinbarkeit scheint nicht nur schwierig, sondern schlicht unmöglich. Wenn der Zuschauer aber mit dem Gefühl aus dem Rezeptionsprozess geht, mehr über die historische Persönlichkeit zu wissen, deren (zumindest teilweises) Leben in der Filmbiografie porträtiert wurde, dann ist, informell gesprochen, „etwas passiert". Der Eindruck von Wahrheit blieb haften.

Da ein Biopic ein fiktionaler Film ist, ist Authentizität woanders als aufseiten des Produkts zu suchen, vielmehr in diesem Moment, da „etwas passiert". Und diesen Moment betrachte ich als Medienpakt. Die Leitthese meiner Arbeit ist, dass Authentizität in der Filmbiografie eine Beobachterkonstruktion ist, die aufgrund dieses Medienpaktes zustande kommt. Aufseiten des Biopics wird durch spezifische Signale eine bestimmte Authentifizierungsstrategie verfolgt, die als Ausgangspunkt für eine Authentifizierung zu betrachten ist, die der Rezipient in der nachfilmischen Realität wahrnehmend vollzieht. Ergebnis meiner Arbeit ist ein neu entwickelter rezipientenorientierter Authentizitätsbegriff, der diesen synthetisierenden Prozess erklären hilft. Die vier erarbeiteten Faktoren dieses Authentizitätsbegriffs, *Glaubwürdigkeit*, *Relevanz*, *Kontingenz* und *Wahrscheinlichkeit*, vollziehe ich im Folgenden unter Berücksichtigung ihrer Anwendbarkeit auf andere Filmgenres nach.

1. Glaubwürdigkeit

Wie die Auseinandersetzung mit der Forschung gezeigt hat, ist Authentizität aus medientechnischer Sicht eine Konstruktion. Sie ist nur durch Inszenierung zu haben, ist also ein *Medieneffekt* (Kapitel 2.2). Für den Konstruktionsprozess sind beide Seiten entscheidend, die darstellende und die wahrnehmende Seite. Für eine gelingende Konstruktion ist dabei die *Glaubwürdigkeit* des Dargestellten unverzichtbar. Der Glaubwürdigkeitsbegriff als erster und wichtigster Faktor zieht sich wie ein roter Faden durch die ganze Arbeit, mit ihm steht und fällt jede Authentifizierung. Biopics erzeugen auf verschiedenste Weise Glaubwürdigkeit (oder untergraben sie), zum Beispiel durch den Einsatz von Authentizitätssignalen wie Rahmung, Erzählperspektive, Orts- und Zeitangaben. Meine These ist, dass es vor allem die Momente der *Devianz* sind, die das Dargestellte glaubwürdig machen. Insofern habe ich mich besonders auf Biopics des modernen Typs konzentriert, die auch die Schattenseiten und Abgründe der historischen Persönlichkeit, genauer gesagt des leidenden Künstlers, thematisieren. Entscheidende Erkenntnis hierbei war, dass Devianz einen *Beobachter* benötigt, um als solche wahrgenommen zu werden.

intradieg.?

Dieser Punkt korrespondiert mit der späteren Auseinandersetzung der Verdopplungsthematik, indem davon auszugehen ist, dass sich das extradiegetische im intradiegetischen Publikum spiegelt (Kapitel 4.4.1). Zudem besteht ein direkter Zusammenhang mit Martin Andrees Konzept von der *Selbstüberschreitung von Medialität*, dem eine grundsätzlich emphatische/empathische Rezeptionsweise zugrunde liegt (Kapitel 6.4). Andrees Konzept habe ich mit Bernd Scheffers Erkenntnissen weitergedacht, die besagen, dass Medienwahrnehmung sich intermedial beziehungsweise multimedial vollzieht. Medienwahrnehmung bedeutet also Überschreitung von Sinneswahrnehmung, indem nicht nur Seh- und Hörsinn angesprochen werden, sondern eine pansensorische Wahrnehmung beziehungsweise Erfahrung erfolgt. Hierin sehe ich die *Kreativität* der Medienrezeption begründet, und dieses kreative Moment kann als Erklärungsmodell dafür dienen, was an Medienwahrnehmung so fasziniert. Darin tritt auch, und darauf kommt es mir wesentlich an, die Aktivität des Rezipienten zutage und der Wahrnehmungsprozess ist fokussiert, der durch das Produkt zwar angeschoben, aber nicht endgültig determiniert wird. Im Kapitel 6.3 wurde Wahrnehmung als *aktiv-strategisch* und infolgedessen als transformierend, eben als kreativ beschrieben. Damit ist die tatsächliche Wirkungsmacht des Produkts relativiert, wenn auch nicht völlig negiert. Ziel und Ergebnis dieser Auseinandersetzung war, den Effekt von Authentizität als Koproduktion zu begründen, den Medienpakt rezipientenseitig zu rekonstruieren.

Davon auszugehen, dass die Darstellung von Devianz, dass intime Detailansicht Glaubwürdigkeit vermittelt und so authentifizierend wirkt, geht von einem kulturellen Modell aus, in dem festgelegt ist, was als deviant wahrgenommen wird und was nicht. Interessant wäre an diesem Punkt eine Untersuchung anderer kultureller Modelle mit der Fragestellung, wie Glaubwürdigkeit vermittelt wird. Mein Konzept geht von Darstellungs- und Wahrnehmungsgewohnheiten aus, doch wie ein Blick in andere Filmtraditionen zeigt, unterscheiden sich die in meiner Arbeit aufgerufenen Filmbeispiele deutlich von denen etwa russischer, japanischer oder indischer Produktionen. Wichtig und lohnenswert wäre ein Blick hinter diese Kulissen, um zu hinterfragen, inwiefern Devianz hier eine Rolle spielt und mit welchen anderen speziellen Mitteln der Effekt von Authentizität generiert wird.

Der Exkurs zum Komischen in der Komödie hat gezeigt, dass die Erwartung von Authentizität abhängig ist vom Genre. So reizvoll ambivalente Charaktere sind und so sehr menschliche Abgründe auch Glaubwürdigkeit stiften, so auffällig ist die Bereitschaft, in Liebesfilmen oder eben Komödien darauf zu verzichten. Authentizität spielt in diesen Genres keine Rolle, sie ist suspendiert. So wie in Horrorfilmen gefahrlos Angst erlebt werden kann, darf hier „heile Welt" genossen werden, ohne diese hinterfragen zu müssen.

2. Relevanz und 3. Kontingenz

Wesentliche Erkenntnis des Kapitels 3.2 war, dass das Erkennen eines Gegenstands auf einem Bild bedeutet, diesen aus der Wirklichkeit oder von anderen bildlichen Darstellungen zu kennen. Gerade das Wiedererkennen einer historischen Persönlichkeit beruht auf einem Medienvergleich. Hält ein Rezipient die Darstellung einer biografierten Person für authentisch, so ist dies vor allem eine Frage, wie sehr die Darstellung dem Vorwissen und der damit verbundenen Erwartungshaltung entspricht. Diese Erkenntnis habe ich mit dem Prozessmodell der Informationsverarbeitung nach Ohler und Nieding konkretisiert (Kapitel 6.2). Insofern spielen etwa Anekdoten über die historische Persönlichkeit eine nicht unwesentliche Rolle, will die Erzählung glaubwürdig sein. Anekdoten entindividualisieren (Kapitel 3.4), und Lebensgeschichten werden in Biopics häufig in Story-Schemata eingepasst (zum Beispiel *rise and decline*, die Suche), um überhaupt einen formulierbaren Plot zu generieren (Kapitel 4.4.2). Berechtigterweise lässt sich hinterfragen, inwiefern das dargestellte Leben dann noch etwas mit dem tatsächlichen Leben zu tun hat. Rezipientenorientiert argumentiert kann man dem entgegenhalten, dass Anekdoten und Story-Schemata Bekanntes zitieren und helfen, das Situationsmodell zu generieren. Das dargestellte Leben ist eine Rekonstruktion, die sich dem tatsächlich gelebten Leben nur annähern kann, welches unzitierbar bleibt. Und deswegen ist Authentizität in der Filmbiografie immer nur ein Effekt. Entscheidend für diesen Effekt ist der zweite ermittelte Faktor, die *Relevanz* des Dargestellten in Anbetracht einer gewünschten Aussageabsicht (Kapitel 3.3.3). Um eine Aussage über das Leben einer historischen Persönlichkeit formulieren zu können, oder weniger pointiert gesagt: um das Leben einer historischen Persönlichkeit darstellen zu können, muss eine Auswahl getroffen werden. Biographeme werden arrangiert und in eine mitunter willkürliche Ordnung gebracht, weil ein Leben in seiner Gesamtheit nicht darstellbar ist. Insofern ist der Einsatz von Anekdoten sowie die Anpassung an Story-Schemata zu verteidigen. Sigrid Nieberle beschreibt unter Bezug auf Robert Rosenstone, dass der Wert einer historischen Wahrheit nicht unbedingt in jedem Punkt an historische Fakten gebunden werden muss, sondern vielmehr eine eigenständige Ästhetik und Narration erfordert.[663] Und so habe auch ich in meiner Arbeit die These vertreten, dass ein Biopic nicht anhand seiner Faktentreue bewertet werden sollte, sondern im Hinblick auf die Aussageabsicht und wie der jeweilige Anspruch eingelöst wird. Trotz der jeweils vorgeführten Devianz kann in keinem der erwähnten und erörterten Filme (wie überhaupt kaum je in einem Biopic) von einem tatsächlichen *Heldensturz* die Rede sein. Egal wie willkürlich (und manchmal auch recht eigenwillig) der Blickwinkel auf die biografierte Person ausfällt, die Gültigkeit dieser Perspektive ist unabhängig von ihrer Faktentreue anzunehmen.

Das Argument von der Aussageabsicht habe ich in Kapitel 4.1 mit dem Dokumentarfilm vertieft, der wie die Fotografie Wirklichkeit nicht wiedergibt, sondern *über* Wirklichkeit spricht. Um über die Wirklichkeit etwas aussagen zu können, muss man sich ihr aus einer bestimmten Perspektive und mit einer bestimmten Absicht nähern. Diese Perspektive und diese Annäherung könnten immer auch anders ausfallen. In Auseinandersetzung mit entsprechender Forschung habe ich dargestellte Wirklichkeit als etwas Kontingentes beschrieben und die *Kontingenz* der Darstellung als dritten Faktor meines Authentizitätsbegriffs entwickelt (Kapitel 4.3). Im Film kann Wirklichkeit immer nur ein Wirklichkeits-*effekt* im Sinne Roland Barthes' sein.

Für alle Filmproduktionen gilt, dass Relevantes ausgewählt wird und Darstellung immer auch anders ausfallen könnte. Doch bei keinem Genre sind die beiden Faktoren Relevanz und Kontingenz so entscheidend wie bei denjenigen, die den Anspruch erheben, von einer vergangenen oder gegenwärtigen Wirklichkeit zu erzählen.

4. Wahrscheinlichkeit

Der vierte Faktor des rezipientenorientierten Authentizitätsbegriffs, die *Wahrscheinlichkeit*, war das Ergebnis der Auseinandersetzung mit der Fiktionalität, mit der das Biopic als fiktionales Genre zu konfrontieren war (Kapitel 5). Wie sich mit Christian Berthold gezeigt hat, richtet sich die Wahrscheinlichkeit einer Erzählung nach der gültigen Relevanz, die das Dargestellte für einen Rezipienten und seine Lebenswirklichkeit hat. Glaubhaft erscheint Erzähltes nur, wenn es auch wahrscheinlich ist, der Wahrscheinlichkeitsbegriff setzt also Wahrheitsansprüche ins Verhältnis. Dabei wurde die textinterne und die textexterne Dimension des Wahrscheinlichkeitsbegriffs auseinandergesetzt (Kapitel 5.4). Textintern ist etwa der Film *Brothers Grimm* wahrscheinlich, doch textexterne Bezüge

---

663 Vgl. Nieberle (2008), S. 32.

lassen sich nur bedingt herstellen. Entscheidend ist an diesem Punkt die Konzentration auf den Rezipienten und seine Einstellung zum Wahrgenommenen. Diese Einstellung ist nicht starr, sie kann innerhalb ein und desselben Wahrnehmungsprozesses alternieren. Die Lektüreeinstellung wird gelenkt durch Abwägung der Wahrscheinlichkeit, die in enger Verbindung mit der Glaubwürdigkeit steht. Fiktionalisierung widerspricht nicht dem Effekt von Authentizität, sie macht im Gegenteil Geschichte und Wirklichkeit erfahrbar.

Wahrscheinlichkeit spielt in allen Narrationen eine Rolle, nicht nur bei denen, die eine authentische Lesart anbieten. So kann ein Regisseur die Rezeption stören, indem er die Grenzen der Wahrscheinlichkeit (textextern wie -intern) gezielt verletzt.

Die Entwicklung des rezipientenorientierten Authentizitätsbegriffs vollzog sich eng am Genre der Filmbiografie. Wie diese Zusammenfassung zeigt, spielen die vier Faktoren Glaubwürdigkeit, Relevanz, Kontingenz und Wahrscheinlichkeit jenseits des Biopics unterschiedlich ausgeprägte Rollen. Das Konzept des Situationsmodells macht eine Übertragbarkeit meines Authentizitätsbegriffs auf andere Genres mit ihrer eigenen Ästhetik und Narration möglich. Die Wahrnehmung eines Medieninhalts als authentisch ist abhängig von individueller Erwartungshaltung, die ihrerseits von Medienerfahrung und im weiteren Sinne von kulturellen Modellen geprägt ist, von der Lebenssituation und vom Lebensalter des Rezipienten. Andere Film- und auch Fernsehformate, wie etwa aus dem boomenden Bereich der *Scripted Reality*, bedienen andere Erwartungen, die dann auch nach Zielgruppen zu differenzieren sind.

Manfred Hattendorf beschreibt Authentizität im Dokumentarfilm als eine Frage der filmischen Gestaltungsmittel. Interessant wäre es, weiter zu hinterfragen, mit welchen Mitteln andere Filmgenres den Effekt von Authentizität auslösen. Einen entsprechenden Ansatz vertritt Stefanía Voigt, die in ihrer Arbeit zur Angstlust im Horrorfilm den höchst spannenden und schlüssigen Zusammenhang zwischen authentischer Wirkung und körperlicher Angstreaktion herstellt, den Effekt von Authentizität also über Körpererfahrung herleitet.[664] Auch wenn in meiner Arbeit teilweise erörtert, so ist doch der emotionale Aspekt der Medienwahrnehmung weiter zu vertiefen. Nach Clemens Schwender sind Emotionen Interpretationen von Wahrnehmungen. Und auch diese Interpretationen verlaufen entlang individueller wie kultureller Schemata. Diese Annahme setzt eine Hierarchie im Wahrnehmungsprozess voraus – erst kommt die Kognition, dann die Emotion – und stellt einen spannenden

---

[664] Voigt (2014).

Sachverhalt dar, den es in Bezug auf die Authentizität bei der Filmwahrnehmung zu hinterfragen gilt.

Authentizität ist und bleibt ein spannendes Thema, das nie an Aktualität verliert, im Gegenteil. Sie geht auch ein in die Parole: „Sei du selbst!", eine Aufforderung, die einen unermüdlichen Gemeinplatz von Motivationsstrategien darstellt. Wie meine Arbeit gezeigt hat, sind Schattenseiten und Nonkonformität dabei nicht nur erlaubt, sie stiften sogar einen authentischen Eindruck, und darin ist eine gewisse Ermutigung zu sehen – ganz im Sinne Friedrich Hebbels:

„Jedenfalls ist es besser, ein eckiges Etwas zu sein als ein rundes Nichts."

<u>Biopic</u>

A Beautiful Mind (Ron Howard, USA 2001)

Amadeus (Miloš Forman, USA 1984, Director's Cut 2002)

Becoming Jane (Julian Jarrold, USA/GB 2007)

Bismarck (Wolfgang Liebeneiner, D 1940)

Brothers Grimm (Terry Gilliam, GB/CZ/USA 2005)

Céleste (Percy Adlon, BRD 1981)

Der Baader Meinhof Komplex (Uli Edel, D 2008)

Der Untergang (Oliver Hirschbiegel, D 2004)

Die Eiserne Lady (Phyllida Lloyd, GB 2011)

Die Passion Christi (Mel Gibson, USA/I 2004)

Edison, the Man (Clarence Brown, USA 1940)

Elizabeth (Shekhar Kapur, GB 1998)

Finding Neverland (Marc Forster, GB/USA 2004)

Friedrich Schiller – Der Triumph eines Genies (Herbert Maisch, D 1940)

Friedrich Schiller – Eine Dichterjugend (Curt Goetz, D 1923)

Gandhi (Richard Attenborough, GB/IN 1982)

Goethe! (Philipp Stölzl, D 2010)

Grace of Monaco (Olivier Dahan, F/USA/BE/I 2013)

Hitchcock (Sacha Gervasi, USA 2012)

Invictus – Unbezwungen (Clint Eastwood, USA 2009)

J. Edgar (Clint Eastwood, USA 2011)

Kafka (Steven Soderbergh, USA/F 1991)

La Vie en Rose (Olivier Dahan, F 2007)

Lincoln (Steven Spielberg, USA 2012)

Lust for Life (Vincente Minnelli, USA 1956)

Marie Antoinette (Sofia Coppola, USA/F 2006)

Nixon (Oliver Stone, USA 1995)

My Week with Marilyn (Simon Curtis, GB/USA 2011)

Pollock (Ed Harris, USA 2000)

Rush – Alles für den Sieg (Ron Howard, USA/D/GB 2013)

Schindlers Liste (Steven Spielberg, USA 1993)

Shakespeare in Love (John Madden, USA/GB 1998)

Sissi I-III (Ernst Marischka, A 1955-1957)

Sophie Scholl – Die letzten Tage (Marc Ruthemund, D 2005)

The King's Speech (Tom Hooper, GB 2010)

The Social Network (David Fincher, USA 2010)

Theodor Körner. Von der Wiege bis zur Bahre (Gerhard Dammann / Franz Porten, D 1912)

Walk the Line (James Mangold, USA 2005)

Young Mr Lincoln (John Ford, USA 1939)

Pseudobiopic / film á clef

Citizen Kane (Orson Welles, USA 1941)

Sonstige

All the President's Men (Alan J. Pakula, USA 1976)

Der Teufel trägt Prada (David Frankel, USA 2006)

Fear and Loathing in Las Vegas (Terry Gilliam, USA 1998)

Titanic (James Cameron, USA 1997)

Albaret, Céleste: *Monsieur Proust,* aufgezeichnet v. Georges Belmont, übers. v. Margret Carroux. München 1974.

Amelunxen, Hubertus von; Iglhaut, Stefan; Rötzer, Florian (Hg.): *Fotografie nach der Fotografie.* Dresden u. a. 1996.

Anderson, Carolyn: *Biographical Film.* In: Wes D. Gehring (Hg.): *Handbook of American Film Genres.* New York u. a. 1988, S. 331–351.

——; Lupo, Jon: *Hollywood Lives: The State of the Biopic at the Turn of the Century.* In: Steve Neale (Hg.): *Genre and contemporary Hollywood.* London 2006, S. 91–104.

Andree, Martin: *Archäologie der Medienwirkung. Faszinationstypen von der Antike bis heute.* München 2005.

Ankersmit, Frank R.: *History and Tropology. The Rise and Fall of Metaphor.* Berkeley u. a. 1994.

——: *The Reality Effekt in Writing of History: The Dynamics of Historiographical Tropology.* In: ders.: *History and Tropology. The Rise and Fall of Metaphor.* Berkeley u. a. 1994, S. 125–161.

Barck, Karlheinz u. a. (Hg.): *Ästhetische Grundbegriffe.* Stuttgart u. a. 2000 (Historisches Wörterbuch in sieben Bänden, 1, Absenz – Darstellung).

—— (Hg.): *Ästhetische Grundbegriffe.* Stuttgart u. a. 2001 (Historisches Wörterbuch in sieben Bänden, 2, Dekadent – Grotesk).

—— (Hg.): *Ästhetische Grundbegriffe.* Stuttgart u. a. 2005 (Historisches Wörterbuch in sieben Bänden, 7, Supplement – Register).

Barthes, Roland: *Sade, Fourier, Loyola,* übers. v. Maren Sell u. Jürgen Hoch. Frankfurt a. M. 1974.

——: *Die helle Kammer,* übers. v. Dietrich Leube. 2. Aufl. Frankfurt a. M. 1985.

——: *Der entgegenkommende und der stumpfe Sinn. Kritische Essays III,* übers. v. Dieter Hornig. Frankfurt a. M. 1990.

——: *Die Fotografie als Botschaft.* In: ders.: *Der entgegenkommende und der stumpfe Sinn. Kritische Essays III,* übers. v. Dieter Hornig. Frankfurt a. M. 1990, S. 11–27.

Barthes, Roland: *Das Rauschen der Sprache,* übers. v. Dieter Hornig. Frankfurt a. M. 2006.

——: *Der Wirklichkeitseffekt.* In: ders: *Das Rauschen der Sprache,* übers. v. Dieter Hornig. Frankfurt a. M. 2006, S. 164–172.

Bauer, Ludwig: *Authentizität, Mimesis, Fiktion. Fernsehunterhaltung und Integration von Realität am Beispiel des Kriminalsujets.* München 1992 (Diskurs Film / Bibliothek, 3).

Berg, Jan: *Formen szenischer Authentizität.* In: Jan Berg, Hans-Otto Hügel, Hajo Kurzenberger (Hg.): *Authentizität als Darstellung.* Hildesheim 1997 (Medien und Theater, 9), S. 155–174.

——; Hügel, Hans-Otto; Kurzenberger, Hajo (Hg.): *Authentizität als Darstellung.* Hildesheim 1997 (Medien und Theater, 9).

Berger, Doris: *Projizierte Kunstgeschichte. Mythen und Images in den Filmbiografien über Jackson Pollock und Jean-Michel Basquiat.* Bielefeld 2009.

Berteaut, Simone: *Ich hab' gelebt, Mylord. Das unglaubliche Leben der Edith Piaf,* übers. v. Margaret Carroux. Bern u. a. 1973.

Berthold, Christian: *Fiktion und Vieldeutigkeit. Zur Entstehung moderner Kulturtechniken des Lesens im 18. Jahrhundert.* Tübingen 1993 (Communicatio. Studien zur europäischen Literatur- und Kulturgeschichte, 3).

Bingham, Dennis: *Whose lives are they anyway? The Biopic as Contemporary Film Genre.* New Brunswick, NJ u. a. 2010.

Blümlinger, Christa: *Blick auf das Bilder-Machen. Zur Reflexivität des dokumentarischen Films.* In: Christa Blümlinger (Hg.): *Sprung im Spiegel. Filmisches Wahrnehmen zwischen Fiktion und Wirklichkeit.* Wien 1990, S. 193–208.

—— (Hg.): *Sprung im Spiegel. Filmisches Wahrnehmen zwischen Fiktion und Wirklichkeit.* Wien 1990.

Bödeker, Hans Erich (Hg.): *Biographie schreiben.* Göttingen 2003 (Göttinger Gespräche zur Geschichtswissenschaft, 18).

Boehm, Gottfried: *Das Bild in der Kunstwissenschaft.* In: Klaus Sachs-Hombach (Hg.): *Wege zur Bildwissenschaft. Interviews.* Köln 2004a, S. 11–21.

——: *Jenseits der Sprache? Anmerkungen zur Logik der Bilder.* In: Christa Maar, Hubert Burda (Hg.): *Iconic Turn. Die neue Macht der Bilder.* Köln 2004b, S. 28–43.

Boehm, Gottfried: *Die Wiederkehr der Bilder.* In: Gottfried Boehm (Hg.): *Was ist ein Bild?* 4. Aufl. München 2006 (Bild und Text), S. 11–38.

—— (Hg.): *Was ist ein Bild?* 4. Aufl. München 2006 (Bild und Text).

Böhme, Gernot: *Theorie des Bildes.* München 1999.

Böhme, Hartmut; Scherpe, Klaus R. (Hg.): *Literatur und Kulturwissenschaften. Positionen, Theorien, Modelle.* Reinbek bei Hamburg 1996.

Bohn, Volker (Hg.): *Bildlichkeit. Internationale Beiträge zur Poetik.* Frankfurt a. M. 1990 (Poetik, 3).

Borchard, Beatrix: *Lücken schreiben. Oder: Montage als biographisches Verfahren.* In: Hans Erich Bödeker (Hg.): *Biographie schreiben.* Göttingen 2003 (Göttinger Gespräche zur Geschichtswissenschaft, 18), S. 211–241.

Bordwell, David: *Film Art. An Introduction.* New York u. a. 1990.

——: *Narration in the Fiction Film.* London 1997.

Bourdieu, Pierre: *Die Illusion der Biographie. Über die Herstellung von Lebensgeschichten,* übers. v. Friedrich Balke. In: *Neue Rundschau,* 103/3, 1991, S. 109–115.

Braidt, Andrea B.: *Film-Genus. Gender und Genre in der Filmwahrnehmung.* Marburg 2008.

Braunbehrens, Volkmar: *Mozart in Wien.* München 2006.

Bronfen, Elisabeth: *Zwischen Himmel und Hölle – Maria Callas und Marilyn Monroe.* In: Elisabeth Bronfen, Barbara Straumann (Hg.): *Die Diva. Eine Geschichte der Bewunderung.* München 2002, S. 42–68.

——; Straumann, Barbara (Hg.): *Die Diva. Eine Geschichte der Bewunderung.* München 2002.

Burke, Carolyn: *No regrets. The life of Edith Piaf.* New York 2011.

Charlton, Michael: *Rezeptionsforschung als Aufgabe einer interdisziplinären Medienwissenschaft.* In: Michael Charlton, Silvia Schneider (Hg.): *Rezeptionsforschung. Theorien und Untersuchungen zum Umgang mit Massenmedien.* Opladen 1997, S. 16–39.

——; Schneider, Silvia (Hg.): *Rezeptionsforschung. Theorien und Untersuchungen zum Umgang mit Massenmedien.* Opladen 1997.

Clayssen, Jacques: *Digitale (R-)Evolution*, übers. v. Caroline Gutberlet. In: Hubertus von Amelunxen, Stefan Iglhaut, Florian Rötzer (Hg.): *Fotografie nach der Fotografie*. Dresden u. a. 1996, S. 73–80.

Custen, George F.: *Bio/Pics. How Hollywood Constructed Public History*. New Brunswick, NJ 1992.

Detering, Heinrich (Hg.): *Autorschaft. Positionen und Revisionen*. Stuttgart u. a. 2002 (Germanistische Symposien-Berichtsbände, 24).

Didi-Huberman, Georges: *Vor einem Bild*, übers. v. Reinold Werner. München u. a. 2000.

Dittmar, Kurt: *Die Fiktionalisierung der Wirklichkeit als antiutopische Fiktion. Manipulative Realitätskontrolle in George Orwells* Nineteen Eighty-Four. In: *Deutsche Vierteljahrsschrift für Literaturwissenschaft und Geistesgeschichte*, 58/4, 1984, S. 679–712.

Doelker, Christian: *Ein Bild ist mehr als ein Bild. Visuelle Kompetenz in der Multimedia-Gesellschaft*. Stuttgart 1997.

Dyer, Richard: *A Star is Born and The Construction of Authenticity*. In: Christine Gledhill (Hg.): *Stardom. Industry of Desire*. London u. a. 1991, S. 132–140.

Eggert, Hartmut (Hg.): *Geschichte als Literatur. Formen und Grenzen der Repräsentation von Vergangenheit*. Stuttgart 1990.

Erhart, Walter: *Aufstieg und Fall der Rezeptionsästhetik. Skizzenhaftes zur einer Wissenschaftsgeschichte der Literaturtheorie in Deutschland*. In: Dorothee Kimmich, Bernd Stiegler (Hg.): *Zur Rezeption der Rezeptionstheorie*. Berlin 2003 (Studien des Frankreich-Zentrums der Albert-Ludwigs-Universität Freiburg, 12), S. 19–37.

Feldhaus, Reinhild: *Geburt und Tod in Künstlerinnen-Viten der Moderne. Zur Rezeption von Paula Modersohn-Becker, Frida Kahlo und Eva Hesse*. In: Kathrin Hoffmann-Curtius, Silke Wenk (Hg.): *Mythen von Autorschaft und Weiblichkeit im 20. Jahrhundert*. Marburg 1997, S. 73–89.

Feldmann, Harald: *Mimesis und Wirklichkeit*. München 1988.

Felix, Jürgen (Hg.): *Genie und Leidenschaft. Künstlerleben im Film*. St. Augustin 2000 (Filmstudien, 6).

—: *Autorenkino*. In: Jürgen Felix (Hg.): *Moderne Film Theorie*. 3. Aufl. Mainz 2007 (Filmforschung, 3), S. 13–57.

— (Hg.): *Moderne Film Theorie*. 3. Aufl. Mainz 2007 (Filmforschung, 3).

Fellmann, Ferdinand: *Innere Bilder im Lichte des imagic turn.* In: Klaus Sachs-Hombach (Hg.): *Bilder im Geiste. Zur kognitiven und erkenntnistheoretischen Funktion piktoraler Repräsentationen.* Amsterdam u. a. 1995, S. 21–38.

——: *Wovon sprechen die Bilder? Aspekte der Bild-Semantik.* In: Birgit Recki, Lambert Wiesing (Hg.): *Bild und Reflexion. Paradigmen und Perspektiven gegenwärtiger Ästhetik.* München 1997, S. 147–159.

——: *Bedeutung als Formproblem – Aspekte einer realistischen Bildsemantik.* In: Klaus Sachs-Hombach (Hg.): *Vom Realismus der Bilder. Interdisziplinäre Forschungen zur Semantik bildhafter Darstellungsformen.* Magdeburg 2000a (Reihe Bildwissenschaft, 2), S. 17–40.

——: *Von den Bildern der Wirklichkeit zur Wirklichkeit der Bilder.* In: Klaus Sachs-Hombach, Klaus Rehkämper (Hg.): *Bild – Bildwahrnehmung – Bildverarbeitung; interdisziplinäre Beiträge zur Bildwissenschaft.* Wiesbaden 2000b, S. 187–195.

——: *Bild, Selbstbild und mentales Bild.* In: Klaus Sachs-Hombach (Hg.): *Wege zur Bildwissenschaft. Interviews.* Köln 2004, S. 126–140.

Fetz, Bernhard: *Die vielen Leben der Biographie. Interdisziplinäre Aspekte einer Theorie der Biographie.* In: Bernhard Fetz (Hg.): *Die Biographie – zur Grundlegung ihrer Theorie.* Berlin u. a. 2009, S. 3–66.

—— (Hg.): *Die Biographie – zur Grundlegung ihrer Theorie.* Berlin u. a. 2009.

Fischer-Lichte, Erika: *Theatralität und Inszenierung.* In: Erika Fischer-Lichte, Isabel Pflug (Hg.): *Inszenierung von Authentizität.* Tübingen u. a. 2000 (Theatralität, 1), S. 11–27.

Fischer-Lichte, Erika; Pflug, Isabel (Hg.): *Inszenierung von Authentizität.* Tübingen u. a. 2000 (Theatralität, 1).

Fish, Stanley: *Literatur im Leser: Affektive Stilistik.* In: Rainer Warning (Hg.): *Rezeptionsästhetik. Theorie und Praxis.* 4. Aufl. München 1994, S. 196–227.

Flusser, Vilém: *Eine neue Einbildungskraft.* In: Volker Bohn (Hg.): *Bildlichkeit. Internationale Beiträge zur Poetik.* Frankfurt a. M. 1990 (Poetik, 3), S. 115–126.

——: *Für eine Philosophie der Fotografie.* 9. Aufl. Göttingen 2000 (Edition Flusser, 3).

Forster, Klaus: *Rezeption von Bildmanipulation.* In: Thomas Knieper, Marion G. Müller (Hg.): *Authentizität und Inszenierung von Bilderwelten.* Köln 2003, S. 66–101.

Francaviglia, Richard V; Rodnitzky, Jerome L; Rosenstone, Robert A. (Hg.): *Lights, Camera, History. Portraying the Past in Film.* College Station 2007 (The Walter Prescott Webb memorial lectures, 40).

Früh, Werner: *Realitätsvermittlung durch Massenmedien. Die permanente Transformation der Wirklichkeit.* Opladen 1994.

——: *Der dynamisch-transaktionale Ansatz. Ein integratives Paradigma für Medienrezeption und Medienwirkung.* In: Patrick Rössler, Uwe Hasebrink, Michael Jäckel (Hg.): *Theoretische Perspektiven der Rezeptionsforschung.* München 2001 (Angewandte Medienforschung, 17), S. 11–34.

Gehrau, Volker: *Eine Skizze der Rezeptionsforschung in Deutschland.* In: Patrick Rössler, Susanne Kubisch, Volker Gehrau (Hg.): *Empirische Perspektiven der Rezeptionsforschung.* München 2002 (Angewandte Medienforschung, 23), S. 9–47.

——; Bilandzic, Helena; Woelke, Jens (Hg.): *Rezeptionsstrategien und Rezeptionsmodalitäten.* München 2005 (Reihe Rezeptionsforschung, 7).

Gehring, Wes D. (Hg.): *Handbook of American Film Genres.* New York u. a. 1988.

Gledhill, Christine (Hg.): *Stardom. Industry of Desire.* London, New York 1991.

Goodman, Nelson: *Sprachen der Kunst. Entwurf einer Symboltheorie,* übers. v. Bernd Philippi. Frankfurt a. M. 1997.

Göttlich, Udo: *Zur Kreativität der Medienrezeption. Eine theoretische Skizze zu Aspekten und Problemen einer handlungstheoretischen Modellierung der Medienkommunikation.* In: Patrick Rössler, Uwe Hasebrink, Michael Jäckel (Hg.): *Theoretische Perspektiven der Rezeptionsforschung.* München 2001 (Angewandte Medienforschung, 17), S. 121–135.

——: *Medienrezeption zwischen Routine und Widerstand: Zu einigen handlungstheoretischen Aspekten bei der Analyse von Rezeptionsmodalitäten.* In: Volker Gehrau, Helena Bilandzic, Jens Woelke (Hg.): *Rezeptionsstrategien und Rezeptionsmodalitäten.* München 2005 (Reihe Rezeptionsforschung, 7), S. 77–88.

Griem, Julika (Hg.): *Bildschirmfiktionen. Interferenzen zwischen Literatur und neuen Medien.* Tübingen 1998 (ScriptOralia, 106).

Grittmann, Elke: *Die Konstruktion von Authentizität. Was ist echt an den Pressefotos im Informationsjournalismus?* In: Thomas Knieper, Marion G. Müller (Hg.): *Kommunikation visuell. Das Bild als Forschungsgegenstand – Grundlagen und Perspektiven.* Köln 2003, S. 123–149.

Gülich, Elisabeth; Raible, Wolfgang (Hg.): *Textsorten. Differenzkriterien aus linguistischer Sicht.* 2. Aufl. Wiesbaden 1975 (Athenäum-Skripten Linguistik, 5).

Hanuschek, Sven: *Referentialität.* In: Christian Klein (Hg.): *Handbuch Biographie. Methoden, Traditionen, Theorien.* Stuttgart u. a. 2009, S. 12–16.

Harrison, Helen A. (Hg.): *Such desperate joy. Imagining Jackson Pollock.* New York 2000.

Hartmann, Britta; Wulff, Hans J.: *Neoformalismus – Kognitivismus – Historische Poetik des Kinos.* In: Jürgen Felix (Hg.): *Moderne Film Theorie.* 3. Aufl. Mainz 2007 (Filmforschung, 3), S. 191–216.

Hattendorf, Manfred: *Dokumentarfilm und Authentizität. Ästhetik und Pragmatik einer Gattung.* Konstanz 1994 (Close up. Schriften aus dem Haus des Dokumentarfilms, 4).

—: *Fingierter Dokumentarfilm. Peter Delpeuts THE FORBIDDEN QUEST (1993).* In: Manfred Hattendorf (Hg.): *Perspektiven des Dokumentarfilms.* München 1995 (Diskurs Film. Münchner Beiträge zur Filmphilologie, 7).

— (Hg.): *Perspektiven des Dokumentarfilms.* München 1995 (Diskurs Film. Münchner Beiträge zur Filmphilologie, 7).

Henke, Matthias: *„Süchtig nach der Sehnsucht".* Edith Piaf. München 1998.

Hildesheimer, Wolfgang: *Mozart.* Frankfurt a. M. 1979.

Hoffmann-Curtius, Kathrin; Wenk, Silke (Hg.): *Mythen von Autorschaft und Weiblichkeit im 20. Jahrhundert.* Marburg 1997.

Hohenberger, Eva: *Die Wirklichkeit des Films. Dokumentarfilm. Ethnographischer Film. Jean Rouch.* Hildesheim u. a. 1988.

Horn, Eva: *Erlebnis und Traum. Die narrative Konstruktion des Ereignisses in Psychiatrie und Kriegsroman.* In: Inka Mülder-Bach (Hg.): *Modernität und Trauma. Beiträge zum Zeitenbruch des Ersten Weltkrieges.* Wien 2000 (Edition Parabasen), S. 131–162.

Hügel, Hans-Otto: *Die Darstellung des authentischen Moments.* In: Jan Berg, Hans-Otto Hügel, Hajo Kurzenberger (Hg.): *Authentizität als Darstellung.* Hildesheim 1997 (Medien und Theater, 9), S. 43–58.

Hüser, Rembert: *Found-Footage-Vorspann.* In: Claudia Liebrand, Irmela Schneider (Hg.): *Medien in Medien.* Köln 2002 (Mediologie, 6), S. 198–217.

Ingarden, Roman: *Das literarische Kunstwerk.* 2. Aufl. Tübingen 1960.

—: *Konkretisation und Rekonstruktion.* In: Rainer Warning (Hg.): *Rezeptionsästhetik. Theorie und Praxis.* 4. Aufl. München 1994, S. 42–70.

—: *Vom Erkennen des literarischen Kunstwerks.* Tübingen 1997.

Iser, Wolfgang: *Der Akt des Lesens.* 2. Aufl. München 1984.

—: *Das Fiktive und das Imaginäre. Perspektiven literarischer Anthropologie.* Frankfurt a. M. 1991.

—: *Der implizite Leser.* 3. Aufl. München 1994.

—: *Die Appellstruktur der Texte.* In: Rainer Warning (Hg.): *Rezeptionsästhetik. Theorie und Praxis.* 4. Aufl. München 1994, S. 228–252.

Jäger, Ludwig: *Strukturelle Parasitierung. Anmerkungen zur Autoreflexivität und Iterabilität der sprachlichen Zeichenverwendung.* In: Roger Lüdeke, Inka Mülder-Bach (Hg.): *Wiederholen. Literarische Funktionen und Verfahren.* Göttingen 2006 (Münchener komparatistische Studien, 7), S. 9–40.

Jauß, Hans Robert: *Ästhetische Erfahrung und literarische Hermeneutik.* Frankfurt a. M. 1982.

—: *Der Gebrauch der Fiktion in der Anschauung und Darstellung von Geschichte.* In: ders.: *Ästhetische Erfahrung und literarische Hermeneutik.* Frankfurt a. M. 1982, S. 324–359.

—: *Literaturgeschichte als Provokation der Literaturwissenschaft.* In: Rainer Warning (Hg.): *Rezeptionsästhetik. Theorie und Praxis.* 4. Aufl. München 1994, S. 126–162.

Jörissen, Benjamin: *Beobachtungen der Realität. Die Frage nach der Wirklichkeit im Zeitalter der Neuen Medien.* Bielefeld 2007.

Kalisch, Eleonore: *Aspekte einer Begriffs- und Problemgeschichte von Authentizität und Darstellung.* In: Erika Fischer-Lichte, Isabel Pflug (Hg.): *Inszenierung von Authentizität.* Tübingen u. a. 2000 (Theatralität, 1), S. 31–44.

Kämpf, Heike; Schott, Rüdiger (Hg.): *Der Mensch als homo pictor? Die Kunst traditioneller Kulturen aus der Sicht von Philosophie und Ethnologie.* Bonn 1995 (Zeitschrift für Ästhetik und allgemeine Kunstwissenschaft / Beiheft, 1).

Kanzog, Klaus: *Einführung in die Filmphilologie.* 2. Aufl. München 1997.

Karpenstein-Eßbach, Christa: *Medien als Gegenstand der Literaturwissenschaft.* In: Julika Griem (Hg.): *Bildschirmfiktionen. Interferenzen zwischen Literatur und neuen Medien.* Tübingen 1998 (ScriptOralia, 106), S. 13–32.

Karpf, Ernst; Kiesel, Doron; Visarius, Karsten (Hg.): *Kino und Tod. Zur filmischen Inszenierung von Vergänglichkeit.* Marburg 1993.

Karsten, Eileen: *From real life to reel life. a filmography of biographical films.* Metuchen, NJ u. a. 1993.

Kessler, Nora Hannah: *Dem Spurenlesen auf der Spur. Theorie, Interpretation, Motiv.* Würzburg 2012 (Film – Medium – Diskurs, 39).

Kimmich, Dorothee; Stiegler, Bernd (Hg.): *Zur Rezeption der Rezeptionstheorie.* Berlin 2003 (Studien des Frankreich-Zentrums der Albert-Ludwigs-Universität Freiburg, 12).

Kindt, Tom Kindt; Müller, Hans-Harald: *Was war eigentlich der Biographismus – und was ist aus ihm geworden?* In: Heinrich Detering (Hg.): *Autorschaft. Positionen und Revisionen.* Stuttgart u. a. 2002 (Germanistische Symposien-Berichtsbände, 24), S. 355–375.

Klein, Christian: *Einleitung: Biographik zwischen Theorie und Praxis. Versuch einer Bestandsaufnahme.* In: Christian Klein (Hg.): *Grundlagen der Biographik. Theorie und Praxis des biographischen Schreibens.* Stuttgart u. a. 2002, S. 1–22.

—— (Hg.): *Grundlagen der Biographik. Theorie und Praxis biographischen Schreibens.* Stuttgart u. a. 2002.

—— (Hg.): *Handbuch Biographie. Methoden, Traditionen, Theorien.* Stuttgart u. a. 2009.

Klein, Christian; Werner, Lukas: *Biographische Erzählungen in audiovisuellen Medien. Kapitel 7.1: Spielfilm.* In: Christian Klein (Hg.): *Handbuch Biographie. Methoden, Traditionen, Theorien.* Stuttgart u. a. 2009, S. 154–164.

Klippel, Heike: *Feministische Filmtheorie.* In: Jürgen Felix (Hg.): *Moderne Film Theorie.* 3. Aufl. Mainz 2007 (Filmforschung, 3), S. 168–185.

Kloppenburg, Josef (Hg.): *Das Handbuch der Filmmusik. Geschichte – Ästhetik – Funktionalität.* Laaber 2012.

Knaller, Susanne: *Genealogie des ästhetischen Authentizitätsbegriffs.* In: Susanne Knaller, Harro Müller (Hg.): *Authentizität. Diskussion eines ästhetischen Begriffs.* München 2006, S. 17–35.

——: *Ein Wort aus der Fremde. Geschichte und Theorie des Begriffs Authentizität.* Heidelberg 2007.

——; Müller, Harro: *Authentisch/Authentizität.* In: Karlheinz Barck, u. a. (Hg.): *Ästhetische Grundbegriffe,* Bd. 7. Stuttgart u. a. 2005 (Historisches Wörterbuch in sieben Bänden, 7, Supplement – Register), S. 40–65.

——; Müller, Harro: *Einleitung. Authentizität und kein Ende.* In: Susanne Knaller, Harro Müller (Hg.): *Authentizität. Diskussion eines ästhetischen Begriffs.* München 2006, S. 7–16.

——; Müller, Harro (Hg.): *Authentizität. Diskussion eines ästhetischen Begriffs.* München 2006.

Knieper, Thomas (Hg.): *Authentizität und Inszenierung von Bilderwelten.* Köln 2003.

——; Müller, Marion G. (Hg.): *Kommunikation visuell. Das Bild als Forschungsgegenstand – Grundlagen und Perspektiven.* Köln 2003.

Konersmann, Ralf: *Spiegel.* In: Joachim Ritter, Karlfried Gründer (Hg.): *Historisches Wörterbuch der Philosophie.* Bd. 9. Basel 1995, S. 1379–1383.

Korte, Helmut: *Kunstwissenschaft – Medienwissenschaft. Methodologische Anmerkungen zur Filmanalyse.* In: Helmut Korte, Johannes Zahlten (Hg.): *Kunst und Künstler im Film.* Hameln 1990 (Art in science – science in art, 1), S. 21–42.

——: *Einführung in die systematische Filmanalyse.* 3. Aufl. Berlin 2004.

——; Zahlten, Johannes (Hg.): *Kunst und Künstler im Film.* Hameln 1990 (Art in science – science in art, 1).

Koschorke, Albrecht: *Wahrheit und Erfindung. Grundzüge einer Allgemeinen Erzähltheorie.* 2. Aufl. Frankfurt a. M. 2012.

Kosslyn, Stephen Michael: *Image and mind.* Cambridge, Mass. 1980.

——: *Image and brain. The resolution of the imagery debate.* Cambridge, Mass. u. a. 1994.

——; Pomerantz, James R.: *Bildliche Vorstellungen, Propositionen und die Form interner Repräsentation,* übers. v. Dieter Münch. In: Dieter Münch (Hg.): *Kognitionswissenschaft. Grundlagen, Probleme, Perspektiven.* Frankfurt a. M. 1992, S. 253–289.

Krämer, Sybille (Hg.): *Performativität und Medialität.* München 2004.

Kris, Ernst; Kurz, Otto: *Die Legende vom Künstler. Ein geschichtlicher Versuch.* Frankfurt a. M. 1995.

Leifert, Stefan: *Bildethik. Theorie und Moral im Bildjournalismus der Massenmedien.* München 2007.

Lethen, Helmut: *Versionen des Authentischen: sechs Gemeinplätze.* In: Hartmut Böhme, Klaus R. Scherpe (Hg.): *Literatur und Kulturwissenschaften. Positionen, Theorien, Modelle.* Reinbek bei Hamburg 1996, S. 205–231.

Liebrand, Claudia: *Hybridbildungen – Film als Hybride.* In: Claudia Liebrand, Irmela Schneider (Hg.): *Medien in Medien.* Köln 2002 (Mediologie, 6), S. 179–183.

——; Schneider, Irmela (Hg.): *Medien in Medien.* Köln 2002 (Mediologie, 6).

Loewy, Hanno; Moltmann Bernhard (Hg.): *Erlebnis – Gedächtnis – Sinn. Authentische und konstruierte Erinnerung.* Frankfurt a. M. u. a. 1996 (Wissenschaftliche Reihe des Fritz-Bauer-Instituts, 3).

Lopes, Dominic: *Understanding pictures.* Oxford 1996.

Lopez, Daniel: *Films by Genre. 775 Categories, Styles, Trends and Movements Defined, with a Filmography for Each.* North Carolina 1993.

Lüdeke, Roger; Greber, Erika (Hg.): *Intermedium Literatur. Beiträge zu einer Medientheorie der Literaturwissenschaft.* Göttingen 2004 (Münchner Universitätsschriften. Münchner Komparatistische Studien, 5).

Lüdeke, Roger; Mülder-Bach, Inka (Hg.): *Wiederholen. Literarische Funktionen und Verfahren.* Göttingen 2006 (Münchener komparatistische Studien, 7).

Maar, Christa; Burda, Hubert (Hg.): *Iconic Turn. Die neue Macht der Bilder.* Köln 2004.

Maiwald, Klaus; Rosner, Peter (Hg.): *Lust am Lesen.* Bielefeld 2001 (Schrift und Bild in Bewegung, 2)

Mecke, Jochen: *Der Prozess der Authentizität. Strukturen, Paradoxien und Funktion einer zentralen Kategorie moderner Literatur.* In: Susanne Knaller, Harro Müller (Hg.): *Authentizität. Diskussion eines ästhetischen Begriffs.* München 2006, S. 82–114.

Mersch, Dieter: *Medialität und Undarstellbarkeit. Einleitung in eine ‚negative' Medientheorie.* In: Sybille Krämer (Hg.): *Performativität und Medialität.* München 2004, S. 75–95.

Merten, Klaus; Schmidt, Siegfried J; Weischenberg, Siegfried (Hg.): *Die Wirklichkeit der Medien. Eine Einführung in die Kommunikationswissenschaft.* Opladen 1994.

Metz, Christian: *Semiologie des Films,* übers. v. Renate Koch. München 1972.

—: *Sprache und Film,* übers. v. Micheline Theune u. Arno Ros. Frankfurt a. M. 1973 (Wissenschaftliche Paperbacks Literaturwissenschaft, 24).

Meyer, Petra Maria: *Mediale Inszenierung von Authentizität und ihre Dekonstruktion im theatralen Spiel mit Spiegeln. Am Beispiel des komponierten Films* Solo *von Mauricio Kagel.* In: Erika Fischer-Lichte, Isabel Pflug (Hg.): *Inszenierung von Authentizität.* Tübingen u. a. 2000 (Theatralität, 1), S. 71–91.

Monserrat, Joëlle: *Edith Piaf. „Non, je ne regrette rien",* übers. v. Theo Scherrer. München 1992.

Mülder-Bach, Inka (Hg.): *Modernität und Trauma. Beiträge zum Zeitenbruch des Ersten Weltkrieges.* Wien 2000 (Edition Parabasen).

Müller-Funk, Wolfgang: *Die Kultur und ihre Narrative. Eine Einführung.* 2. Aufl. Wien u. a. 2008.

Münch, Dieter (Hg.): *Kognitionswissenschaft. Grundlagen, Probleme, Perspektiven.* Frankfurt a. M. 1992.

Musser, Charles: *The emergence of cinema. The American Screen to 1907.* Berkeley u. a. 1994 (History of the American cinema, 1).

Naifeh, Steven; White Smith, Gregory: *Jackson Pollock. An American Saga.* New York 1989.

Namuth, Hans: *Photographing Pollock.* In: Helen A. Harrison (Hg.): *Such desperate joy. Imagining Jackson Pollock.* New York 2000, S. 260–272.

Neale, Steve: *Genre and Hollywood.* London u. a. 2000 (Sightlines).

—— (Hg.): *Genre and contemporary Hollywood.* London 2006.

Neuberger, Christoph: *Journalismus als Problembearbeitung. Objektivität und Relevanz in der öffentlichen Kommunikation.* Konstanz 1996.

Nieberle, Sigrid: *Literarhistorische Filmbiographien. Autorschaft und Literaturgeschichte im Kino. Mit einer Filmographie 1909 – 2007.* Berlin u. a. 2008 (Medien und kulturelle Erinnerung, 7).

Nünning, Ansgar: *Von der fiktionalen Biographie zur biographischen Metafiktion. Prolegomena zu einer Theorie, Typologie und Funktionsgeschichte eines hybriden Genres.* In: Christian von Zimmermann (Hg.): *Fakten und Fiktionen. Strategien fiktionalbiographischer Dichterdarstellung in Roman, Drama und Film seit 1970.* Tübingen 2000 (Mannheimer Beiträge zur Sprach- und Literaturwissenschaft, 48), S. 15–36.

Odin, Roger: *Dokumentarischer Film – dokumentarische Lektüre,* übers. v. Robert Riesinger. In: Christa Blümlinger (Hg.): *Sprung im Spiegel. Filmisches Wahrnehmen zwischen Fiktion und Wirklichkeit.* Wien 1990, S. 125–146.

Ohler, Peter; Nieding, Gerhild: *Kognitive Filmpsychologie zwischen 1990 und 2000.* In: Jan Sellmer, Hans J. Wulff (Hg.): *Film und Psychologie – nach der kognitiven Phase?* Marburg 2002 (Schriftenreihe der Gesellschaft für Medienwissenschaft [GFM], 10), S. 9–40.

Orth, Wolfgang (Hg.): *Die Freiburger Phänomenologie.* Freiburg i. Br. u. a. 1996 (Phänomenologische Forschungen, 30).

Paech, Joachim: *Das Sehen von Filmen und filmisches Sehen. Anmerkungen zur Geschichte der filmischen Wahrnehmung im 20. Jahrhundert.* In: Christa Blümlinger (Hg.): *Sprung im Spiegel. Filmisches Wahrnehmen zwischen Fiktion und Wirklichkeit.* Wien 1990, S. 33–50.

Pauen, Michael: *Die Sprache der Bilder.* In: Klaus Sachs-Hombach, Klaus Rehkämper (Hg.): *Bild – Bildwahrnehmung – Bildverarbeitung. Interdisziplinäre Beiträge zur Bildwissenschaft.* Wiesbaden 2000, S. 209–218.

Piaf, Edith: *Mein Leben,* übers. v. Hella Schröter u. Erika Wolber. Hamburg 1966.

Raulff, Ulrich: *Wäre ich Schriftsteller und tot ... Vorläufige Gedanken über Biographik und Existenz.* In: Hartmut Böhme, Klaus R. Scherpe (Hg.): *Literatur und Kulturwissenschaften. Positionen, Theorien, Modelle.* Reinbek bei Hamburg 1996, S. 187–204.

Reck, Hans Ulrich: *Authentizität als Hypothese und Material – Transformation eines Kunstmodells.* In: Susanne Knaller, Harro Müller (Hg.): *Authentizität. Diskussion eines ästhetischen Begriffs.* München 2006, S. 249–281.

Recki, Birgit; Wiesing, Lambert (Hg.): *Bild und Reflexion. Paradigmen und Perspektiven gegenwärtiger Ästhetik.* München 1997.

Ricœur, Paul: *Zeit und Erzählung,* Bd. 1-3. München 1988-1991.

—: *Life in Quest of Narrative.* In: David Wood (Hg.): *On Paul Ricoeur. Narrative and Interpretation.* London u. a. 1991 (Warwick studies on philosophy and literature), S. 20–33.

Ritter, Joachim; Gründer, Karlfried (Hg.): *Historisches Wörterbuch der Philosophie.* Bd. 9. Basel 1995.

Romein, Jan: *Die Biographie. Einführung in ihre Geschichte und ihre Problematik.* Bern 1948.

Römer, Stefan: *Künstlerische Strategien des Fake. Kritik von Original und Fälschung.* Köln 2001.

Rosenstone, Robert: *In Praise of the Biopic.* In: Richard V. Francaviglia, Jerome L. Rodnitzky, Robert A. Rosenstone (Hg.): *Lights, Camera, History. Portraying the Past in Film.* Texas 2007 (The Walter Prescott Webb memorial lectures, no. 40), S. 11–29.

Rössler, Patrick; Hasebrink, Uwe; Jäckel, Michael (Hg.): *Theoretische Perspektiven der Rezeptionsforschung.* München 2001 (Angewandte Medienforschung, 17).

—; Kubisch, Susanne; Gehrau, Volker (Hg.): *Empirische Perspektiven der Rezeptionsforschung.* München 2002 (Angewandte Medienforschung, 23).

Roth, Gerhard: *Die Selbstreferentialität des Gehirns und die Prinzipien der Gestaltwahrnehmung.* In: *Gestalt Theory,* vol. 7, 1985, S. 228–244.

Rötzer, Florian: *Betrifft: Fotografie.* In: Hubertus von Amelunxen, Stefan Iglhaut, Florian Rötzer (Hg.): *Fotografie nach der Fotografie.* Dresden u. a. 1996, S. 13–25.

Sachs-Hombach, Klaus (Hg.): *Bilder im Geiste. Zur kognitiven und erkenntnistheoretischen Funktion piktoraler Repräsentationen.* Amsterdam u. a. 1995a.

——: *Die Bildhaftigkeit des Kognitiven.* In: Heike Kämpf, Rüdiger Schott (Hg.): *Der Mensch als homo pictor? Die Kunst traditioneller Kulturen aus der Sicht von Philosophie und Ethnologie.* Bonn 1995b (Zeitschrift für Ästhetik und allgemeine Kunstwissenschaft / Beiheft, 1), S. 114–126.

—— (Hg.): *Vom Realismus der Bilder. Interdisziplinäre Forschungen zur Semantik bildhafter Darstellungsformen.* Magdeburg 2000 (Reihe Bildwissenschaft, 2).

——: *Bild und Prädikation.* In: Klaus Sachs-Hombach (Hg.): *Bildhandeln. Interdisziplinäre Forschungen zur Pragmatik bildhafter Darstellungsformen.* Magdeburg 2001a (Reihe Bildwissenschaft, 3), S. 55–75.

——: *Kann die semiotische Bildtheorie Grundlage einer allgemeinen Bildwissenschaft sein?* In: Klaus Sachs-Hombach (Hg.): *Bildhandeln. Interdisziplinäre Forschungen zur Pragmatik bildhafter Darstellungsformen.* Magdeburg 2001b (Reihe Bildwissenschaft, 3), S. 9–26.

—— (Hg.): *Bildhandeln. Interdisziplinäre Forschungen zur Pragmatik bildhafter Darstellungsformen.* Magdeburg 2001 (Reihe Bildwissenschaft, 3).

—— (Hg.): *Wege zur Bildwissenschaft. Interviews.* Köln 2004.

——: *Das Bild als kommunikatives Medium.* 2. Aufl. Köln 2006.

——; Rehkämper, Klaus (Hg.): *Bild – Bildwahrnehmung – Bildverarbeitung. Interdisziplinäre Beiträge zur Bildwissenschaft.* Wiesbaden 2000.

Sandbothe, Mike (Hg.): *Systematische Medienphilosophie.* Berlin 2005 (Deutsche Zeitschrift für Philosophie, Sonderband 7).

Schantz, Richard: *Die Natur mentaler Bilder.* In: Klaus Sachs-Hombach, Klaus Rehkämper (Hg.): *Bild – Bildwahrnehmung – Bildverarbeitung. Interdisziplinäre Beiträge zur Bildwissenschaft.* Wiesbaden 2000, S. 219–224.

Scheffer, Bernd: *Interpretation und Lebensroman. Zu einer konstruktivistischen Literaturtheorie.* Frankfurt a. M. 1992.

—: *Zur neuen Lesbarkeit der Welt.* In: Klaus Maiwald, Peter Rosner (Hg.): *Lust am Lesen.* Bielefeld 2001 (Schrift und Bild in Bewegung, 2), S. 195–209.

—: *Zur Intermedialität des Bewusstseins.* In: Roger Lüdeke, Erika Greber (Hg.): *Intermedium Literatur. Beiträge zu einer Medientheorie der Literaturwissenschaft.* Göttingen 2004 (Münchner Universitätsschriften. Münchner Komparatistische Studien, 5), S. 103–122.

—: *Medien als Passion* [unveröffentlichtes Skript]. München 2012.

Schelske, Andreas: *Zeichen einer Bildkultur als Gedächtnis.* In: Klaus Sachs-Hombach, Klaus Rehkämper (Hg.): *Bild – Bildwahrnehmung – Bildverarbeitung. Interdisziplinäre Beiträge zur Bildwissenschaft.* Wiesbaden 2000, S. 59–68.

Scheuer, Helmut: *Biographie. Studien zur Funktion und zum Wandel einer literarischen Gattung vom 18. Jahrhundert bis zur Gegenwart.* Stuttgart 1979.

Schillemans, Sandra: *Die Vernachlässigung des Dokumentarfilms in der neueren Filmtheorie,* übers. von Matthias Gerlach. In: Manfred Hattendorf (Hg.): *Perspektiven des Dokumentarfilms.* München 1995 (Diskurs Film. Münchner Beiträge zur Filmphilologie,7), S. 11–28.

Schmidt, Siegfried J.: *Fiktionalität als texttheoretische Kategorie.* In: Harald Weinrich (Hg.): *Positionen der Negativität.* München 1975 (Poetik und Hermeneutik, 6), S. 526–529.

—: *Ist ‚Fiktionalität‘ eine linguistische oder eine texttheoretische Kategorie?* In: Elisabeth Gülich, Wolfgang Raible (Hg.): *Textsorten. Differenzkriterien aus linguistischer Sicht.* Wiesbaden 1975 (Athenäum-Skripten Linguistik, 5), S. 59–71.

—: *Die Wirklichkeit des Beobachters.* In: Klaus Merten, Siegfried J. Schmidt, Siegfried Weischenberg (Hg.): *Die Wirklichkeit der Medien. Eine Einführung in die Kommunikationswissenschaft.* Opladen 1994a, S. 3–19.

Schmidt, Siegfried J.: *Kognitive Autonomie und soziale Orientierung. Konstruktivistische Bemerkungen zum Zusammenhang von Kognition, Kommunikation, Medien und Kultur.* Frankfurt a. M. 1994b.

——: *Kulturelle Wirklichkeiten.* In: Siegfried J. Schmidt, Brigitte Spieß (Hg.): *Werbung, Medien und Kultur.* Opladen 1995, S. 11–25.

——; Spieß, Brigitte (Hg.): *Werbung, Medien und Kultur.* Opladen 1995.

Scholz, Oliver R.: *Bild.* In: Karlheinz Barck, u. a. (Hg.): *Ästhetische Grundbegriffe.* Stuttgart u. a. 2000a (Historisches Wörterbuch in sieben Bänden, 1, Absenz – Darstellung), S. 619–669.

——: *Was heißt es, ein Bild zu verstehen?* In: Klaus Sachs-Hombach, Klaus Rehkämper (Hg.): *Bild – Bildwahrnehmung – Bildverarbeitung. Interdisziplinäre Beiträge zur Bildwissenschaft.* Wiesbaden 2000b, S. 105–117.

——: *Bild, Darstellung, Zeichen. Philosophische Theorien bildlicher Darstellung.* 2. Aufl. Frankfurt a. M. 2004a.

——: *Bilder, Bildsysteme und ihr Gebrauch.* In: Klaus Sachs-Hombach (Hg.): *Wege zur Bildwissenschaft. Interviews.* Köln 2004b, S. 141–151.

Schreitmüller, Andreas: *Alle Bilder lügen. Foto – Film – Fernsehen – Fälschung.* Konstanz 2005 (Konstanzer Universitätsreden, 217).

Schultz, Tanjev: *Alles inszeniert und nichts authentisch? Visuelle Kommunikation in den vielschichtigen Kontexten von Inszenierung und Authentizität.* In: Thomas Knieper, Marion G. Müller (Hg.): *Kommunikation visuell. Das Bild als Forschungsgegenstand – Grundlagen und Perspektiven.* Köln 2003, S. 10–24.

Schulz, Georg-Michael: *Einführung in die deutsche Komödie.* Darmstadt 2007.

Schumacher, Ralph: *Welche Anforderungen muß eine funktionalistische Theorie mentaler Bilder erfüllen?* In: Klaus Sachs-Hombach, Klaus Rehkämper (Hg.): *Bild – Bildwahrnehmung – Bildverarbeitung. Interdisziplinäre Beiträge zur Bildwissenschaft.* Wiesbaden 2000, S. 197–208.

Schwender, Clemens: *Medien und Emotionen. Evolutionspsychologische Bausteine einer Medientheorie.* 2. Aufl. Wiesbaden 2001.

Sellmer, Jan; Wulff, Hans J. (Hg.): *Film und Psychologie – nach der kognitiven Phase?* Marburg 2002 (Schriftenreihe der Gesellschaft für Medienwissenschaft [GFM], 10).

Sontag, Susan: *Der Künstler als exemplarisch Leidender*. In: dies.: *Kunst und Antikunst. 24 literarische Analysen*, übers. v. Mark W. Rien. München u. a. 1980, S. 75–83.

—: *Kunst und Antikunst. 24 literarische Analysen*, übers. v. Mark W. Rien. München u. a. 1980.

—: *Über Fotografie*, übers. v. Mark W. Rien u. Gertrud Baruch. München u. a. 2002.

—: *Das Leiden anderer betrachten*, übers. v. Reinhard Kaiser. München 2003.

Steinbrenner, Jakob: *Abbilder, Darstellungen und Teile*. In: Klaus Sachs-Hombach (Hg.): *Vom Realismus der Bilder. Interdisziplinäre Forschungen zur Semantik bildhafter Darstellungsformen*. Magdeburg 2000 (Reihe Bildwissenschaft, 2), S. 41–53.

Stierle, Karlheinz: *Was heißt Rezeption bei fiktionalen Texten?* In: *Poetica. Zeitschrift für Sprach- und Literaturwissenschaft*, 7, 1975, S. 345–387.

—: *Fiktion*. In: Karlheinz Barck, u. a. (Hg.): *Ästhetische Grundbegriffe*. Stuttgart u. a. 2001 (Historisches Wörterbuch in sieben Bänden, 2, Dekadent – Grotesk), S. 380–428.

Stiftung Haus der Geschichte der Bundesrepublik Deutschland (Hg.): *X für U – Bilder, die lügen. Begleitbuch zur Ausstellung*. 2. Aufl. Bonn 2000.

Strasen, Sven: *Rezeptionstheorien. Literatur-, sprach- und kulturwissenschaftliche Ansätze und kulturelle Modelle*. Trier 2008 (WVT-Handbücher zum literaturwissenschaftlichen Studium, 10).

Strub, Christian: *Trockene Rede über mögliche Ordnungen der Authentizität. Erster Versuch*. In: Jan Berg, Hans-Otto Hügel, Hajo Kurzenberger (Hg.): *Authentizität als Darstellung*. Hildesheim 1997 (Medien und Theater, 9), S. 7–17.

Taylor, Henry M.: *Rolle des Lebens. Die Filmbiographie als narratives System*. Marburg 2002.

Türschmann, Jörg: *Der Eintritt des Kinobesuchers in die Fiktion – durch die Authentizität der Musik*. In: Jan Berg, Hans-Otto Hügel, Hajo Kurzenberger (Hg.): *Authentizität als Darstellung*. Hildesheim 1997 (Medien und Theater, 9), S. 231–249.

Vogeley, Kai; Curio, Gabriel: *Imagination und Halluzination.* In: Klaus Sachs-Hombach, Klaus Rehkämper (Hg.): *Bild – Bildwahrnehmung – Bildverarbeitung. Interdisziplinäre Beiträge zur Bildwissenschaft.* Wiesbaden 2000, S. 285–292.

Voigt, Stefanía: *„Blut ist süßer als Honig."* Angstlust im Horrorfilm im Kontext von Medientheorie und Medienpädagogik [unveröffentlichtes Skript]. München 2014.

Walker, John A.: *Art and artists on screen.* Manchester u. a. 1993.

Warning, Rainer (Hg.): *Rezeptionsästhetik. Theorie und Praxis.* 4. Aufl. München 1994.

Weimar, Klaus: *Der Text, den (Literatur-)Historiker schreiben.* In: Hartmut Eggert (Hg.): *Geschichte als Literatur. Formen und Grenzen der Repräsentation von Vergangenheit.* Stuttgart 1990, S. 29–39.

Weinrich, Harald (Hg.): *Positionen der Negativität.* München 1975 (Poetik und Hermeneutik, 6).

Wenk, Silke: *Mythen von Autorschaft und Weiblichkeit.* In: Kathrin Hoffmann-Curtius, Silke Wenk (Hg.): *Mythen von Autorschaft und Weiblichkeit im 20. Jahrhundert.* Marburg 1997, S. 12–29.

White, Hayden: *Auch Klio dichtet oder die Fiktion des Faktischen. Studien zur Tropologie des historischen Diskurses,* übers. v. Brigitte Brinkmann-Siepmann u. Thomas Siepmann. Stuttgart 1986 (Sprache und Geschichte, 10).

—: *Historiography and Historiophoty.* In: *American Historical Review,* 93/5, 1988, S. 1193–1199.

—: *Metahistory. Die historische Einbildungskraft im 19. Jahrhundert in Europa,* über. v. Peter Kohlhaas. Frankfurt a. M. 1991.

Wiefarn, Markus: *Authentifizierungen. Studien zu Formen der Text- und Selbstidentifikation.* Würzburg 2010 (Literatur – Kultur – Theorie, 3).

Wiesing, Lambert: *Phänomenologie des Bildes nach Husserl und Sartre.* In: Wolfgang Orth (Hg.): *Die Freiburger Phänomenologie.* Freiburg i. Br. u. a. 1996 (Phänomenologische Forschungen, 30), S. 255–281.

—: *Die Sichtbarkeit des Bildes.* Reinbek bei Hamburg 1997.

—: *Sind Bilder Zeichen?* In: Klaus Sachs-Hombach, Klaus Rehkämper (Hg.): *Bild – Bildwahrnehmung – Bildverarbeitung. Interdisziplinäre Beiträge zur Bildwissenschaft.* Wiesbaden 2000, S. 95–101.

Wiesing, Lambert: *Das Bild aus phänomenologischer Sicht.* In: Klaus Sachs-Hombach (Hg.): *Wege zur Bildwissenschaft. Interviews.* Köln 2004a, S. 152–169.

——: *Pragmatismus und Performativität des Bildes.* In: Sybille Krämer (Hg.): *Performativität und Medialität.* München 2004b, S. 115–128.

——: *Medienphilosophie des Bildes.* In: Mike Sandbothe (Hg.): *Systematische Medienphilosophie.* Berlin 2005 (Deutsche Zeitschrift für Philosophie, Sonderband 7), S. 147–161.

——: *Phänomene im Bild.* 2. Aufl. München 2007 (Bild und Text).

Witte, Karsten: *Was haben Kinder, Amateure, Sterbende gemeinsam? Sie blicken zurück. Traversen zum Tod im Film.* In: Ernst Karpf, Doron Kiesel, Karsten Visarius (Hg.): *Kino und Tod. Zur filmischen Inszenierung von Vergänglichkeit.* Marburg 1993, S. 25–51.

Wood, David (Hg.): *On Paul Ricoeur. Narrative and Interpretation.* London u. a. 1991 (Warwick studies on philosophy and literature).

Wortmann, Volker: *Was wissen Bilder schon über die Welt, die sie bedeuten sollen? Sieben Anmerkungen zur Ikonographie des Authentischen.* In: Susanne Knaller, Harro Müller (Hg.): *Authentizität. Diskussion eines ästhetischen Begriffs.* München 2006, S. 163–184.

Wulff, Hans Jürgen: *Das Bild in der Medien- und Filmwissenschaft.* In: Klaus Sachs-Hombach (Hg.): *Wege zur Bildwissenschaft. Interviews.* Köln 2004, S. 96–115.

Zimmermann, Christian von (Hg.): *Fakten und Fiktionen. Strategien fiktionalbiographischer Dichterdarstellung in Roman, Drama und Film seit 1970.* Tübingen 2000 (Mannheimer Beiträge zur Sprach- und Literaturwissenschaft, 48).

——: *Biographische Anthropologie. Menschenbilder in lebensgeschichtlicher Darstellung (1830-1940).* Berlin u. a. 2006 (Quellen und Forschungen zur Literatur- und Kulturgeschichte, 41).

Zeitungsartikel

Buchka, Peter: *Jagdhund des Monsieur Proust. Percy Adlons erster Kinofilm „Céleste"*. In: Süddeutsche Zeitung, 23.04.1982, o. S.

Eagleton, Terry: *Domina der Gier. „Die Eiserne Lady": Warum der Film über Margaret Thatcher ein politisches Ärgernis ist*, übers. v. Michael Adrian. In: DIE ZEIT, N° 10, 01.03.2012, S. 43.

Kreckel, Manfred: *Suche nach der vergangenen Zeit mit Proust. Percy Adlons Film „Céleste"*. In: FAZ, 07.06.1982, o. S.

Rauterberg, Hanno: *So viel Genie war nie. Maler und Chronist der Renaissance: Giorgio Vasari, 1511 geboren, schuf den modernen Mythos vom Künstler*. In: DIE ZEIT, N° 31, 28.07.2011, S. 18.

Schmidt, Thomas E.: *Die Paranoia beginnt. Clint Eastwoods nachdenklicher Film „J. Edgar" über den FBI-Chef Hoover*. In: DIE ZEIT, N° 3, 12.01.2012, S. 51.

——: *Romanze in Altrosa. Sacha Gervasi verfilmt „Hitchcock", die Midlifecrisis des großen Spannungsmeisters*. In: DIE ZEIT, N° 12, 14.03.2013, S. 51.

Internet

http://www.youtube.com/watch?v=XgDG_wc19aU (08.03.2014).